公益叢書
第三輯

東日本大震災後の協同組合と公益の課題

現代公益学会編

文眞堂

目　次

序章　協同組合と公益法人・NPO法人 ……………小松隆二

はじめに―現代公益学会と日本協同組合学会の交流・連携の意味 ……… *1*
1. 公益学・公益学会が協同組合に学ぶもの ………………………… *3*
2. 時代の潮流と公益法人および協同組合―源流から現代まで ……… *5*
3. 相互に深く学びあえる位置・関係 ………………………………… *9*

第Ⅰ部　協同組合にとっての公益

第1章　協同組合とプラットフォーム
　　　　―参加・民主主義の再生産のために― ……………松岡公明

はじめに …………………………………………………………………… *15*
1. 民主主義と協同組合 ……………………………………………… *16*
2. 民主主義の「再生産」 …………………………………………… *18*
3. 「来るべき民主主義」 …………………………………………… *20*
4. 協同組合とプラットフォーム …………………………………… *23*
5. 周年観光農業のプラットフォーム ……………………………… *26*
6. プラットフォームとバリューチェーン ………………………… *29*
7. 共益と公益のグラデーション …………………………………… *30*

第2章　協同組合の共益性と公益性 ………………………北川太一

はじめに …………………………………………………………………… *35*
1. 協同組合の基本特性と公益性 …………………………………… *36*
2. 「新しい公共」「地域再生」議論における協同組合の位置 ……… *38*

3. 食と農を軸にした協同組合による公益性発揮の可能性 …………… 43
　おわりに ………………………………………………………………… 47

第3章　協同組合とマルチ・ステークホルダー論 …………… 杉本貴志

　はじめに ………………………………………………………………… 50
　1. 「三位一体」と参画型民主主義—協同組合における20世紀の課題 …… 51
　2. 組合員民主主義—組合員の利益だけが協同組合における究極の目的
　　なのか ………………………………………………………………… 52
　3. ロッチデール公正先駆者組合—現代協同組合運動の原点 ………… 54
　4. シングル・ステークホルダー協同組合—割り戻し原則と協同組合の
　　方向転換 ……………………………………………………………… 56
　5. マルチ・ステークホルダー協同組合—異質者の協同をめざして …… 60
　おわりに ………………………………………………………………… 62

第4章　社会的課題解決と協同組合
　　　　—イタリアとイギリスの社会的企業からの考察— ………… 境　新一

　はじめに ………………………………………………………………… 65
　1. 社会的課題解決とビジネスの類型 …………………………………… 66
　2. 社会的課題解決と社会的企業をめぐる現状 ………………………… 69
　3. 社会的企業としての協同組合 ………………………………………… 72
　4. 社会的企業の事例—イタリアの社会的協同組合とイギリスの
　　コミュニティ利益会社 ……………………………………………… 74
　5. 我が国の社会的企業に関する課題と対応策 ………………………… 83
　おわりに ………………………………………………………………… 86

第Ⅱ部　協同組合が取り組む現代的課題

第1章　震災復興と協同組合 ………………………… 小山良太・千葉あや

　はじめに ………………………………………………………………… 91

1．原子力災害からの復興過程 …………………………………… 91
　2．原子力災害に立ち向かう地域の協同 …………………………… 96
　3．福島と協同組合間協同 …………………………………………… 101
　4．福島における産消提携による復興事業 ………………………… 105
　おわりに ……………………………………………………………… 107

第2章　地域再生と協同組合 ……………………………… 小林　元

　はじめに ……………………………………………………………… 111
　1．地域再生の時代 …………………………………………………… 112
　2．地域再生の主体 …………………………………………………… 115
　3．地域再生と協同組合の距離 ……………………………………… 118
　4．地域再生と協同組合 ……………………………………………… 123
　おわりに ……………………………………………………………… 127

第3章　高齢者福祉と協同組合 …………………………… 濱田健司

　はじめに ……………………………………………………………… 130
　1．高齢者生活の現状 ………………………………………………… 131
　2．高齢者福祉にかかる主な協同組合の取り組み状況 …………… 133
　3．取り組みの特色 …………………………………………………… 141
　4．取り組み課題と今後 ……………………………………………… 142
　おわりに―協同組合への期待と役割 ……………………………… 145

第4章　協同組合と女性
　　　―協同組合活動を通してエンパワメントする女性たち― …藤木千草

　はじめに ……………………………………………………………… 149
　1．生協活動からの起業 ……………………………………………… 150
　2．農協における女性の起業 ………………………………………… 154
　3．生協から発生した政治団体 ……………………………………… 155
　4．事例紹介 …………………………………………………………… 158

おわりに ………………………………………………………………… *164*

第5章　貧困問題と協同組合 ……………………………… 志波早苗

　はじめに ………………………………………………………………… *167*
　1. 日本の現状 ………………………………………………………… *168*
　2. 多重債務者を救おう―生協の生活相談・貸付事業 …………… *170*
　3. 生協が手掛ける生活相談と貸付事業とは何か ………………… *175*
　おわりに ………………………………………………………………… *179*

第6章　佐久総合病院の医療・福祉事業による
　　　　　地域づくり ……………………………………… 柴田但馬

　はじめに ………………………………………………………………… *182*
　1. 若月イズムと地域医療の展開 …………………………………… *183*
　2. 佐久総合病院と地域づくり ……………………………………… *186*
　3. 持続可能な地域づくり …………………………………………… *190*

参考資料
　協同組合について ……………………………………………………… *194*
　協同組合は、株式会社やNPOとどこが違うの？ ………………… *194*
　協同組合の定義・価値・原則―協同組合のアイデンティティに関する
　　ICA声明（1995年）……………………………………………… *196*
　日本の協同組合運動の現状 …………………………………………… *198*

第Ⅲ部　現代における公益

第1章　特定秘密保護法に公益性はあるか ……………… 北沢　栄

　はじめに ………………………………………………………………… *203*
　1. 秘密法の危険な特性 ……………………………………………… *203*
　2. 監視機能も形だけ ………………………………………………… *207*

3. 原発の真実を知らせない ……………………………… 207
　4. 核燃料サイクルの「不都合な真実」 …………………… 209
　5. 「特定秘密」で原発リスクを覆う ……………………… 211
　6. フクシマが見せた原発の地獄 …………………………… 213
　7. 沖縄密約事件 ……………………………………………… 215
　8. 「たちかぜ」自衛官自殺事件 …………………………… 217
　おわりに ……………………………………………………… 219

第2章　再生可能エネルギーと公益 ……………………上野伸子

　はじめに ……………………………………………………… 223
　1. 再生可能エネルギーと市民の関わり …………………… 226
　2. アクティブな参加による経営の成功要因 ……………… 231
　3. 課題 ………………………………………………………… 233
　おわりに―協同組合への期待と役割 …………………… 234

あとがき：協同組合学と公益学の連携……………………境　新一

資料
　現代公益学会　活動報告
　現代公益学会　会則
　公益叢書発刊の辞（第一輯）

執筆者紹介

序章
協同組合と公益法人・NPO法人

はじめに―現代公益学会と日本協同組合学会の交流・連携の意味

　私ども現代公益学会は、公益叢書の刊行を主要な活動の1つに掲げている。その公益叢書の第三輯に、協同組合を特集テーマとして取り上げることにした。その企画に際して、日本協同組合学会の皆さんにご協力・ご支援をお願いしたところ、快くお引き受けをいただき、執筆等に参加していただけることになった。

　日本協同組合学会の皆さんには、まず私どもの学会の研究会に研究報告などでご参加いただいた。ついで叢書第三輯にご執筆をいただき、この度最終的に出版にこぎつけることができた。ここにいたるまでの日本協同組合学会の皆さんのご協力・ご参加・ご支援に心から感謝を申し上げる次第である。

　今回の試みは、単に1冊の叢書が成果として実り、刊行されるに至ったという以上に、協同組合と公益法人・NPO法人の将来に、また協同組合研究と公益（学）研究の将来にとっても、明るい見通し・可能性を示唆してくれた。今後、日本協同組合学会と現代公益学会が連携する場合にも、双方にとって有意味に働くことが期待できるほどになったからである。

　たしかに、複数の学会が合同大会なり合同研究会なりを開くことはよくみられる。ただし、それは外見からして似かよったり、つながりが明快なもの同士の合同大会・合同研究会であるのが一般的である。ところが、今回は、外見がかなり違うもの同士にみえる2つの学会の共同・共創の試みであった。その点で、非常に面白い挑戦であったと考えている。

　もちろん、今回の2つの学会、そして両学会の研究対象である協同組合と公益法人・NPO法人が全く異質というわけではない。どちらも、営利を主たる

目的とはしていない点、また競争原理・営利原理の社会では、それが生み出す貧富等の格差・差別・不安定といった矛盾の緩和・軽減、さらに調和に寄与する役割を演ずる点で、今後ますます重要性を増すことが期待されている。

　それらの点で、協同組合と公益法人・NPO法人、およびそれらを主たる研究対象とする両学会は、共通するものも有していると言って差し支えない。

　一方の協同組合は組合員数で、他方の公益法人・NPO法人は組織数・法人数で際立って多いことが特徴であるが、まずこの協同組合と公益法人はどうつながっているのか、特に協同組合は公益とどう関わるのか、を説明する必要があるであろう。また公益法人や公益学会は協同組合に何を学び、何を期待するのか、逆に協同組合からみても、公益法人や公益学に何を学び、何を期待するのか、といったことも問われるであろう。

　元来、公益の理念や発想は、どの組織や活動、またどの学問や研究領域にも応用でき、活かせるものである。営利の企業・経済活動でさえ、現代社会にあっては、公益の理念・原理を無視することができなくなっている。地域重視、あるいは「お客様は神様」「お客の喜ぶ商品を作ろう、扱おう」などは、競争原理の自己本位・営利本位のあり方を超え、競争相手を含め、公益でいう自分を超えて相手の立場に立ちつつ、経済活動を行う必要を認めるものである。

　協同組合にあっては、営利への傾斜を抑制する理念、組合員の権利・権限の民主制などにみられるように、公益法人はじめ、公益活動に近いもの、あるいは公益法人以上に公益性の強い一面ももっている。また協同組合の活動をみると、公益活動の主要な主役である公益法人やNPO法人のみでなく、協同組合のような共益団体も、営利を主たる目的としない場合、公益法人と同様の公益の目的を実現することができることも教えられる。それだけに、公益法人、あるいは現代公益学会からみても、公益に関してさえ、協同組合に学ぶところが少なくない。

　さらに、協同組合の発生・成立の歴史的事情や背景を考えると、後述するように、協同組合には公益法人・NPO法人と兄弟・姉妹のような位置に立ってきた一面もうかがえる。

　そのような関わり・つながりがあるだけに、私ども公益関係の研究者が協同

組合に関心を持つのは、今回が初めてではない。以前に関わった日本公益学会時代にも、現在の現代公益学会の中心メンバーが担当して、学会の大会で協同組合をシンポジウム形式で取り上げたこともある。私もそれに参加している。そして新しい本現代公益学会でも、創立の当初から協同組合は叢書で取り上げるテーマの候補の1つに入っていた。それほど協同組合は公益・公益学からみて、身近に感じられるか、あるいは興味のもてるテーマであり、学ぶべき点の多い組織・活動であると考えてきた。

それだけに、公益を学ぶものとしては、協同組合を研究対象に選ぶことには何ら躊躇することはなかったのである。

1. 公益学・公益学会が協同組合に学ぶもの

次に、公益法人・NPO法人はじめ、公益・公益活動を研究するものが、協同組合に学ぶ点について、もう少し詳しくみてみたい。

組織であれば、通常営利を目的にするものか、それとも非営利を目的にするものかが問われる。協同組合には、特に結成時や出発時をみれば、その契機にも、目的にも企業的な営業・営利原則が最優先の課題として掲げられることはない。まず資本家や資本金が存在しない。それに合わせて、株式や株主も存在しない。当然、利益を役員間でのみ分配することもしない。

これらの点のみみても、明らかに営利を目的とする経済活動、営利を上げることが至上命令の企業とは異質である。というより、権限の所在、組合員の資格・権利関係では、企業よりはもちろん、公益法人一般よりも、民主的で公平性・対等性が強く保証されている。協同組合のように同一組合内ではすべての組合員が対等に権利を保証されている組織は珍しい。これも公益法人・NPO法人が学ぶべき点である。

加えて、協同組合の発足に際しては、通常高い理念・理想、そしてそれを追求する運動論がみられる。

協同組合の結成の契機や目的には、労働者・農民、あるいは消費者・生産者など市民が自分たちの生活や仕事や活動を守るためといった営利を超える理想、安定・安心、あるいは保障を求めるもの、ときには社会変革・社会思想と

結びつこうとするものが目立つ。通常、協同組合の目的にも、組織の運営・維持にも、営利があからさまに表現されることはない。特に目的に遠大な理想や地域貢献・社会調和がうたわれたりする点がしばしば公益法人には欠けがちなものである。

公益法人・NPO法人にあっては、自己完結的で、組織の中で、目的も、活動も閉じこもって実行され、そこで終わる例が一般的である。組織を超える視野や活動、また理想や目標に欠け、従ってそれらに向けた運動論にも欠けがちであった。特にこの運動論の欠落は、公益法人側が今後の大きな課題とすべき点である。非営利の原理を掲げるだけでは、公益の目的を十分に達成したり、社会や地域に貢献したり、存在感を示したりすることでは不十分という認識に欠けていたということである。

公益法人やNPO法人にあっては、研究助成、まちづくり、児童福祉、国際交流などその活動の目的が何であれ、目的に向けて活動をする場合でも、実際には1法人のみで、その基金や人材面で、組織内の能力の許す範囲で活動をするのが基本である。目的を同じくする他の公益法人・NPO法人等と連携して、目的・目標の拡大や機能化・有効化を目指して組織を超える活動に取り組むことはほとんどない。非営利団体ならば、排他性にこだわったり、成果なり営利なりを組織内だけに閉じこもって受け止める必要もないので、1法人・1組織を超える連携・共創の動きがみられてよいが、意外にそういったことはめったにみられない。

それに対して、協同組合は、目的・理念に沿って行う活動を「運動」と位置づける。その視点は、NPO法人にはみられるものの、旧来の公益法人およびその流れに属する法人には極めて弱くしかみられない。活動や目標に到達することに社会的意味や役割を強く認識している場合は、自らの活動・事業を運動なり運動論として受け止めているので、他の類似の、あるいは関連する組織・活動・運動と連携・共創することもありうる。

私どもは、公益法人にその市民化・地域化の必要を訴えるが、その際には、公益法人が市民や地域を巻き込み、その先に運動的な展開を期待する意味が込められている。そうだとすると、その点では協同組合の方が先行しており、公益法人が協同組合に学ぶべき点である。

それらをみるだけでも、協同組合は、資本主義経済の軸をなす企業によりも、公益法人など公益団体に近い点の多い組織・活動であること、そしてそれらが公益法人にとって、また公益を研究するものにとって学ぶべき点であることが理解されよう。

　その上、公益法人と協同組合には、実は兄弟・姉妹のように共通する側面がみられる。すでに言及した協同組合が営利など資本主義的原則に基づかない点もそうであるが、特に歴史をみると、兄弟・姉妹といってよい、共通の基盤や背景が公益法人と協同組合には創設時から関わっていたことがうかがえるのである。

　以上のように、目的や理想、理念や方法、運動や活動、また歴史的展開では、公益法人やそれを研究対象とする公益関連学会からみれば、協同組合に学ぶところが決して少なくない。だからこそ、今回本現代公益学会として日本協同組合学会の皆さんに協力・連携のお願いをし、研究会でも、叢書の編集・刊行でも連携・共創に向けて挑戦を行ったのである。

2. 時代の潮流と公益法人および協同組合——源流から現代まで

(1) 協同組合と公益法人の出発——どちらも産業革命期に源流

　公益法人も、協同組合も、その歴史を振り返ると、どちらも時代の産物であり、しかも予想以上に同じ背景・状況の下で、類似の社会的使命・役割を自覚する出発と展開をたどってきた。そんなことも教えられる。先述の兄弟・姉妹といえるほどの関係をうかがわせる成立事情や展開である。

　それは、創設時の流れに特に顕著にうかがえるが、出発時点のみでなく、今日に至るまでの歴史的な転機や転換期にもいえることである。公益法人と協同組合がその目的や役割において極めて近い関係・距離にあること、あるいは共通する土台・背景を持っていたことをうかがわせてくれる。

　いうまでもなく、共済組合など協同組合に類似の組織・活動は古くからあった。それらを超えて、協同組合が明快に組織され、運動として出発するのは、資本主義経済が飛躍的に発展する産業革命期、あるいはそれ以降である。それはイギリスでも、日本でも同様である。

日本で都会・工業地帯で社会運動の一環としてであったが、協同組合が提唱され、出発するのは、日清戦争後の産業革命期、特に明治30年代に入ってからである。高野房太郎、片山潜ら初期労働運動のリーダーが先導したもので、労働運動の一環として共働店などの名称で始まった。

同じ頃、産業組合法が成立し（1900年）、農村中心に今日の農業協同組合の前身のようなもの、あるいは消費生協の基になるものが出発する。

あわせて協同組合の文献もあいついで送りだされる。石川三四郎（『消費組合の話　一名購買組合』平民文庫、平民社、1904年）など主に社会主義者が執筆するものであった。

そのような運動や著作をみると、日本では、協同組合運動の最初からイギリスにおけるロッチデールの運動やその原則も受けとめられていた。それに続くロバート・オウエンの実績や運動もしっかり受けとめられていた。

ここでもう1つ留意してほしいのは、実はその同じ頃、つまり日清戦争直後の産業革命期に日本では公益法人制度も始まったということである。民法の制定によって、1896（明治29）年に、公益法人が初めて法認され、出発するのである。

工業化の進展、低劣な労働条件、貧富の差の拡大・生活の低劣さと不安定の拡大と共に、とりわけ貧困層の拡大などが社会問題化する。そのような同じ問題状況・地盤の上に、一方で消費者としての労働者・市民が対等に結合し、自らを守りあう協同組合を結成し出す。他方で資産家・地主・資本家が中心になって自らの資産・資金をもって公益法人を作り、貧困、差別など社会問題に、また被災、公共施設・公共サービスの欠落などに対応しだしたのである。

初期の公益法人には、行政や教育・倫理関係の法人も目立つが、歴史的にみて重視されてよいのは、地主、経営者、地域の名望家による法人である。地主など少数の主体から始まり、時代の経過とともに、主体が拡大し、やがて全ての市民が主体になる時代を迎えるのである。

このように、同じ時代の同じ状況の中で、社会を、あるいは人びとの暮らしの安定を図り、少しでも良い状況をつくろうとする協同組合と公益法人という2つの流れが始まったのである。一方は改革志向で社会運動の一環、あるいは参加型の運動として、他方は上からの改良主義的視点からまだ慈善的色彩も込

められた段階の挑戦であった。同じ社会状況下に生み出されているだけに、両者には相違もあるが、似た点も少なくなかった。また最終的には近接・収斂をみせるのである。

　例えば、どちらも目指したものは、貧困や差別の抑制・緩和を通して、また社会サービスの欠落をカバーすることによって、より安定した暮らし、より良い社会の実現であり、一種の理想追求的な性格を持っていた。それだけに非営利ないしはそれに近いあり方でも共通している。協同組合も、競争にさらされるので、理想追求など社会的役割と共に、営利的なものの追求は避け得ないが、少なくとも株主・株式も、資本家・資本も存在しないし、営利が主たる目的ではなかった。利益の最大化を図ることも、利益本位に走ることも必要なかったのである。

(2)　時代の変化に合わせる協同組合と公益法人

　かくみてくると、協同組合と公益法人は、出発点からして、類似のものを抱える組織・活動の一面を持っていたことが明らかである。

　その後の展開でも、協同組合と公益法人は、時代の潮流に合わせて敏感に動きや対応を変化させてきたが、その反応がしばしば似ていることが留意されてよい。特に、最終的には市民や地域との連携・共創では同一の方向に向きあうまでになるのである。

　その後の動きでは、第一次世界大戦の終戦前後以降の1919年頃にあらゆる社会運動が高揚するときには、協同組合運動も高揚するし、また公益法人では、財閥などが、米騒動やロシア革命の勃発直後でもあり、新規の公益法人の結成やサービスの拡大を急いだことが注目される。姿勢や狙いは相違するが、時代に対する敏感な反応が注意をひくのである。

　準戦時・戦時体制下にすすむと、協同組合運動も、他の社会運動と同様に戦闘性を排除し、社会的運動そのものも抑制していく。公益法人の方は、残存するものの、経済活動の統制や縮小に対応するため、自らの資本・財産の保全に利用したりするが、本来の活動は限定的になり、むずかしくなっていく。

　さらに戦後に至ると、社会運動の再開とともに、協同組合も再開、拡大する。労働運動とつながるもののみでなく、地域生協も台頭してくる。公益法人

も、本来の活動を再開するが、超インフレ化に既存の基金の運用益に依存するのみでは組織・活動が思うように機能できなくなるものが増えていく。しかし新設の法人も増えていく。社会福祉法人、学校法人などの民法からの分離、独立もすすめられた。ただ公益法人をめぐる法制・国家の管理は民法中心のあり方が基本的には維持される。民法の改正が遅れるので、新規の参入には厚い壁が存在し続ける。それは、次の世紀の転換期前後のNPO法（特定非営利活動促進法）の制定、ついで公益法人改革まで続くのである。

　近年の動向をみれば、公益法人をめぐる動きでは、特に2つの大震災を契機に、ボランティア活動の高揚が注目される。ところが、そのような公益・公益活動のあり方の変化に対応できるほどに公益法人制度が整備されておらず、その遅れ、特に大衆化、多様化、市民化の遅れが目立ってくる。

　そのため公益法人改革が不可避となり、NPO法人の新設・拡大、民法による一元的管理の時代から公益法人の多元化・多様化・大衆化がすすめられた。同時に市民化・地域化の方向・動きが要請され、重要な課題になり出す。それこそ、公益の理念に沿う方向・あり方であったからである。

　協同組合も、スーパーやコンビニなど小売形態の多様化・消費者運動の拡大の下、その原点や理念の再確認、その範囲で、協同組合のあり方を改革する方向として、自らを超えて地域・市民とどう向きあい、どうつながるかという市民化・地域化が課題になりだした。

　かくして、公益法人は制度の大衆化、多様化とともに、NPO法人の拡大・影響もあり、自らの組織を超える市民化・地域化の課題に向き合わざるを得なくなってきた。出発時の資産家や地域リーダーが主に担うものから、一般市民・無産の市民も参加し、主体になるあり方に変わりだしたのである。協同組合に類似したあり方・方向性が要請されだしたのである。

　今後、その市民化・地域化の必要が一層高まっていくであろうし、協同組合も共益を尊重しつつ、同時にそれを如何に超えるか、市民・地域とどう向き合うかが課題になっていくであろう。とりわけ公益法人の多様化・大衆化、そして市民化・地域化の要請・課題は、最終的に協同組合と近接する方向に向かっていることをうかがわせる。

　このように、公益を学ぶものにとっても、各々の国で、協同組合の出発点・

原点となった時代のありよう、そしてその後の展開と今日の動向が、実は公益法人の出発、展開、今日の動向に至る流れと、かなり関連しあうものであったこと、それだけに学びあえることを教えられるのである。

3. 相互に深く学びあえる位置・関係

　以上のように、協同組合も、公益法人も、また協同組合学も、公益学も、お互いに学びあえるし、場合によると一層強く連携すべき意味・必要も教えられる。特に公益法人からみたら、理想追求、あるいは組織論・運動論を重視する協同組合、そして協同組合学に学ぶものが少なくない。
　公益法人は、長い間、大方が自分の内部の組織・活動にさえ目を向けていればよいといえるあり方であった。今やそのようなあり方から、自らを超えて市民・地域とどう向き合うかが課題になっている。いわゆる公益法人の市民化・地域化の必要である。この市民化・地域化こそ、本来公益活動・公益法人の基本的課題であるはずなのに、その点が日本では軽視されてきた。そんな時に、協同組合のこれまでの実績や活動、そしてその土台や目標に向かう理念や運動（論）が大いに参考になることが分かってきたのである。
　協同組合からみたら、公益法人の非営利性、そして不特定多数へのサービス、つまり＜自らを超える＞視点と活動は、協同組合に比べて強く意識されており、学ぶべき点である。
　特に今後の課題として、協同組合が厳しい競争下にいかに生き抜くかということを考えるとき、公益法人が、公益の原点である自分を超える思いやり・サービス・共創を基本に置いていることが参考になると思う。公益法人のみか、近年は労働組合まで自らの組織内の問題のみでなく、組織を超えて市民化・地域化の方向も模索せざるをえなくなっているように、協同組合も同じ課題を問われるはずである。共益ということで内部・組合員の益にのみとらわれず、自らを、あるいは共益を大切にしつつ、さらにそれを超えて社会全体や地域全体の益も考えることが今後課題になるということである。
　その点で、公益・公益法人は、自分を超える不特定多数に目も活動も向けるあり方を基本としているが、協同組合も、今後生き残りやより安定・強化をは

かるには、自らをどう超えるか、そして市民・地域、または類似の目的や活動を行う組織や運動とどのように連携・連帯するかが、鍵になるように思う。

それに、現代の日本社会が突き当たっている重要で深刻な問題、例えば大都会と地方の格差・差別、大都会における豊かな階層と極貧層（生活のできない不十分な年金受給者、失業者、生活保護受給者、簡易宿泊所の生活者やホームレス等）の格差・差別、あるいは福島において放射能被害の安全確保ができていない状況下での原発の再開・推進の動き、戦争のできない国から戦争のできる国への転換を進める動き等がみられる危機的状況などに真摯に対峙・対応する役割を果たしうるのも、広範な市民の側に立てる協同組合やNPO法人ではないかと思う。そんな期待も、協同組合にも、またNPO法人など公益法人にも持てるのである。

話を結ぶにあたって、公益・公益活動を主たる研究課題とする現代公益学会が協同組合を特集テーマに取り上げる以上、くどいようであるが、公益法人や公益学は、協同組合に何を学び、何を得るか、逆に協同組合は公益法人や公益学に何を学び、何を得るかを、改めて一人一人が自らの課題として掘り下げて考えることを是非お願いしたい。それが、今回の連携・共創を出発点に、これから両学会で腰を据えてじっくり検討し、深めていくべき課題と考えている。それに対して適切な答えを導き出すことが、両学会の今後に大きくプラスに働くはずである。

協同組合と公益・公益法人は、現代社会におけるそれぞれの重要性を考えると、相互に向き合うことによって大いに学びあえ、地域や社会においてより大きな役割を果たせるようになると思う。今回の本学会の叢書への日本協同組合学会の皆さんのご協力・ご支援が今後の両学会のより強い連携・共創の大きな一歩になれば幸いと願っている。

（小松隆二）

参考文献
小松隆二「東日本大震災後の公益と公共、そして公益学―『公益の日常化』と『公益法人の市民化』に向けて―」公益研究センター編『東日本大震災後の公益法人・NPO・公益学』公益叢書第一輯、文眞堂、2013年。

小松隆二「日本における公益法人の市民化の軌跡―公益法人の市民化・地域化に向けて―」現代公益学会編『東日本大震災後の公益学と労働組合』公益叢書第二輯、文眞堂、2014年。

第Ⅰ部
協同組合にとっての公益

第1章

協同組合とプラットフォーム
―参加・民主主義の再生産のために―

はじめに

　「レイドロー報告」[1]から 30 数年が経過したが、協同組合運動の危機はますます深刻化している。古代ギリシャのプラトンは「王様は哲学者になるべきである。さもなければ人類の不幸はなくならない」と述べている。今日、哲学の欠如により世界は理想を失い、世界に広がる格差社会にみられるように、民主主義の究極の目標たる「最大多数の最大幸福」は忘れ去られているかのようだ。協同組合運動の世界でも、危機の深層には哲学と民主主義の欠如があるといえるだろう。

　協同組合運動の新たなビジョンを描く場合、現実的に直面する課題の単なる「課題解決」ではなく、問いも答えも複数ある「デザイン力」への発想転換が重要である。問題の立て方そのものを問い直していく試行錯誤が不可欠である。民主主義の理念と現実の間には「懸隔」があるように、協同組合にも理念と現実の「懸隔」がある。その「懸隔」の背景には、自利と利他、地域性（土着性）と機能性、経済性と社会性、共通性（同質性）と多様性、内発型と外発型、統制型と自立型、共同社会と利益社会など様々なジレンマ（矛盾）が複雑に入り組んで宿っている。それらのトレード・オフ関係をいかに協同システムで止揚・克服・総合化していくのかが問われている。哲学の欠如を反省しながら、正しい仮説設定に基づいて議論を重ね、課題ごとのバラバラな答えを総合的にデザインしていく作業が重要である。

　以下、協同組合の民主主義の課題を中心に、地域づくりのプラットフォームと参加制度の多元化について考えてみたい。プラットフォームは、新たな参

加・協同の「泉」となる可能性が高いからである。地域を元気にしたいという志と共感に基づくワークショップと対話コミュニケーション、コミュニティにおける相互扶助や人間関系の再生、その関係性が新たな経済のネットワークを形成するなど、プラットフォームづくりこそがこれからの協同組合運動のビジョンのデザイン力になると確信するからである。

1. 民主主義と協同組合

　今日の経済社会の行き詰まり、多様化する国民意識、政治の混迷のなかで、社会的な選択の議論に際して「参加」が共通のキーワードとなってきた。また、冷戦崩壊後の民主主義の変貌について、世界中に起こっているNGO、NPO、ボランティアなどによる「市民活動民主主義」の台頭が指摘されている。特に、参加型民主主義は、いまの時代の共通の価値観として重要性が増している。明治以来の中央集権的な画一的な政策の矛盾を克服すべく地方分権のあり方が問われ、自治体では条例化等に伴う市民会議やワークショップ、住民投票、パブリック・コメントなどの取り組みが見られるようになった。
　しかし、これぞモデルというモデルが存在しているわけではないようだ。「参加・権利・義務」をコアとするシティズンシップ教育が定着している欧米にくらべ、日本では参加の概念はまだ十分に確立しておらず、また、参加型民主主義の要求も必ずしも十分に明確な具体性を持った体系的な提案の形となっていない。参加が制度的に保証されたとしても、参加の意義がすべての国民に理解、実感されているわけでもない。
　協同組合の参加とは、個人の自己決定を基礎とした社会的・集団的活動ということになる。そもそも参加とは、何かを協同して実現しようとするからその仕組みや場が必要となるわけで、協同の取り組みを実現するための具体的な手順、収支予算、労力やコストの負担など、当事者として参加するための条件について同意するプロセスでもある。共同決定であるとともに、それは参加者個人の自己決定でもある。
　しばしば「1人1票制」をもって協同組合の民主主義の価値が語られるが、原則の一元論で民主主義を語るわけにはいかないだろう。その民主主義の内容

が問われるのである。協同組合原則の端緒となったロッチデールの時代は、十数名のメンバーによる直接民主主義が可能であったが、今日では、組合員代表制による総代会があたりまえとなっている。さらには、大規模合併に伴い、旧来の集落座談会の開催さえ難しくなり、せいぜい旧農協単位の支所・支店レベルの会議が開かれるにとどまっている。その会議も組合側からの「説明会」に終わっている。大規模合併、支店・支所の統廃合の進展のなかで、新たな「民主主義の赤字」という問題に直面している。

コーポレートガバナンスの世界でも、民主主義の「民主」とは「株主」であるとして「株式資本主義」がもてはやされた。日本的企業体質ではグローバリゼーションの競争に勝ち残っていけない、マネー資本主義のもと株主や投資家の利益の立場に立った態勢を整えなければならないというような判断が流行した。多様なステークホルダーがいるなかで、それを株主＝投資家に限定して発展させようという株主優先方式はマネー資本主義の暴走を加速化させた。

民主主義は、歴史的にみて、多様なものの統合という方針を持っている。民主主義が「差異と統合」を調整するための技法であることも明確である。多数決の原理も民主主義の技法である。民主主義を標榜しながら、その一方でサイレントマジョリティという言葉も日常的に使われる。政治とは権力を伴う営みであるが、民主主義には正義としての権力への同意が基礎づけられているという原則がある。しかし最近では、政治権力や巨大資本など経済界の「1％」が結びつき「専門家」を巧みに利用しつつ、危機を煽りながら世論を動かして、自分たちに都合のいい政策を作り出していくという「ショック・ドクトリン」[2]が指摘されている。また、「原子力神話」に象徴されるように、メディアの劣化も手伝って、「世論偽装」「民意偽装」（斎藤貴男『民意のつくられかた』2011年）が民主主義の危機として指摘されている。民主主義は、権力の監視や在野精神、国民視点の正義感などジャーナリズムの本来的機能が作用しないと、民意は飲み込まれ、権力の意向のまま社会的正義までもが偽装されていく危険性がある。

政治の世界も、協同組合の世界も間接民主主義がアタリマエである。民主主義を統治の原理とみなせば、政治の限界が民主主義の限界となるように、協同組合における民主主義を組合統治の原理とみなせば、総代会、理事会の限界が

民主主義の限界となる。

　協同組合の統治も組織・事業の拡大に対応して複雑化、専門分化し、連合会、協同会社など二次組織が導入された。国家の行政機関が巨大化したように、組合の執行体制、職員体制も巨大化した。役員体制も、事業規模が大きくなり、経営のより専門性が求められるに至って、いわゆる「学識経験者」、職員上がりが多くを占めるようになり、組合員からは「役職員協同組合」という皮肉の声も出されている。主人公である組合員の参加型の運営や民主的な統治はますます困難性を増している。

　「入り口」の民主主義も「出口」の民主主義も不完全なまま、しかもそれはつながっていない。ムラ単位の農協や草創期の生協などの時代は、おそらく民主主義が自然体のなかで実現できたことだろう。今日では、意識的に、自覚的に民主主義の内実をこれでいいのだろうかと問い続ける必要がある。

2. 民主主義の「再生産」

　1992年のICA東京大会の基調報告「変革期の世界における協同組合の価値」、いわゆる「ベーク報告」において、協同組合民主主義について、次のような問題提起がなされている。20年以上前のものだが、今日的にも十分意義のある問題提起である。

(1) 民主主義の困難の背後にある共通の基本的要因は、① アイデンティティの弱まりと ② 自治の弱まりである。
(2) 協同組合の基本的任務である、個人の行動を集団の行動に高めていくことが難しくなり、組合員あるいは社会も既成の協同組合方式に解決策を期待しなくなっている。組合員はますます自分たちの組合の経営の対象となり、自らの生活条件を改善する努力において、ますます主体的でなくなってきている。
(3) 成功する民衆運動にならって、民主主義の「再生産」を行っていく必要がある。その際、組合組織の一体性と自治を、一度つくられたら変わらないものとしてではなく、協同組合の発展のなかで絶えず再創造され、再発見されるものとして、自覚的にとらえることが重要である。

(4)　組合員の経済的利益が促進されることは、参加の前提であるが、タマゴとニワトリはどちらが先かというような厳密な因果関係においてとらえることは疑問といわざるを得ない。より良い社会・経済秩序に貢献すること、これこそが協同組合のアイデンティティと自治の基本的要件である。参加の動機の「経済的」解釈は、組合員をサービスの受動的な受け手にしてしまい、短期的にしか協同組合の意義を示せなくなり、経済的な利益がすべてになってしまう。主要な問題は、経済と民主主義の結合である。
(5)　民主主義が困難になった過程の背後にあるメカニズムを明らかにし、革新されたダイナミズムに存在余地を与え、新しい方法を試み、開発することによって、民主主義を活性化していく必要がある。このためには、他の投資と同様、意識的・長期的な民主主義への投資が必要である。また、その活性化は管理職の役割が鍵であり、良質の民主的管理職を再生産することが重要である。

　協同組合における大規模合併と参加・民主主義という2つの方向は、残念ながら対立関係にある。組合員は物理的にも、精神的にも組合の外に置かれ、意思決定も形式化している。組合員の多様化、合併による組合員数の拡大について、それを組合員の「再生産」と考えれば、同様に、組合の民主主義のあり方もその多様化に対応して、ヨコ軸に「地域性」(土着性)、タテ軸に目的別の組合員組織活動の「機能性」を切り口として、新しい民主的運営・意思反映システムを創意工夫するなど、民主主義を動態的に「再生産」していかなければならないのである。組合員の「関心」「課題」に着目した組織単位での民主主義と組織運営のあり方が追求されなければならない。職員による請負主義的組織運営の克服も、まず第一歩は組合員参加の「場づくり」からはじまる。
　組合員の「参加」と事業運営の一体化を図るためには、組合員の当事者意識に基づく「参加と民主主義」のプロセスが不可欠なのである。協同組合の事業・活動は、組合員の具体的なニーズ、「こうしたい、ああしたい」という願望を束ねて組織化するわけだから、その「動機づけ」を再確認することが協同組合民主主義の前提である。「当事者意識」もなく、「こうしてくれ、ああしてくれ」の要求型民主主義はそもそも協同組合にはなじまない。何でも職員任せ

の、請負型の組織活動に見られる「お任せ民主主義」も本物の協同活動とはいえない。

　民主主義における参加について、それを機能させていくためには教育が不可欠である。協同のメリット実現に向けて最大限の参加を確保するためには、組合員個人の協同組合人としての態度や資質の向上が必要となるからである。民主的運営の手続きをとったとしても、組合員の「自覚」と「意思」がなければ、「参加」とはいえないだろう。参加することによって、参加のリテラシーが高まるというのが現実的ではないだろうか。参加型民主主義によって、組合員の自立性や自己規律性を高め、協同のメリットを最大化させていくことが期待されるのである。民主主義は教育システムでもある。その意味で、「参加と民主主義」「教育」の協同組合原則の意義、協同組合の「行動指針」としての7つの原則は相互に関連しあっていることについての再認識が重要である。

3.「来るべき民主主義」

　ここで、これからの協同組合の参加型民主主義のあり方あるいは「民主主義の再生産」について参考となる提起がある。國分功一郎の『来るべき民主主義』(2013年) である。國分は、東京都小平市の都道の建設問題にかかる住民投票運動に関わった経験から、近代政治理論の前提に疑問を投げかけ、民主主義の根本問題を次のように整理している。

(1) 今日の政治体制は「民主主義」といわれているが、実際に、統治にかかわるほとんどのことを決めているのは執行機関である行政というのが実態である。民衆は行政の決定プロセスにかかわることができない。主権者たる私たちに許されているのは数年に一度選挙を介して議会に議員を送り込むことであり、立法権に部分的に関わるだけである。主権を立法権とみなす前提があるために、実際に物事を決めている行政の決定過程に民衆が関われなくても、「民主主義」を標榜できるようになってしまっている。

(2) 政治は多数の人間の間を取りもち、合意を取り付け、決定を下すが、その決定は一つしかない。このことは、政治が複数の人間と単数の決定を結びつける営みだということを意味する。つまり、政治とは「多」と「一」

(3)　主権者が一定の領域や人びとを治めることを「統治」というが、統治されるためには立法されたものを適用しなければならない。法律に基づいて様々な手続きが執行されなければならない。近代の主権理論によれば、立法府こそが決定機関であり、行政府はその執行機関に過ぎない。しかし、行政は執行する以上に決定している。

(4)　「行政とは、主権による決定（立法）を統治の現場に運ぶ一種の媒介である」（大竹弘二『公開性の根源』）。つまり、行政による事実上の政策決定という問題は、この媒介が決して透明ではありえないこと、そしてそれが最初の決定からの逸脱の可能性に常に曝されていることに由来するものである。近代の政治哲学はこの媒介の問題を蔑ろにしてきた。

(5)　現代フランスの哲学者ドゥルーズは、複数の制度が組み合わさって構成されているのが社会だと考えた。制度は行為のモデルであるから、制度が多ければ多いほど、国家は自由になる。「専制とは、多くの法とわずかな制度をもつ政体であり、民主主義とは多くの制度とごくわずかな法をもつ政体である」と結論づけている。この制度論から議会制民主主義を見直すと、新たな視点が得られる。主権者である民衆が政治に関わるための制度も多元的にすればいい。議会の改善だけでなく、制度を追加すればよい。

(6)　主権とは立法権であるという建前があるために、主権者たる民衆は行政による決定のプロセスから排除されているのだった。ならば、行政の決定プロセスに主権者が関わるよう制度を作っていけばよい。議会制民主主義に①住民投票制度、②住民・行政共同参加ワークショップの工夫など強化パーツを足していくという発想により、近代政治哲学の誤りを少しずつ是正していくことができる。

(7)　國分によれば、哲学者のジャック・デリダは「来るべき民主主義」のなかで、その「来るべき」に2つの意味を込めている。すなわち、民主主義の理念と現実の間には「懸隔」がある。どんな民主主義も「失敗」や「懸隔」を免れない。民主主義というものは完全に実現するものではない。また、これぞ民主主義と呼ぶに値する民主主義はいまだ存在していない。つまり、民主主義は、常に「来るべきもの」にとどまっているのであり、逆

にいえば、「来たるべきもの」だからこそ、われわれはより民主的な民主主義をめざしていかなければならないのである。

　協同組合の民主的運営について、従来型の「手続き主義」「形式主義」から、可能な限り直接民主主義に近い運営方法を目指して、多様な参加の場づくり、実質的な決定プロセスへの参加システムが重要である。
　主権者である組合員の運営参画を強化していくためには、運営に関わるための「制度」を多元化することである。「行為モデルとしての制度」を多く準備・用意すること、つまり多様な参加の「場」を構築することである。多様な組合員の意思反映のあり方としては、生産部会、各種組合員組織、支店ふれあい委員会などにおけるワークショップ方式による議論を重視し、その議論内容を全体運営にいかに反映させていくか、また理事会のもとに事業別、課題・テーマ別の各種委員会を設置するなどきめ細かい意思反映のための体制整備の工夫が必要である。
　例えば、JA の場合、カントリーエレベーター（CE）など施設利用の面においても「意思決定プロセスへの参加」の重要性が指摘できる。佐賀県などの組合員自主運営方式による CE では利用率の高さが見られる。水稲、麦の作付け、転作対応のブロックローテーションなど、利用組合員の合意形成のもと組織統一的な取り組みがなされることによって施設の稼働率も高まり、その結集力によってコストダウンが図られ、利用料金も安くなっている。自分たちの施設運営・経営に対する当事者意識が必然的に醸成されて、管理コスト、稼働率など経営問題が自らの問題意識、責任意識となる。施設利用に関する「文句」は自分にはね返ってくる。一方、JA 運営方式の場合であれば、「お任せ主義」で、稼働率が低下しようが、赤字になろうが関係ない、あるいは自分の都合優先で、転作対応における地域的なまとまりに非協力的であるというように、自分には直接関係ないという無関心や無責任（意識）が発生しやすい。
　利用者にとって、参加型民主主義による理解と納得がないままの事業利用は「統制」や「強制」に映り、水面下では何らかの不満に似た「やらされ」感が渦巻いている。民主主義の手続きにより、組合員が「参加」し、当事者意識とコスト意識をもって合意形成をして施設利用にかかる意思決定を行う。まさ

に、利用者自らが「根回し」された状態で理解と納得のうえで事業利用する、また、協同することのメリットを実感する、そうした経験の積み重ねが民主主義の「民度」を高めていくことになるだろう。

4. 協同組合とプラットフォーム

近年、JA合併、市町村合併による組合員、住民サービス機能の低下問題が指摘されている。「私助」「公助」の限界と課題が明らかになるなかで、「共助」と「住民自治」による地域づくりが注目されている。保健・福祉・医療・子育て・教育・労働・防災・環境・ごみ問題などを切り口にした住民自治の総合的なデザインが課題となっている。

「無縁社会」「生きにくい社会」の問題が取り沙汰されるなかで、生活現場では地域コミュニティ力の向上が課題である。コミュニティの語源は、ラテン語の「コム」（＝一緒に、共通の）と「ムヌス」（＝任務・義務）からなる。コミュニティは「一緒に任務・義務を遂行する人の集まり」といえる。コミュニティのデザインは人のつながりや関係性のデザインでもある。関係性を結びなおすことで、眠っている「ご近所の底力」を再生することにほかならない。

3.11の教訓は、結びつき＝関係性から社会を見直し、「他者」との関係を結びなおしていく作業による重層的なコミュニティづくりということになろう。コミュニティとは、目的、価値を共有する社会的な空間に参加意識を持ち、主体的に相互作用を行っている場である。そのコミュニティをテーマ型の「実践コミュニティ」さらに「アソシエーション」として発展させていくためには、プラットフォームづくりが必要となってくる。

プラットフォームとは、「誰でも入れる『公』の空間の中に、信頼しあい、共通のテーマ、目的を持った人間同士がつながれる『共』の空間をつくる場所」と定義される。プラットフォームは、新たなコミュニケーション活動を通じて、いままでにはなかった人間関係の相互作用をつくり出し、そこから新たな付加価値を生み出す「創発現象」を引き起こす。作物を育てるように、プラットフォームは新たな地域活動の「培地」でもある。いかなる活動・経路をつくればどんな相互作用が生まれるのか、といったことが設計上の課題とな

る。

　國領二郎は、プラットフォームの基本的機能として、①多様な人間がつながりあうマッチング機能、②コミュニケーションによる信用・信頼機能、③資源・能力の再編集機能、④協働のインセンティブ機能の4点を指摘しているとともに、プラットフォーム設計のポイントとして、次の5点を指摘している（『創発経営のプラットフォーム』2011年）。
　①資源・能力が結集して結合する空間をつくること
　②新しいつながりの生成と組み替えが常時起こる環境を提供すること
　③参加の障壁が低く、参加のインセンティブが持てる魅力的な場を提供すること
　④規範・ルールを守ることが自発性を高める構造をつくること
　⑤機動的にプラットフォームを構築できるオープンなインフラを整えること

　協同組合は地域社会の1つの「器」である。農林水産業の振興、消費者運動はもとより地域づくりのプラットフォームとしての機能を自ら持ち合わせていると言えよう。協同組合はメンバーシップと組織力によって支えられる。組合員はもとより地域社会とのネットワークを通じて多様な人達・組織との接点をつくり、「次の世代」への支持や共感・共鳴を広げ、メンバーシップと組織力を再構築していくことが「次代へつなぐ協同」の到達点である。協同組合運動による人のつながりや協同の関係性が地域コミュニティの新たなデザイン力となっていくだろう。それこそ社会的「器」＝プラットフォームとしての役割である。
　組合員による協同活動は内部に留まることなく、地域住民・社会との多様な接点をつくりながら、協同活動を社会的共通価値とすべく進化、発展させていかなければならない。協同組合だけでなく地域社会にとっても、相互扶助に基づく協同活動は「戦略」となるからである。
　JAグループでは地域農業ビジョン運動を展開している。地域農業の10年後の姿をどう描くか、担い手づくり、産地づくり、地域づくりについて徹底した話し合いを推進している。地域での話し合いやコミュニケーションのレベルが高いところでは、集落営農の立ち上げや農地の集積・団地的利用、ブロック

ローテーション、農業機械、施設利用など効率的な農業生産はもとより、女性の積極的な参画により6次産業化への取り組みなど経営拡大、雇用創出を果たしている事例も多い。集落営農では、ガソリンスタンドや購買店舗などの運営から高齢者の外出移送など福祉サービスまで地域住民のライフラインを支えるなど、非農家も含めた地域住民全体の課題解決に向けた「地域貢献型集落営農」も出現している。

　また、小田切徳美明治大学教授が提唱する「手づくり自治区」がある。農山村社会で進行する「人、土地、ムラ、誇りの空洞化」に対して、地域住民が当事者意識をもって、地域の仲間とともに手づくりで自らの未来を切り開く活動を積極的に展開していることを指す。「手づくり自治区」は旧村、小学校区など「手触り感」のある範囲での小さな自治、すなわち「小さな役場」「小さな農協」といえるものである。「手づくり自治区」は、複数集落にまたがってエリアが広がり、若者や女性、多様な職業経験を有する人材の参加を得ながら「1人1票制」の運営のもと、「地域を何とか変えていこう」というように新しい企画・アイデアやチャレンジ精神が引き出され、「守りの自治」だけでなく、「攻めの自治」のための活動が展開されるようになっていく。

　集落営農や「手づくり自治区」が地域社会の新たな＜参加制度＞として発展的に機能しているのである。ロバート・D・パットナムが指摘したように、ソーシャルキャピタル、すなわち「人びとの協調行動を活発化することで社会・経済の効率性を高めることができる信頼・互酬性の規範、ネットワーク」の有用性が認められるのである。協同組合は地域社会と共生しながら事業・活動を展開している。協同組合の価値はその地域との関係性のなかでしか生み出せない。そのためには、自立分散型の多様な協同の組織づくりが必要となる。パットナムが指摘した橋渡し（ブリッジ）型で外部指向性をもったインフォーマルな社会的つながりが重要である。それぞれの組織間の相互交流や相互支援の関係性のネットワークが地域社会の「簿外資産」として形成され、公共性を増していくだろう。

　プラットフォームや協同活動組織はもちろん人の集まりであるが、見方を変えれば、それはつながり、関係性の集まりでもある。つながりを結びなおしていく、新たな結び目をつくることで、重層化されたコミュニティをつくること

ができる。ワークショップのなかで、農林水産業の活性化や福祉、環境保全など地域課題や不安材料についてさまざまな意見、要望が出され、合意形成ができた段階で具体的な取り組みとして実践に移されていくだろう。

　協同組合は、地域社会と共生しながら事業・活動を展開している。協同組合の価値は、その地域との社会的なつながり、関係性の内容で大きくなったり、小さくなったりする。今日、農協も生協も合併などで「大きな協同」となった。大きな協同のなかに、目的別・課題別の「小さな協同」をつくり、組合員が参加できる「場」「出番＝役割」「仕事＝新たな経済」をつくる。組織内の小さな協同のネットワークづくり、組織外との重層的なネットワークづくりが重要である。そのネットワークのなかの相互作用、関係性の構築が地域で眠っている経営資源を掘り起こすとともに、協同・相互扶助の精神を醸成し、地域社会に新たな活力を与えるだろう。プラットフォームは、新たな参加・民主主義・協同の「泉」となって、「小さな経済」の循環など「経済と民主主義の結合」も実現され、地域社会を革新するデザイン力となっていくだろう。

5. 周年観光農業のプラットフォーム

　JAの地域農業振興と地域づくりのプラットフォームとして、山形県のJAさがえ西村山の観光農業のネットワークの取り組みがある。JAさがえ西村山は、1994（平成6）年1市4町のJA（寒河江市、河北町、西川町、朝日町、大江町）が合併し誕生した。販売事業高約90億円のうち果樹園芸が取扱金額の過半を占め、さくらんぼを中核として、りんご、西洋梨などの果樹の生産振興に取り組み、全国有数の果樹園芸地帯となっている。観光農業という地域資源に着目しながら地域の農業者、JA、行政、観光協会、商工業者等がそれぞれの役割を担うネットワークを構築し、地域の自然や景観、温泉、郷土料理などを含めた寒河江市を「まるごとブランド化」する取り組みをすすめてきた。

　現在、寒河江市を訪れる観光客は年間およそ160万人と言われ、そのうち毎年5月下旬から7月中旬のさくらんぼ狩りシーズンの観光客は約30万人に及ぶ。寒河江市の観光農業はさくらんぼを中核として、様々な観光農業に取り組む農家の自主的な生産・販売組織を組成し、1年間を通じて楽しめる観光農業

をつくり出してきた。また、こうした周年観光農業の取り組みは1980年代前半、旧寒河江市農協が中心となって農業者（生産者組織）、市、市観光協会、土地改良区、温泉組合、飲食組合、JR、タクシー会社などが地域ぐるみで連携し、それぞれの役割を発揮しながら創り上げてきた。

　寒河江市で本格的なさくらんぼ生産が取り組まれたのは、1960年代後半から始まる米の生産調整が契機で、さくらんぼの生食用栽培がすすむと同時に一部の農家で個別に観光農園が始められた。しかし、効果的な誘客対策がなく、また、生産技術にバラツキ等があったことなどから訪れる観光客は増えなかった。その後、さくらんぼ以外の果樹・花卉の観光生産者組織が設立されたことなどを契機に、1984（昭和59）年、農業者（生産者組織）、旧寒河江市農協、市、市観光協会、土地改良区、温泉組合、飲食組合、JR、タクシー会社等を構成員とする「寒河江市周年観光農業推進協議会」（以下「協議会」）が発足し、文字どおり地域ぐるみの観光農業推進体制が確立した（現在の「協議会」体制は図I-1-1のとおり）。また、協議会の事務局は旧寒河江市農協が担当することとし、新たな機構として全国でも例がない「観光農業課」が誕生した。

　当時、周辺農協管内でも観光さくらんぼ狩りが取り組まれていたが、そのほとんどが農家の単独経営や地元観光協会、温泉組合等との個別の提携によるものであった。県内外から観光客を呼び込む場合、観光にかかるあらゆる情報や相談を1か所に集中して対応することが必要であった。このため観光客の受入窓口は協議会事務局を担当するJA観光農業課に統一した。①観光情報の問い合わせ、②誘客キャンペーン企画の実施、③全国旅行会社との契約、④観光客の受入と観光農園への手配、⑤入園料や直売品の品質の均一化と価格の統一、⑥苦情処理や消費者ニーズの把握、これらの業務を協議会構成メンバーとの協議をふまえ、JA観光農業課が担当することとした。

　1992年に寒河江市が中心となって広域集客複合施設「チェリーランド」が建設され、その敷地内に観光情報の提供と観光客受入のための「さくらんぼ会館」が設置され、寒河江市、市観光協会、JAの観光農業推進関係者による情報交換と一体的な観光農業の推進を行うワンフロア化を実現している。

　また、「優良推奨店選定委員会」「検査委員会」を設け、品質と価格の抜き打ち検査を実施するなど、農家同士の学習・相互研鑽等により観光品質の高位平

図 I-1-1 寒河江市周年観光農業推進協議会 組織図

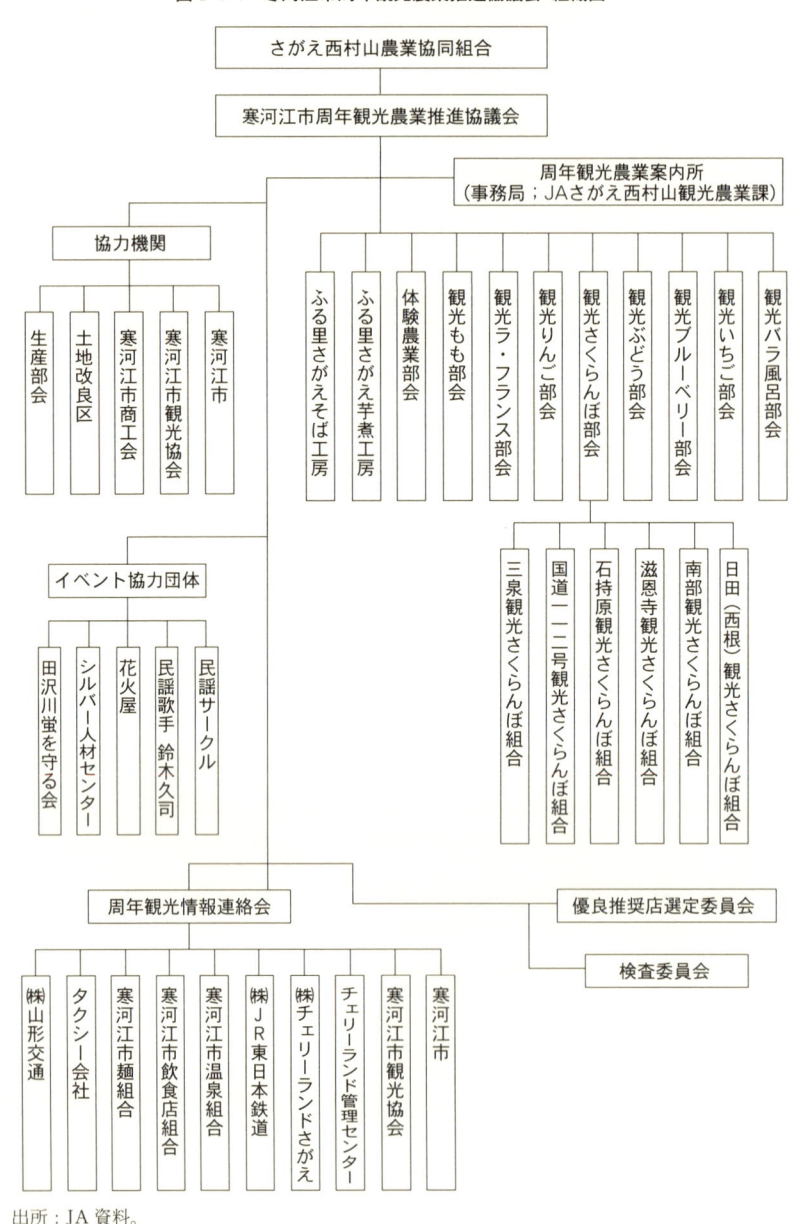

```
さがえ西村山農業協同組合
    │
寒河江市周年観光農業推進協議会
    │
    ├──────────────────────────────────────────────┐
    │                                周年観光農業案内所
    │                         (事務局；JAさがえ西村山観光農業課)
    │                                      │
    │  ┌─────┬─────┬─────┬─────┬─────┬─────┬─────┬─────┬─────┐
    │  ふる里  ふる里  体験   観光   観光   観光   観光   観光   観光   観光
    │ さがえ  さがえ  農業   もも   ラ・   りんご さくら ぶどう ブルー いちご バラ
    │ そば   芋煮   部会   部会   フラ   部会   んぼ   部会   ベリー 部会   風呂
    │ 工房   工房         ンス          部会         部会         部会
    │                     部会
    │                                      │
    │                      ┌─────┬─────┬─────┬─────┐
    │                      三泉   国道   石持原 滋恩寺 南部   日田
    │                      観光   一一二 観光   観光   観光   (西根)
    │                      さくら 号観光 さくら さくら さくら 観光
    │                      んぼ   さくら んぼ   んぼ   んぼ   さくらんぼ
    │                      組合   んぼ   組合   組合   組合   組合
    │                            組合
協力機関
    │
    ├─────┬─────┬─────┐
   生産  土地  寒河江 寒河江
   部会  改良  市商工 市観光
         区    会    協会   寒河江市

イベント協力団体
    │
    ├─────┬─────┬─────┐
   田沢川 シルバー 花火屋 民謡歌手 民謡
   蛍を守  人材          鈴木久司 サークル
   る会   センター

周年観光情報連絡会                    優良推奨店選定委員会
    │                                      │
    │                                  検査委員会
    ├─────┬─────┬─────┬─────┬─────┬─────┐
   ㈱    タクシー 寒河江 寒河江 ㈱     ㈱      寒河江 寒河江
   山形  会社   市麺   市温泉 JR東  チェリー 市観光 市
   交通         組合   組合   日本   ランド   協会
                              鉄道   管理
                                     センター
                                     さがえ
```

出所：JA資料。

準化の取り組みをすすめている。協議会等の取り組みと組合員同士の協同により、寒河江市は「日本一のさくらんぼの里」の知名度を創り上げている。この結果、農家は安定的な観光農業収入を確保するとともに、若い農家後継者も育っている。

さらに、本格的なJA総合農業販売拠点として「アグリランド」の整備に取り組んできた。「アグリランド」は、『食と農』の拠点づくり、『農業の更なる元気づくり』、『新たな農業の発信』を事業コンセプトとして、県立最上川ふるさと総合公園に隣接する民活エリアに順次施設整備が行われた。「米・食・農」にかかる情報発信基地「さくらんぼ友遊館」をはじめとして、地元農産物の産直センター、仕出し、弁当、総菜加工の「フーズセンター」、味噌、赤飯などの加工センター、郷土料理をふるまう農家レストラン「四季亭」など5つの施設が整備されている。こうした施設整備によって、地元農産物や加工品の販売が増加しているが、アグリランドを統括する「アグリランド事業部」（企画開発課、業務課、観光農業課で構成）の要員を含め、新たに38名の雇用機会も創出している。このように、JAさがえ西村山と協議会の取り組みは、国領が指摘するプラットフォームの機能を発揮しながら、農業の6次産業化、観光農業の周年化など地域農業の付加価値化をリードしてきたのである。

6. プラットフォームとバリューチェーン

マイケル・ポーターが『競争優位の戦略』（1985年）で唱えるバリューチェーンは、企業活動・事業を顧客にとっての価値を創造する活動という切り口から分解し、それぞれの活動の特徴を正確に把握したうえで、それらの活動の連鎖を再構築するためのフレームワークである。企業内部の様々な活動やシステムを相互に結びつけ有機的に連結させることによって、市場ニーズに柔軟に対応することが可能になり、その結果として顧客に価値がもたらされることで企業の競争優位性が確保されるという戦略論である。購買、生産から販売までの主活動としてのサプライチェーンに対して、全体管理、技術開発、労務管理・人材育成などの支援活動が個々の主活動プロセスの流れのなかで付加価値を生み出してバリューチェーン全体を支援する。JAさがえ西村山を核として

始まった観光農業のサプライチェーンに対して、協議会による観光に関わる情報・相談活動や観光品質の高位平準化に向けた支援活動が顧客価値を創造するバリューチェーン形成につながっている。

　地域づくりのデザインには、システム思考が重要である。システム思考とは、地域社会の様々な資源要素を関係性＝つながりとして捉え、それらの因果関係を「見える化」していくことで、総合的な課題解決を図っていくことである。JAさがえ西村山の取り組みはでは、さくらんぼの個別観光農園の1次市場からりんご、ぶどう、西洋梨など品目リレー型・周年型の観光農業への面的拡大、次に地域の交通・宿泊機関など観光資源の2次市場へ、さらにアグリランドによる6次産業化と雇用機会の創出など3次市場へとループ展開するように、回転＝循環市場の育成を通じた地域活性化のメカニズムが働いている。こうした循環型の地域経済のデザイン力が重要である。すなわち、地域資源を活かしたより良いバリューチェーンをつくることが、より良い地域社会をつくることになるのである。

　また、地域循環型の経済モデルがインセンティブとなりながら、結果的に多様な主体間の関係性の質を高め、その関係性の質がさらなる経済循環の拡大再生産につながるという図式が読み取れる。そこでは、マサチューセッツ工科大学のダニエル・キム教授が唱える「成功の循環」、すなわち、「質の高い『関係性』が質の高い『思考』を生み出す、質の高い『思考』が質の高い『行動』を生み、質の高い『行動』が質の高い『結果』につながる」という好循環のメカニズムが働いているのである。

7. 共益と公益のグラデーション

　今日、「公共性」「公益性」を形式概念的なものでなく、人間哲学（自己―他者―公共世界）、参加と民主主義、市民社会と住民自治などのキーワードで実践的な意味でとらえていくべき時代に来ている。国家や市場の領域とは区別される市民社会の持つ独自の意義が強調され、住民参加によって公共的領域を再設計し、拡充していこうという流れが積極的に位置づけられるようになってきた。

山脇直司は『公共哲学とは何か』(2004 年) において、公共哲学の今日的意義について、「政府＝公」と考えるかつての国家哲学とは根底的に違い、また、同時に「私益」を追求する人々の活動の場たる「市場」の論理にすべてを委ねるのでもない、「民（人々）を担い手とする公共」という観点で新しい思考回路を切り開いていく時代としている。政治、経済、科学技術、教育、グローバル化における公共善のコンセプトなど、それぞれの分野で公共性が重要な争点となってきており、公共哲学がますます重要になってきたと主張する。

　そして、「公私」二元論からの脱却を唱え、「政府の公／民の公／私的領域」を相関関係にあるものとして捉える。個人を犠牲にして公に尽くすという意味の「滅私奉公」、自分 1 人の世界に閉じこもり、他者感覚を喪失した人間が増加しているが、そのようなライフスタイルは「滅公奉私」、こうした事態を打開すべく、個人を活かしつつ公共性を開花させる新しい思考への要請が公共哲学に託されている。その要請を「活私開公」という理念で引き受けつつ、個々人の「自己」理解が「他者」への理解、ひいては「公共世界」観の形成へと結びつくような人間論を呈示している。そして、個人の自己実現や尊厳が発揮されるという視点のもと、「市民による公共性の創造」の重要性を指摘、公共の世界を市民社会に取り戻すことを強調する。このような人間論を協同組合の哲学論として、個人＝「私」を「協同組合」と置き換えてみると、協同組合自らの「活協開公」的なビヘイビアが協同組合の社会的存在力（有用性）とも言うべき公益性のデザイン力となっていくだろう。そしてそこから、地域社会の共感と支持という公益性の「担保力」も拡充されていくだろう。

　知的発想法の古典として知られる『アイデアのつくり方』(1988 年) の著者ジェームズ・W・ヤングは、イノベーションのネタとなるアイデアは「既存の要素の新しい組み合わせ」から生まれ、「既存の要素を新しい組み合わせに導く才能は、物事の関連性を見つけ出す才能に依存する」と指摘している。アイデアを生み出すためには、知識と知識が出会う場、つまり、知識・経験・ノウハウなど様々な経営資源を有するステークホルダーたる各種団体や企業が出会う場としてのプラットフォームが必要になる。JA さがえ西村山の周年観光農業も、そのプラットフォームからクラスターの形成につながり、イノベーションが起きたのである。

周年観光農業推進協議会の組織図にあるように、協力機関、協力団体、情報連絡会のそれぞれの団体、組合、部会、サークル等はそれぞれの個別目的ごとの、いわば共益組織としての「小さな協同」である。それらが周年観光農業による地域活性化という大目的に結集し、協議会というプラットフォームを形成することにより、「大きな協同」を形成し、その中で多様な地域資源や人材・組織能力の再編集が行われている。そこでは、多様なステークホルダー間の新たな協働が生まれ、その相互作用によって共益性と公益性（地域全体の利益）の「のりしろ」部分、重なり合う部分を共有、拡大しながら、公益性を伴った価値の連鎖を生み出すというバリューチェーン形成のプロセスがある。

地域社会におけるプラットフォームは、複数の関係主体の共通課題・対象を設定し、協働システムを変容させていくプロセスでもある。そして、バリューチェーンにおける相互作用が各主体間の思考力を高めるとともに、その学びあいのなかから人材育成につながる「学習する組織」として機能し、地域農業、地域経済の問題解決の可能性（ケイパビリティ）を高めている。

国際協同組合同盟（ICA）の協同組合原則の第7原則「地域社会への関与」は、日本の総合農協の生産面から生活面までの多面的な地域密着型の事業・活動を評価する形で、1995年のマンチェスター大会で定められたものである。国主導型の地域振興政策の多くは成果をあげていない。その背景には、現場からの主体性発揮の欠点がある。内発型、ボトムアップ型の地方創生が求められるゆえんである。地域格差、財政制約など行政主導型の地域政策の限界が指摘されるなかで、地域再生に向けて自治体、企業、大学、協同組合、NPO、市民が多様に参加する時代へのパラダイム転換が求められている。

協同組合の組合員は地域住民である。地域課題・ニーズについて無関心ではいられない。当事者意識がなければエンパワーメントも生まれない。その当事者意識は組合員をはじめ多様なステークホルダー間のコミュニケーションにより醸成され、そのなかから地域活性化に向けた社会的活動の芽だしや役割も見えてくる。協同組合運動も「共益」にとどまることなく、地域にひらかれた協同活動を通じて社会的連帯のネットワークも広がっていくだろう。そのネットワークが安心して暮らせる地域づくりに発展していくだろう。

協同組合も地域社会のメンバーである。協同組合の共益と地域社会の公益の

関係も出会う場があり、プラットフォームのなかで共益と公益の関係性＝結びつきを見つけ出し、重なり合う部分、すなわち「のりしろ」をつくりあげていくことが重要であろう。協同組合なのか NPO なのかといった、外形の組織形態だけで共益性と公益性を線引き、分断するのでなく、協同組合の公的な「器」機能や多様な経営資源を活用しながら、地域活性化など公益づくりに発展させていくアイデア、イノベーションこそ重要なのである。現実社会のなかで、住民が連帯して地域課題を解決していくなかで、公益性の形成に参加できるような仕掛け・仕組みを整備していくことが主権在民の民主主義のあり方としても重要だろう。そして、協同活動への参加者たる地域住民が自主・自律・自治の基本に立って、参加型民主主義に基づいて自分たちの行動計画を策定し、出番・役割と仕事（新たな経済）をもって、いきいきと活動している姿こそ評価されるべきである。

　共益の掛け算が必ずしも公益になるわけでもないだろう。多様なコミュニティ活動やテーマ型共益活動（アソシエーション）の"ジャングルジム"のなかで「公益の創造」も見えてくるのかもしれない。共益性と公益性の間には様々なグラデーションがある。協同組合のシンボルカラーは虹＝レインボーである。プラットフォームにおける多様な協同活動のデザイン力が「協同の重なり」を演出し、レインボーのように輝きながら、共益性と公益性のグラデーションを描いていくだろう。

（松岡公明）

注
1）「レイドロー報告」とは、カナダのレイドロー博士が、1980 年に開催された国際協同組合（ICA）の第 27 回モスクワ大会で「西暦 2000 年の協同組合」と題した基調報告で、その後の世界の協同組合運動に大きな影響を与えた。報告では、当時の社会情勢を分析して「狂気じみた方向へすすんでいる」との認識を示し、「協同組合こそが正気の島」であるべきだと説いた。協同組合は、第 1 の「信頼の危機」、第 2 の「経営の危機」を経て、現在は第 3 の「思想の危機」にある。すなわち、協同組合の理論や思想より事業・経営を優先するあまり、「協同組合とは何者であるのか、他の企業と変わらないのか」という真の性格と目的が漠然化していると警鐘を鳴らした。
2）「ショック・ドクトリン」とは、天災や戦争、軍事クーデターなど人々がパニックに陥ったり、注意が惨事に向けられていたりする時に便乗して、平時では不可能な、大資本や権力にとって好都合な規制緩和や構造改革（改悪）など急進的な新自由主義改革を

強行する「惨事便乗型資本主義」のことで、カナダのジャーナリスト、ナオミ・クラインが説いた。彼女は、「真の改革は、危機的状況によってのみ可能となる」と述べるなど徹底した市場原理主義を主張したミルトン・フリードマンらシカゴ経済学派を批判、こうした主張を「ショック・ドクトリン」と呼び、現代の最も危険な思想とみなしている。

参考・引用文献
小田切徳美『農山村再生「限界集落」問題を超えて』岩波書店、2009年。
小田切徳美『農山村再生に挑む―理論から実践まで』岩波書店、2013年。
楠本雅弘『進化する集落営農』農文協、2010年。
國分功一郎『来るべき民主主義』幻冬舎新書、2013年。
國領二郎、プラットフォームデザイン・ラボ『創発経営のプラットフォーム』日本経済新聞出版社、2011年。
斎藤貴男『民意のつくられかた』岩波書店、2011年。
パットナム、ロバート・D. 著／河田潤一訳『哲学する民主主義―伝統と改革の市民的構造』NTT出版、2001年。
パットナム、ロバート・D. 著／柴内康文訳『孤独なボーリング―米国コミュニティの崩壊と再生』柏書房、2006年。
ベーク、S.A. 著／協同総合研究所編訳『変革期の世界における協同組合の価値』協同総合研究所／シーアンドシー、1992年。
ポーター、マイケル・E. 著／土岐坤・中辻萬治・小野寺武夫訳『競争優位の戦略―いかに高業績を持続させるか』ダイヤモンド社、1985年。
松岡公明・小林元・西井賢悟『支店協同活動で元気なJAづくり』家の光協会、2012年。
山脇直司『公共哲学とは何か』ちくま新書、2004年。
ヤング、ジェームズ・W. 著／今井茂雄訳『アイデアのつくり方』阪急コミュニケーションズ、1988年。

第2章

協同組合の共益性と公益性

はじめに

　協同組合と公益性の問題への関心が高まっている。この背景には、改めて強調するまでもなく、東日本大震災をはじめとする自然災害・事故を契機に、絆という言葉に関心が集まり、人と人とがつながって助け合うことの大切さや、私たちがくらす地域社会（コミュニティ）を豊かに育むことの重要性が再認識されていることがある。実際、東日本大震災の被災地の現場では、被災者を支えるために食料品をはじめとした生活物資の供給に農協、漁協、生協をはじめとする各種の協同組合が貢献し、今もなお協同組合どうしのネットワークの力で復興に向けての不断の努力がなされている。

　また国連は、世界的な食料危機や金融・経済危機に対して協同組合が耐久力を示したとして、疲弊する経済・社会を再生する重要な主体としての協同組合の役割に注目し、2012年を「国際協同組合年」（International Year of Co-operatives＝IYC）と定めた。そこでのスローガンは、「協同組合がよりよい社会を築きます」（Co-operative enterprises build a better world）であった。これは、組合員の共通の利益（共益）を追求する組織としての協同組合にとって、真摯に事業や活動を展開することによって豊かな地域社会づくり、すなわち組合員のみならず地域住民も含めた公の利益（地域の公益）を実現することが協同組合の使命であること、そして、協同組合が積極的に公益を追求していくこと（＝地域社会を豊かにすること）が、組合員のくらし（共益）をより良くするという認識に立つものである。

　このように、協同組合の事業や活動を通して共益と公益との相互循環的な関係を構築することこそが、行政や民間企業では発揮できない協同組合の重要な

社会的役割であるとされたのである。ただし、後に触れるように制度的には共益組織として捉えることができる協同組合が、現代社会で求められている公益を実現する主体として積極的に位置づけられ、存在価値を示しながら役割を発揮することができるのかどうか。依然として取り組むべき課題が、少なからず存在しているのも実状である。

　こうした問題意識も踏まえて本章では、協同組合の共益性と公益性の問題に以下の構成でアプローチしていきたい。第1に、協同組合が有する基本特性を確認した上で、協同組合による地域社会への関与の問題をめぐる現段階を確認する（1節）。第2に、公益の問題に関わって、国レベルにおける新しい公共や地域再生の方向付けの中で協同組合がどのように位置づけられているかを明らかにしたうえで、協同組合が地域社会を中心とした公益の問題に関わることの現代的意義について述べる（2節）。第3に、協同組合が共益と公益との循環的な関係を作る領域として主として食と農の問題を念頭に置きながら、今後協同組合が取り組むべき課題について述べる（3節）。

1. 協同組合の基本特性と公益性

(1) 協同組合の基本特性[1]

　協同組合の基本特性は、その組合員が「出資者（所有者）」、「事業利用者」、「運営参画者」という3つの性格を一体的に有する「三位一体性」にある。つまり協同組合は、人間である組合員が自らの意思で出資し、事業を利用し、運営に参画する組織であり、協同組合が「人的結合体」（人間の組織）と呼ばれるゆえんでもある。これに対して株式会社は、上で述べた3つの関係が必ずしも一体化していない。投資者である株主は、自らが保有する株式の価値（配当）に関心があり、株式会社も利潤の極大化を目的として経営を行いながら株主への還元を重視するとされ、このことから株式会社は「資本結合体」（資本の組織）と呼ばれることがある。

　こうした特性の違いは、組織の運営原則にも表れてくる。すなわち株式会社の1株1票制に対して、協同組合は1人1票制の原則を有し、出資額の多寡に関わらず誰でも同じ1票の権利を有している。また、人的結合体という特性と

関連して、協同組合には非営利という特性がある。協同組合における非営利性とは営利を目的としていないこと、つまり利益の分配を構成員に行うことを目的としていないことを指し、株式会社が株式の価値最大化と株主への還元（事業によって得られた利益を投資者に分配すること）を目的としていることと対比される考え方である。

さて、協同組合は公益性を有していないとされる（非公益性）。ここで公益性とは、広く社会全般の利益、あるいは特定化されない受益者を想定することをさす。すなわち協同組合は、一部で員外利用が認められているものの基本的にはメンバーシップ制を原則としており、特定化された組合員を対象に事業・運営を行うことから公益性は有していないとされる。この点において、NPO法人が「公益の増進」（特定非営利活動促進法第1条）を目的としているのと対照的である。したがって協同組合は、非営利・非公益の組織として制度的には位置づけられるものであり、組合員の共通利益の増進を目的とした事業を行う共益の組織と呼ばれる。

(2) 協同組合による地域社会への関与

しかしながら、協同組合が共益を追求するために組織の目的や活動の対象として組合員のみを考えてきたかというと、決してそうではない。19世紀初め、"協同組合思想の父"とも称されたR.オウエンが「協同の村」の建設を構想し、彼の影響を受けた労働者達が設立したロッチデール公正先駆者組合（1844年）においても「国内植民地（ホームコロニー）」の建設がめざされていた。また、後述する協同組合原則の源となったロッチデール原則には、「犯罪や競争のない産業社会を建設するため協同組合の商工業を発展させる」といった内容も含まれており、ロッチデールの先駆者たちが必ずしも自分たちの利益向上のみを目的としていなかったことが伺える[2]。

こうした構想はいずれも実現しなかったが、改めて協同組合と地域社会の問題に光を当てたのは、A.F.レイドローである。1980年、第27回ICA（国際協同組合同盟）モスクワ大会において、彼がとりまとめた『西暦2000年における協同組合』が報告された。そこでは、協同組合が取り組むべき「4つの優先分野」の1つとして「協同組合地域社会の建設」が示され、「協同組合がそ

こに住む人びとの生活にとって非常に重要な意味を持つ社会」が展望された。その際レイドローは、主として都市的地域を念頭に置きつつも「協同組合地域社会」の実現のためには、「日本の総合農協のような総合的方法がとられなければならない」として、生産資材の購買や農産物の販売、営農指導など、農業関連の事業だけではなく、信用、共済、生活、文化活動など、さまざまな事業を営み地域社会に根を張ろうとしている日本の総合農協に注目し、それを評価したのである[3]。

レイドローの問題提起を受けて、1995年に改めて制定された協同組合原則「協同組合のアイデンティティに関するICA声明」では、第7原則として新たに「コミュニティへの関与」(Concern for Community) が位置づけられ、協同組合と地域社会との関係構築、すなわち協同組合による地域社会の「持続可能な発展」(Sustainable Development) への関与の重要性が改めて認識されるようになった。

さらに上述したとおり、2012年を国連が国際協同組合年と定めた。その成果としては、① 全国各地での協同組合の役割・意義をめぐる学習会やシンポジウムなどで学び・交流の活動が展開した、② これまで連携が薄かった協同組合との連携も含めて異種協同組合間での交流が進み、協同組合間協同の気運が高まった、③ マスコミや政府への対応、大学での寄付講座の開設、「地域貢献コンテスト」の実施などを通じて、協同組合の役割が国民にアピールされた、といった諸点が指摘されている[4]。

2.「新しい公共」「地域再生」議論における協同組合の位置

このように、新しい協同組合原則や世界的な運動の中で、地域社会問題をはじめとした公益的な領域に協同組合が積極的に関与することの重要性が高まっている。ただし、冷静に注意しなければならないのは、確かに絆や人と人との結びつき、地域社会を育むことの重要性は高まっているにもかかわらず、このことがイコール協同組合への期待へとストレートに結びついていない点である。つまり、今日見直されているのは、人と人とが知恵や力を出し合う「協同」の大切さであって、こうした協同の価値に光をあて、種を蒔き、芽を出し

て育てることによって、より大きな力を発揮できる装置（しくみ）が協同組合に整っていない限り、協同組合は期待もされないし存在価値も示し得ない。

この点に関連して内閣府が設置している「『新しい公共』推進会議」では、東日本大震災を受けて『「新しい公共」による被災者支援活動等に関する制度等のあり方について』を 2011 年 6 月にとりまとめ、「日本型社会的協同組合の制度を検討する」という項目を立てたが、そこでは次のように記述されている。

「協同組合においては、地域の生活を支える日常生活物資の供給、農林水産業の復興に向けた事業再開等のために、被災地の協同組合と全国の協同組合が連携して取り組んでいる。また、長期的な復興支援を見据えたNPO－生協－農協の連携による拠点づくりと支援ネットワークづくりも始まっている。こうした動きの中で、さらに多様な主体による参加の仕組みを拡げていくためには、様々な関係者や関係団体が、地域コミュニティの一つの事業体として『複合協同組合』を形成できるようにすることが望ましい。カナダの『連帯協同組合』や『コミュニティ・サービス協同組合』、イタリアの『社会的協同組合』を参考にして、『日本型社会的協同組合』の制度を検討する。」

「新しい公共」とは、通常、公共領域を国家や行政の領域のみに限定せず、住民どうしの自発的な支え合いと参画を通してより良い地域社会を創る試みのことであるが、この間政府は、内閣府に「『新しい公共』円卓会議」を開いて議論してきた。当初（2010 年 6 月）発表された「『新しい公共』宣言」では、国民、市民団体や地域組織、さらには企業や政府等が「一定のルールとそれぞれの役割を持って当事者として参加し、協働する」ことの重要性を述べ、それに向けた対応方策をとりまとめているが[5]、そこでは労働者協同組合に関する法制度整備のことは記されているものの、協同組合の位置づけや役割については何ら記述されていなかった。

その点で今回のとりまとめは、東日本大震災の復興にあたって生活物資の供給や農林水産業の復興のために、「被災地の協同組合と全国の協同組合が連携して」取り組むことや、協同組合を軸とした「拠点づくりと支援ネットワークづくり」が始まっていることを前向きに評価しているならば前進と言える。しかし、文章の結びはイタリアの「社会的協同組合」なども参考にしながら、

「複合協同組合」や「日本型社会的協同組合」の制度を検討する必要性が記されており、既存の協同組合に対してはそれほどの期待はなされていない、と読み取ることもできる。

また近年、表I-2-1に示したように、公益性の問題とも関わって国・省庁において地域再生をめぐってさまざまな議論が行われている。しかし残念なが

表I-2-1 省庁レベルにおける最近の「地域社会の再建（再生）」をめぐる議論の概要

省庁報告書等	農水省『都市と農村の協働の推進に関する研究会報告』（2008年8月）	国交省『「新たな結」による地域の活性化報告書』（2009年3月）	国交省『過疎集落研究会報告書』（2009年4月）	総務省『新しいコミュニティのあり方に関する研究会報告』（2009年8月）	内閣府「新しい公共」宣言（2010年6月）
キーワード	都市と農村の協働、コーディネーター	新たな結、核組織、中間支援組織	生活基盤、基礎的な生活サービス	地域協働体、マネジメント	新しい公共（新たな公）
特徴	農村の再生には、都市の住民だけではなく、NPO、大学、企業等も加えた、農村と都市との対等なパートナーシップ形成が重要であるとし、コーディネーターの役割を重視する。	「多様な主体が協働して地域の課題への対策に取り組むこと」を「新たな結」と定義し、地域における「核組織」の存在と「中間支援組織」による支援を重視する。 手がけるべき取組みとして、①「地域住民の生活を支える取組み」と、②「地域資源を活用した地域活性化のための取組み」をあげる。	過疎地域での取り組み課題として、①基礎的な生活サービス（日常的な医療・福祉、買い物、地域交通のための小さな拠点の整備など）の確保、②生活基盤としての農林業の維持、③地域の活性化に向けた取り組み（新しい産業の創出）をあげる。	「地域協働体」を地域づくりの核として位置づけ、これが、多様な主体による公共サービスの提供（実行）を総合的、包括的にマネジメントする姿を描く。 その際、以下のような様々な主体が、地域（まち）づくりを実行する。 自治会、町内会、企業、商店街組合、環境ボランティア等、商工会議所、老人クラブ、地区社会福祉協議会、子ども会、地域金融機関、マンション管理組合、消防団、各種まちづくり団体、NPOや介護ボランティア等。	国民、市民団体や地域組織、さらには企業や政府等が、「一定のルールとそれぞれの役割を持って当事者として参加し、協働する」ことの重要性を述べ、それに向けた対応方策をとりまとめる。

JA・協同組合の位置づけ	農村側のコーディネーターとして、行政や農協の職員に期待する。	核組織として、任意組織、協同組合、NPO、公益法人等を位置づける。	上記①の中心的役割として、基礎的自治体、各種組合、NPOなどが分担し、郵便局、農協、地元商店など既存組織には、公共的サービスも含めた多様なサービス提供の担い手になることを期待する。	記述なし	ほとんど記述なし＊「新しい公共」推進会議『「新しい公共」による被災者支援活動等に関する制度等のあり方について』(2011年6月)「日本型社会的協同組合の制度」(地域コミュニティの1つの事業体としての「複合協同組合」)を検討することの必要性を指摘。
用語の定義など	＊コーディネーター「都市部の主体と農村を出会わせるのみの役割」や、「両者からの要望を具体的な活動計画へと昇華し協働へと導く」ばかりではなく、「その評価を行い、その結果を次回への活動へと活かす役割」を負う。	＊中間支援組織地域の組織が活動を行うために必要な人材、資金、知恵、情報の提供、ネットワーク等の仲介を行う組織。『核組織』づくりの支援、人材育成やマネージャーの斡旋、多様な主体が協働体制を築くまでのコーディネートを行う組織。		＊マネジメント支援の受け皿となり、活動を総合調整しながら課題発見と解決方法の企画などを行うこと。	＊新しい公共(新たな公)公共領域を国家や行政の領域のみに限定せず、住民どうしの自発的な支え合いと参画を通してより良い地域社会を創る試み。

資料：それぞれの報告書をもとに整理したもの。協同組合と地域社会研究会編（事務局：協同組合経営研究所・当時）『協同組合と地域社会の連携〜ソーシャル・キャピタルアプローチによる研究〜』(2009年3月)の第2章「地域の協同づくり行政の施策」も参考にした。

ら、そこでの協同組合の位置づけは総じて低いと言わざるを得ない。一例をあげると、農林水産省『都市と農村の協働に関する研究会報告』(2008年8月)においては、「都市との協働」がキーワードとなっている。つまり、都市の住

民だけではなく、NPO、大学、企業等も加えた都市と農村との対等なパートナーシップの形成が重要であることを確認したうえで、両者の協働のあり方や方策がまとめられている。

その際「コーディネーター」の役割として、都市部の主体と農村とを結びつけるだけの役割や、両者からの要望を踏まえて具体的な活動計画を策定し協働へと導くばかりでなく、評価を行い、その結果を次の活動へと活かすことを重視し、農村側の主体として行政や農協の職員、NPOに期待している。ただし、こうしたコーディネーターとしての役割を共益組織としての協同組合（その職員）がどこまで担いうるのか、そのための課題や条件については不問のままである。

いずれにせよ、こうした状況にあって今日の協同組合には、組合員の共益（くらしの向上）の追求と同時に地域の公益（地域再生）を実現することにどこまで貢献できるのか、それぞれの局面において組合員の事業利用や活動参加、さらには地域住民の参加、地域の主体的活動との連携問題も含めた協同組合による関与のあり方が問われていると言える。

あえて繰り返すならば、今日、絆、つながり、コミュニティという言葉で光が当たっているのは「協同」の大切さであって協同組合では必ずしもない。このことを協同組合関係者は真摯に受け止め、問題を抽出し、改善の方策を立てなければならない。その場合、もちろん諸外国の協同組合から学ぶべき点も多いだろうし、NPOをはじめとする非営利組織も重要であろう。しかし、長年にわたって地域とともに歩み、事業や活動のノウハウを持ち、人材をはじめとする貴重な資源を生み出してきた既存の協同組合の役割が終焉したわけではない。東日本大震災の復興も、単純・画一的な「創造的復興」ではなく、各県・各地域が抱えている歴史的風土も含めた固有の状況を考慮に入れながら展望していかなければならない。このことは、被災地か否かを問わず、豊かな地域社会づくりを実現していくうえで不可欠な課題である。そうであるならば、なおさら既存の協同組合の役割は大きいはずである。

ところが、協同組合全般を見渡したとき、株式会社とは異なる基本特性を持ち、数多くの歴史的な経験と世界共通の原則を有する協同組合が、真に協同の力の受け皿となっているであろうか。日々の業務や事業計画を達成することに

追われ、組織を維持・防衛すること自体が目的となっており、組合員は、自らが協同組合員の構成員であることの自覚が薄れ、その多くが単なる事業の利用者（お客さん）に陥っているという声も聞く。こうした状況を生み出している原因の1つとして、協同組合の関係者が外側（地域）をみなくなり、組織の内側からのみの視点で事業・経営を考えている点、言い換えれば、協同組合の組織や事業を単一で内向きのモノサシのみで評価しようとする姿勢が顕著になり、法制度もこのことを強く求め、それに応えようとする傾向が増大していると思われる。

　そもそも協同組合とは、経済や社会が抱えるさまざまな問題をくらしの観点から解決していくために、そこに集う仲間が大切にしている思いや願いを、力を合わせて実現していくしくみである。今一度、くらしや経済、地域社会に潜むさまざまな協同の価値に光を当ててみる必要がある。それも、単一のモノサシではなくいろいろなモノサシを使いながら、協同の価値を評価し掘り起こしてみることが重要である。こうした作業を踏まえて、さまざまな協同の価値をくらしの向上や豊かな地域社会づくり、すなわち地域の公益の追求の問題を正面に据えて、協同組合の針路を展望し、事業や組織再構築のあり方を考えていかなければならないであろう。

3. 食と農を軸にした協同組合による公益性発揮の可能性

(1) 共益と公益の循環的関係

　そもそも組合員制度の上に成り立つ協同組合が、共益性と公益性の問題を克服するためには、共益と公益との共通の目標（テーマ）を設定し、そこに両者の循環的な関係を構築することが重要である。その意味において、食と農、それらが結びつく舞台となる地域社会というテーマの設定は、協同組合の社会的役割を高めていく上で極めて重要であると思われる。その際、2つのアプローチが考えられるであろう。1つは、共益性（特定集団の利益）を有する協同組合としての基本アプローチであり、共益の実現を通して公益を追求する方法である。

　例えば農協では、農産物販売事業や営農指導事業など農業面の事業に取り組

むことによって、農家の農業所得の増大がはかられる。と同時に、地域の農業が振興され農地が適切に維持される。このことは、農家正組合員の利益（共益）を実現するだけではなく、農業・農村が有する多面的な機能[6]が守られて、広く地域住民全体の利益（公益）をもたらす。つまり、協同組合が適切に事業を展開し共益を追求することが、公益の実現につながるのである。

これは、何も農業面の事業に限ったことではない。農業体験や食農教育活動を盛り込んだ信用事業商品を企画することや、「くらしの活動」の1領域であるグリーンツーリズム（都市農村交流）事業を通じて農村地域に関与することも、事業展開による共益の追求が公益の実現につながっていると言えるであろう。あるいは、店舗や共同購入・個配事業の経営資源やノウハウを有する生協が、買い物弱者に対する支援を行うことによって、地域の活性化がはかられる可能性がある。一人ひとりの共済への加入が、被災地をはじめとする地域の復興に大きく貢献しているのも事実であろう。

以上は共益の追求を通して公益を実現する例であるが、逆の場合も想定できる。つまり、協同組合が意図的に地域の公益の問題、特に、地域住民、資源や環境、福祉などの問題に積極的に関与していくケースであり、こうしたアプローチも重要である。なぜならば、管内地域を有し、原則としてそこに居住する組合員を対象に事業を行う協同組合の場合、地域の公益（例えば、安全なくらし、地域の環境が守られること、人と人とのつながりを育むこと）の実現程度が、組合員の関心、ひいては共益に影響を及ぼすからである。また、地域に存在する協同組合が、学校、自治体、団体など、地域のさまざまな主体と連携することで、円滑な運営や事業の展開（共益の追求）にとって大きな力にもなる。もちろん、多くの協同組合が少子・高齢化の進行や世代交代に伴う組合員の減少という事態に直面している現在、組織の根を広げていくために地域住民に対して積極的なアプローチを行い、次世代、次々世代も視野に入れた仲間づくりを行うことが急務になっていることへの対応として位置づけることも重要である[7]。

(2) 協同組合による公益性発揮の課題

共益組織であるという協同組合の特性を活かしながら、協同組合が公益性を

追求していくためには、以下の諸点に取り組むことが重要な課題である。
　1）　活動と事業のつながりを創る
　第1は、くらしの視点である。くらしを改善し、よりよく生きたいという願いから誕生した協同組合の原点を確認し、くらしに根ざし組合員のニーズに適った協同組合らしい事業や活動を展開することである。
　第2は、学びを通じてつながりを創るという視点である。協同組合の理念を共有し実践していくために、日々の活動を通した教育（共育）活動の展開が重要になる。信頼に基づいた組合員どうしの関係、協同組合と組合員・地域社会とのつながりの関係を、学びの活動を通して再構築することが必要である。
　以上、第1と第2の点を別の言葉で表現するならば、活動と事業のつながりを創るということになろう。
　もともと協同組合においては、学習を含めた組合員の活動と事業とは一体的であった。自分たちに必要なもの（ニーズ）は何かを仲間で学習し、協同活動を行い、それを事業（組合員の経済的行為）として利用する。こうした活動と事業との一体性が存在していた。ところが、協同組合が発展するにつれて事業分量が大きくなり、専門的に経営することが必要になってくる。そのために日々の業務をこなす職員や、経営戦略を立て執行する経営者を配置することになる。ところがそれは、組合員・メンバーを中心とした活動と役職員が主導する事業との分離を促す。
　ややもすると事業の縦割りが進みつつある協同組合において、活動と事業との関係性を取り戻すことは容易なことではない。しかし、このことに取り組まない限り協同組合としての展望は開けない。そのためには、食農教育をはじめとするくらしの活動や協同組合講座などを通して、食と農を軸にした活動や学びの活動を展開し、女性、若い世代、次世代、地域住民など、これまで協同組合が十分にアプローチしてこなかった部分について根を広げていくことが求められている。
　2）　食と農を結び、日本農業の将来展望を描く
　第3として、日本農業の将来展望を描くという視点がある。それは、単純な「構造改革路線」、「市場原理主義」の浸透のなかで位置づけられるものでは決してない。

残念ながら近年の農業政策の基調は、農業の多様性を軽視し大規模化・企業化のみを優先した農業構造改革への強い要請が前提になっている。しかし、農協をはじめとする協同組合が食と農を結ぶためには、こうした農業構造改革路線に対峙する日本農業の姿と、それを実現していくための道筋を改めて示す必要がある。そのためには、食（くらし、食卓）の視点から農業を応援すること、食や農に関心を寄せる人たちが積極的に協同組合に関与するしくみを作ることが、将来的には農業の担い手の育成につながる可能性を有し、農業・農村の発展を促すうえで有益であり、ひいては協同組合本来の目的であるくらしの向上や地域の課題解決につながっていくことを鮮明に示すべきである。その意味で、食と農に関わる協同組合が中心となって、地域の特性や実態に応じた「食農連携ビジョン」の策定に取り組むことが急務である。

３）　地域公益的な領域へのアプローチ

　第4として、以上を踏まえたうえで地域の公益的な領域に協同組合が積極的にアプローチすることである。

　協同組合の事業が組合員の共益の追求であるとするならば、それと同時に地域の住民やそこに存在する資源・環境へのアプローチなど地域の公益を追求していく必要がある。特に近年、市場原理主義が行き過ぎた結果、地域をめぐるさまざまな課題が噴出しており、協同組合が積極的に地域公益的な領域にアプローチすることが、組合員・メンバーの共益を守ることにつながる構造が強くなってきているからである。

　農山村の限界集落における買い物難民問題の顕在化、都市部における街なか空洞化の問題は、ますます深刻な様相を呈している。伝統的に維持されてきたおたがいさまの考え方をベースにしたくらしや福祉・コミュニティの崩壊も著しい。買い物支援、広い意味での福祉サービス支援への関与など、いわゆる生活事業やくらしの活動の一部は、地域公益的な領域への積極的な貢献としても意義づけることができる。

　その一方で近年、地域再生に向けたさまざまな取組みが見られる。中山間地域等直接支払制度や集落営農を契機とした話し合いやビジョンづくり、地域設立型法人の展開、資源環境の保全やくらしの防衛活動、小事業（起業）化への展開、さらには「地域振興会」の設立など地域自治に取り組む動きである[8]。

しかし、こうした取組みは、いわゆる地域（むら）づくりを目指してはいるものの、経済的な活動の展開で壁にぶつかるケースが多い。このときこそ、協同組合が有する事業や活動のノウハウ、人的資源などの活用が期待され、地域社会の中での協働・ネットワーク化につながることになる。

協同組合が公益性を強く意識して関連する領域に取り組むことは、必ずしも目新しいことに取組み始めるということではない。ただし、これまで以上に「見える化」（可視化）する努力も必要であろう。幸い、国際協同組合年を契機に、協同組合間協同の重要性が改めて見直されている。ポスト国際協同組合年の課題は、よりローカルなレベルで、例えば都道府県や市町、あるいは共通の経済・生活圏のレベルで、「食と農を大切にした持続可能な地域社会の維持」といった理念を関係者が共有して組織の内外に示し、活動のレベルから連携していくことである。

おわりに

最近、いわゆる「農協改革」の問題が顕在化している。農協批判、協同組合否定の主張（誤解）は、協同組合が農業者や漁業者、消費者といった特定の人たちのための利害者集団であり、協同組合が行う事業を一般企業が行うビジネスと同列にみなすことにある。しかし、協同組合の事業は決してそれ自体が目的ではなく、私たちの思いや願いを実現するための手段である。民間の企業が行うビジネスと同じように見えても、その根っこには組合員のくらしの要求（ニーズ）があり、それに基づいて一人では実現困難なことを顔と顔が見える関係を通して実現しようとする活動がある。職員と協働し、地域社会とも連携しながらより大きな力に変えていくところに協同組合事業の特性があり、こうしたプロセスを経て展開される事業が広く社会に関与していくはずである。協同組合が、農や食に集う多様な仲間を紡ぐ糸の役割を発揮しながら、地域の公益的な領域に関与していくことは急務の課題であると言えよう。

（北川太一）

注
1） 協同組合の基本特性については、例えば、北川太一・柴垣裕司編著『農業協同組合論』JA全中、2009年、第1章を参照。
2） ジョージ・ヤコブ・ホリヨーク著（財団法人協同組合経営研究所訳）『ロッチデールの先駆者たち』財団法人協同組合経営研究所、1968年、286-288ページ。
3） A.F.レイドロー著（日本協同組合学会訳編）『西暦2000年における協同組合〔レイドロー報告〕』日本経済評論社、1989年、第Ⅴ章を参照。
4） 『生活協同組合研究』2012年12月号（特集：「国際協同組合年を超えて：成果と課題」）、『農業と経済』2013年7・8月号（特集「協同―つながりが生み出す力―」）における座談会「『よりよい社会』と協同―国際協同組合年の成果と課題から―」など。
5） 『「新しい公共」円卓会議』第8回の資料、2010年6月4日、による。
6） 農業・農村の多面的機能とは、「国民に対する持続的な食料供給」を基本的機能として、「農業的な土地利用による物質循環系の補完」（水循環の制御、環境への貢献、生態系・生物多様性の保全、土地空間の保全）、「生産・生活空間の一体性と地域社会の形成・維持」（地域社会の振興・伝統文化の保存、体験学習・教育など都市的緊張の緩和）などの機能をいう。詳細については、日本学術会議『地球環境・人間生活に関わる農業及び森林の多面的な機能について（答申）』、2001年11月、を参照。
7） 実はJAグループでは、今後めざすべき姿を「食と農を基軸にした地域に根ざした協同組合」としている（全国農業協同組合中央会『次代へつなぐ協同～協同組合の力で農業と地域を豊かに～（第26回JA全国大会決議）』2012年10月）。ただし、「農業所得の向上」「農業の成長産業化」に貢献する専門的事業体としての要請が強くなる中で、こうした将来展望を描ききれるのかどうか。組合員の過半数を占める准組合員（田畑を所有せず耕作しない地域住民）をどう位置づけていくのかなど、詰めるべき点は多い。これらの点については別稿に譲りたい。
8） 地域設立型法人など近年の農山村地域における新しい動きについては、北川太一編著『農業・むら・くらしの再生をめざす集落型農業法人』全国農業会議所、2008年、小田切徳美編『農山村再生に挑む　理論から実践まで』岩波書店、2013年、などを参照。

参考文献
小田切徳美編『農山村再生に挑む　理論から実践まで』岩波書店、2013年。
北川太一『新時代の地域協同組合』家の光協会、2008年。
北川太一編著『農業・むら・くらしの再生をめざす集落型農業法人』全国農業会議所、2008年。
北川太一「農村地域社会の変容と農協の果たすべき役割」小池恒男編著『農協の存在意義と新しい展開方向』昭和堂、2008年、所収。
北川太一・柴垣裕司編著『農業協同組合論』JA全中、2009年。
北川太一『いまJAの存在価値を考える「農協批判」を問う』家の光協会、2010年。
北川太一「農村地域再生と協同組合の課題」増田佳昭編『大転換期の総合JA』家の光協会、2011年、所収。
公益財団法人生協総合研究所編『生活協同組合研究』VOL.443、2012年12月（特集「国際

協同組合年を超えて：成果と課題」）。
田中秀樹「地域における協同の再生と協同組合運動の再建」『協同組合経営研究誌　にじ』No.626、2009年夏号。
田中秀樹「小さな協同からの地域づくり」『協同組合経営研究誌　にじ』No.632、2010年冬号。
地域社会連携方策研究会編『協同組合と地域社会との連携～事例調査に基づく実証的アプローチ～』（財）協同組合経営研究所・（社）JA総合研究所協同組合（いずれも当時）、2010年3月。
辻村英之『農業を買い支える仕組み　フェア・トレードと産消提携』太田出版、2013年。
日本協同組合学会編『協同組合研究』第34巻第1号、2014年12月（特集「小さな協同」論を考える―協同組合の可能性と実現条件―）。
「農業と経済」編集委員会編『農業と経済』第79巻第7号、昭和堂、2013年7・8月（特集「協同―つながりが生み出す力―」における座談会「『よりよい社会』と協同―国際協同組合年の成果と課題から―」）。
ホリヨーク、ジョージ・ヤコブ著（財団法人協同組合経営研究所訳）『ロッチデールの先駆者たち』財団法人協同組合経営研究所、1968年。
レイドロー、A.F.著（日本協同組合学会訳編）『西暦2000年における協同組合〔レイドロー報告〕』日本経済評論社、1989年。

第3章

協同組合とマルチ・ステークホルダー論

はじめに

　本章では、「共益」のみならず「公益」をも追求することが今ますます求められている現代の協同組合について、それを理論的にどう考え、位置づけるべきなのか、「ステークホルダー」という概念を用いて歴史的な視点も持ち合わせながら検討する。

　1990年代、社会の中で大きな地位を占める公的な存在として、営利企業であっても「より良いコーポレート・ガバナンス」を構築しなければならないということが盛んに説かれるようになった。その際に用いられた「ステークホルダー（利害関係者）」の概念は、まもなくイギリスなどヨーロッパ諸国における協同組合の実践と理論の世界にも波及し、大きな影響力を持つようになる。独自の協同組合研究・協同組合論が発展し、「組合員による民主的運営」の重要性が欧米以上に強調され続けてきた日本の協同組合／協同組合研究においては、ガバナンスにおける多様なステークホルダーの関与を説くマルチ・ステークホルダー論に対して些かの抵抗が存在したが、各協同組合が協同組合原則に謳われた「コミュニティへの関与」を追求する中で、また農業協同組合において農業者以外の准組合員が組織内で数的優位を占め、生活協同組合において商品の「安心・安全」面でスーパーマーケットに対する優位性を示すことが困難になるなど協同組合組織内外の情勢が大きく変化する中で、マルチ・ステークホルダー論に対する理解・受容が新世紀を境に広まっていく。

　なぜ共益組織であるはずの協同組合が公益を追求することができるのか。それを説明するのがステークホルダー協同組合論であり、そこでは組合員というステークホルダーのみならず、協同組合を取り巻くあらゆるステークホルダー

に配慮した事業・運動・研究の重要性が説かれる。また、農協、生協、漁協、森林組合、信用組合といった具合に組合員の種別に分かれて単一の利害を追求しようという協同組合だけでなく、社会的協同組合、コミュニティ協同組合といったように多種多様な組合員から構成される協同組合をつくること・めざすことの意義が訴えられるのである。

1.「三位一体」と参画型民主主義―協同組合における 20 世紀の課題

19 世紀後半に生まれ、20 世紀を通じて追求されてきた伝統的な協同組合運動の組織論・統治論において重視されてきたのは、協同組合が組合員の民主主義組織であることの実質をいかに担保し、それを深めていくか、ということであった。

キリスト教における「父＝キリスト＝聖霊」観になぞらえて、協同組合は「三位一体」の組織であるということがしばしば強調される。営利企業、たとえば株式会社においては、事業資金を提供する出資者（株主）と、その委託を受けて企業を運営する経営者と、その事業を利用して商品やサービスを享受する顧客（消費者）とは通常別々の存在である。それぞれは、それぞれの異なった利益を求めて、株式会社に関わっている。それに対して、協同組合ではこの 3 者が同一の人格として合体している。協同組合の組合員は、自ら出資し、自ら統治し、自ら利用する存在だというのである。

もしこの三位一体が現代においても協同組合における一目瞭然の特徴であるというのであれば、協同組合はほとんど何の苦労もなく民主的な性格を保持しつづけることができるであろうし、協同組合におけるガバナンスが実践家や研究者に課題として意識され、取り上げられることもほとんどなかったであろう。しかし実際には、協同組合が大規模化することによって、すくなくとも表面的には営利企業と同じく出資者と経営者と利用者とが分裂しているが如き様相が協同組合運動の内部でも見られるようになっていく。組合員が総計数十名といった草創期の手づくりの協同組合であればともかく、ある程度の規模に達した協同組合では組合における職務すべてを組合員が分担して行うということ

は稀であり、組合における日常の仕事は雇用された専従の職員・労働者によって遂行されることが普通である。そしてさらに大規模化が進行すれば、経営上の重要な事項でさえも、組合員ではなく常勤の経営陣によって実質的には意思決定され、実行されるという状態がやってくるであろう。

　もちろん形式的には、どんな協同組合であっても組合員は出資しているであろうし、1人1票の議決権を擁しているだろう。それがなければ、もはやその組織を協同組合とは呼べない。問題は、それがどう実質化されているかであって、それこそが20世紀の協同組合研究者が常に問うてきた問題であり、実践家が苦労してきた課題である。

　組合員が実質的に組合の意思決定や事業・運動の推進に参画するような協同組合をつくりあげること。これこそが、19世紀に苦難の末生まれた協同組合が20世紀に成長を続ける中で常に最大の課題としてきたものである。「総合農協」であるとか、「日本型生協」であるとか、第二次大戦後の日本の協同組合運動は世界から注目される協同組合の類型を形づくり、広げることに成功したが、その日本においてもこれまでずっと、そして今なお現在も、組合員参画型民主主義のいっそうの発展が各協同組合で模索されている。

2. 組合員民主主義―組合員の利益だけが協同組合における究極の目的なのか

　しかしながら、本章のテーマであるマルチ・ステークホルダー協同組合論は、そうした問題意識をさらに超えたところに課題を設定する。組合員の主権が十分に確保されているのであれば、協同組合は万全なのか。完璧な組合員組織であれば、それは間違いなく社会的に有用なすぐれた組織と言えるのか。ステークホルダーというそれまでの協同組合にはなじみがなかった用語・概念を用いつつ、こうした新たな問題が提起されたことに対して、組合員民主主義の深化に熱心に取り組んできた論者・運動家であればあるほど戸惑いや抵抗があったのは当然かもしれない。

　組合員の要求が十分に実現されるならば、それですべて問題はないのかという指摘は、言い換えれば、協同組合は組合員の共益を確保するための組織であ

るのだから、それ以外のものは求める必要がないのかという問いかけである。それはまた、生協は消費者組合員の、農協は農家組合員の利益だけを考えればいいのか、それ以外のステークホルダーを協同組合ガバナンスのなかに取り込むことはできないのか、またそれは望ましくないのか、という問いとしても表現される。

　あらかじめ協同組合の使命を組合員利益の増進に限定してしまった視野で考え、語る限りにおいては、参画型の事業運営に成功し、共益を確保しているのであれば、それ以上の課題が生まれる余地はないだろう。しかし、たとえば生協の使命は「より良いものをより安く」消費者組合員に届けるだけなのだと単純に言い切れるだろうか。逆に農協の使命は、農産物をできるだけ高く売れる販路で売って農家所得の向上に努めることだとあっさり割り切ることができるだろうか。協同組合に全く縁がなく、予備知識を持たない論者であれば、組合員組織である協同組合とはそういうものであって、それ以上何も求めるものはないはずだというかもしれない。しかし、すぐれた運動の蓄積をもつ日本の協同組合関係者ならば、協同組合の意義は決してそれに尽きるものではないと、条件反射のように、即座に反応するだろう。

　なぜ多くの協同組合関係者は、組合員の所得を確保し、生活を向上させることだけに協同組合の使命を限定しようという言辞に何がしかの違和感を抱いてしまうのか。それは、そもそも協同組合という非営利・協同の事業体は、社会全体をよりよいものへと変えていく運動体でもあるからであって、そこが株主の利益向上という1点だけを追求すればとりあえずは事が足りる株式会社のような営利企業とは異なる点である。

　言い換えれば、株式会社においては株主以外のステークホルダーに対して何らかの配慮をすることは「望ましい経営」の一部ではあっても、それ以上のものではあり得ないであろうが、協同組合が組合員以外のステークホルダーへの関与・責任を考えることは、そもそもの組織・運動の出自・基盤を考えれば、それは「当然の義務」の一部をなすものなのである。

3. ロッチデール公正先駆者組合―現代協同組合運動の原点

　ところが、たとえば日本の社会においては、協同組合の根拠法が農協法、生協法、水産業協同組合法、森林組合法等々に分かれ、監督官庁も異なり、それぞれが相互にほとんど交流することなく別々に発展してきたこともあって、「生協とは消費者の利益を守るための消費者の協同組合である」というように、協同組合を単一の利害関係をもつ組合員からなる協同組合として捉える傾向がどうしても強くなってしまっている。そしてその消費者協同組合においても消費者以外の利害関係者が組合員とは別の形で、しかし生協と強い関係を保ちつつ、たしかに存在することがしばしば忘れられてしまう。つまり、協同組合をシングル・ステークホルダー協同組合として捉えることが、協同組合の内部においても外部においても、むしろ一般的であるといっていいだろう。
　なぜ社会変革をめざすところから始まったはずの協同組合運動が、消費者の運動であったり、コメ農家の運動であったり、社会の特定グループの運動であるかのように思われる存在となってしまったのか。
　そもそもの転換は、現代協同組合運動の祖といわれるロッチデール公正先駆者組合にまでさかのぼって考えることができる。
　1844年に創設されたロッチデール公正先駆者組合（以下「先駆者組合」と呼ぶ）は、一部で誤解されているような「世界で最初の生協」ではない。イギリス国内ではすでに1830年代から数百の協同組合店舗がつくられているし、先駆者組合を今日的な意味で「生協（＝消費生活の向上を主たる目的とした消費者の協同組合）」というのも正確な捉え方とはいえないのである。
　先駆者組合は、ロッチデールの小さな町の中でも、その10年ほど前にできた協同組合に次ぐ2番目の協同組合であり、その設立目的、めざすところは先行して英国全土で結成された組合と同じであった。それはひとことでいえば、競争社会から協同社会への社会全体の全面改革であり、その第一歩として組合員に食料品や衣料品を供給し、協同住宅や協同工場、協同農場、さらには協同のコミュニティを建設するための資金を蓄積することである。1830年代から始まったイギリスの初期協同組合運動は、協同社会論者ロバート・オウエンが

唱える協同コミュニティ建設のために、まずは店舗から始めるという運動を展開したが、先駆者組合の設立もその延長線上に位置づけられる。

　両者のあいだのただ1つの大きな違いは、初期協同組合の店舗はわずかな例外を除いて経営的にまもなく失敗した[1]が、先駆者組合はそれに成功して英国のみならず世界中に影響を及ぼし、協同組合運動を全世界に広めることができたということである。その成功の鍵となったのが、「ロッチデール原則」としてのちにまとめられ、今日「協同組合原則」として受け継がれている先駆者組合の理念とルールである。しかし見方を変えれば、このロッチデール原則はのちの協同組合運動の針路をオウエンや先駆者たちの理想・構想とはかけ離れたものへと変えていく要因ともなった。

　たとえばロッチデール原則のなかには「現金販売の原則」というものがある。当時のイギリスでは、いわゆる掛売りが主流であったために、貧しい労働者は彼らにとってみれば多額の債務を商店に対して抱えていた。それが消費者の立場を低め、品質の劣悪な商品、詐欺に等しいような横暴な商売を横行させていた主たる原因であるが、初期協同組合運動の店舗の多くも、この掛売りの習慣が原因で閉鎖・倒産してしまったといわれる。貧しい人々を相手にする相互扶助の店舗であれば、結局は回収できずに踏み倒されてしまう商品代金が膨れ上がり、経営的に破たんすることが避けられなかったのである。

　そうした経験を積み重ねた後発の組合として誕生した先駆者組合は、無借金経営を絶対のルールとして、自らも仕入れ代金等を現金決済とするだけでなく、組合員に対しても掛売りを一切認めず、現金との交換でしか商品を販売しなかった。しかも、後述するように先駆者組合は安売りを認めず、他の商店での売価と同水準で商品を売ることをルールとしていた（市価販売の原則）から、ある程度の余裕があるような消費者でなければ、この店舗は買い物先として魅力はなかったであろう。

　協同組合運動では「自助（self-help）」ということが常に強調される。それは競争社会の中での個人の責任を問うような意味での自助ではなく、むしろ共助と呼ぶべきものであるとも考えられるが、「自分のことは自分ひとりですべて責任を持つべきだ」とは言わないまでも、「自分たちの問題は自分たちの力で解決すべきだ」という考え方は協同組合関係者に伝統的に根強い信念であ

り、それが協同の運動と慈善事業の違いだと力説される。しかし、それでは自分自身ではどうしようもないほどの状態にある人々は協同組合とは無縁なのか。それは政府等の公的扶助に任せておけばいいのであって、協同組合の責務の範疇外なのか。先駆者組合は、現金販売や市価販売を厳格に実施することによって、あえてそうした極貧層を排除し、何とか協同組合という事業・運動を離陸させることができた。それが先行する組合とは異なって先駆者組合が経営的に成功できた要因でもあるだろうが、これ以降、協同組合はあくまで中流層に限定された運動ではないかという批判がしばしば浴びせられ続けているのも事実である。

　協同組合においても「共益」のみならず「公益」を考えるべきであるとするならば、協同組合と公益との関係は、こうした協同組合運動が原点から抱えてきた問題点からも考える必要があるだろう。

4. シングル・ステークホルダー協同組合—割り戻し原則と協同組合の方向転換

　ロッチデール原則は、その後の協同組合運動の世界的な大発展をもたらすとともに、協同組合運動の方向を、微妙に、あるいは大きく、転換させる原動力ともなった。とくに、先に挙げた「市価販売の原則」とそれに結びついた「利用高割り戻しの原則」がもたらした影響は大きい。

　流通業における熾烈な競争にさらされている今日の生協からは奇異な感を抱かれるだろうが、先駆者組合は価格競争において営利業者に勝利し、経営的成功を勝ち取ったわけではない。先駆者組合は「市価販売」を方針として定め、近隣商店と同じ売価で食料品を販売したのである。組合員がつくる非営利・協同の店舗であるにもかかわらず、なぜこのような価格政策をとったかといえば、それは当時の組合員の生活習慣を見て、その生活水準の向上にどうすれば寄与できるのか、先駆者たちが現実に即して考えたからである。

　当時の一般庶民層には、貯金をするという習慣はなかった。もし金が余れば、それはたちまち飲酒に消えてしまう。そんな生活を送る人々を対象にして安売りをしたとしても何もならないと理解していた先駆者組合は、一般的な売

価で商品を売り、それによって生まれた剰余を決算期末ごとに組合員にまとめて還元するという方策を取ることとした。これが「利用高に比例した割り戻しの原則」と呼ばれるものであり、組合員は日々の買い物ごとに少額の節約をするのではなく、3か月ごとにまとまった金額を手にすることとなる。それまで手にしたこともないような「大金」が一気に自分のものとなった組合員は、ここで節倹ということを初めて学び、どのようにこの割戻金を使うべきか、自分たちの生活水準の向上ということを初めて真剣に考えるようになるのである。

こうして、やがてこの「割り戻し (dividend = divi)」が先駆者組合と協同組合運動の代名詞となっていくのであるが、買い物をすればするほど割戻金が増えていくというこのシステムは、協同組合運動の性格を大きく変えていくことにも結び付く。

ひとつには、協同組合に入ろうという組合員がもっぱらこの divi めあてとなっていったということである。なぜ一般商店で買い物するのではなく、わざわざ協同組合に入って協同組合店舗を利用するのか。それは、同じ価格で同じ品物を購入したとしても、協同組合であれば、言ってみれば自動的に自分の口座に割戻金が貯まっていくからである。そうした組合員が増えていけば、組合員組織である協同組合は当然ながら自ずとそのような組織になっていく。そして専従職員・経営陣も、そうした組合員の期待に応えることが自分たちの使命であると考えるようになる。ロッチデールのように、同一地域内で複数の協同組合が次々に設立されて競合状況が生まれるようになると、各協同組合は自分たちの組合のほうが割り戻しが大きいということをアピールし、ライバルに競り勝とうとする。「協同組合運動といっても、中流階級の単なる貯蓄機関と化しているではないか」という批判を社会主義者から受けることになることの根源は、本来は貧しい者の生活向上を考えて採用された、この割り戻し原則にあったのである。

さらにこうして一般組合員の関心が割戻金に集中することによって、協同組合運動におけるそれ以外の部分が軽視されるという傾向がどうしても生まれてしまう。とくに、割戻金の増減に結びつくような経費がかかる施策については、それを無視したり、排除したりする動きが組合員や経営陣の中に生じる。たとえば、先駆者組合のライバルとして誕生したロッチデール倹約協同組合

は、先駆者組合が剰余の2.5%を自動的に資金として割りあてるなどしてとくに重視していた教育活動を行っていない。先駆者組合にとっては、教育こそが協同組合の命であり、その店舗には必ず図書室を付設することが定められていた。しかし消費者の意向を無視してコスト高を招いていると先駆者組合のあり方を批判し、そこから集団で脱退・分裂した組合員が結成した倹約協同組合にとっては、それはより安いものを求める消費者の要求に合致していない、余計なことなのである。

また先駆者組合の運動内部においても、時の経過とともに、割り戻しにだけ関心を向ける組合員がその重要なシステムの息の根を止めることに成功している。組合工場における「労働者利潤分配制」の廃止である。

ロバート・オウエンが工場経営者として労働者に接し、その労働と生活の状態を観察したことによって協同社会の構想が始まったことからも明らかなように、そこに階級という観念がなかったとしても、協同社会建設を目標とした協同組合運動が労働者の解放やその地位向上をめざした社会運動であったことは間違いない。それゆえ、その意思を継ぐ先駆者組合においても、労働者の運動らしい方針・システムが採用されていた。事業体として剰余（利益）が生まれたら、それは消費者の立場で剰余の成立に貢献した組合員とともに、労働者として剰余を生み出した組合労働者にも分配されるという利潤分配制度である。

そもそもの初期協同組合＝先駆者組合の精神を理解している組合員からしてみれば、労働者利潤分配制度の存在は、むしろ協同組合らしい特徴であり、疑問の余地がないものであったであろうが、協同組合とは消費者が買い物をすることによって豊かになる仕組みであると理解し、割り戻しを中心に協同組合を捉えていた新参組合員からしてみれば、これは消費者組合員の主権を侵害する不適切な措置である。

このように、協同組合とは何のために存在するのかという点からして相容れない両者は、激論を重ねる。そして結果的に、先駆者組合の事業において利潤分配制は廃止されることになったのである。そしてさらにイギリス協同組合運動全体を束ねる協同組合大会その他の場においても、協同組合による社会変革の第一歩として有識者から熱い期待を受けた[2]にもかかわらず、利潤分配制の採用・普及を主張する運動家グループ（南部派）は敗北を喫する。つまり

19世紀末以降イギリス協同組合運動を代表する勢力の座を占めることとなったのは、協同組合運動は消費者による消費者のための運動であるとして割り戻しをアップし、より多くの消費者の結集をめざす実務家グループ（北部派）だった。

そもそも、事業活動で組合に生じた剰余を組合員に割り戻すというシステムそのものが、協同組合運動が本来抱いていた段階戦略、すなわち協同の運動を段階的に深めていくために店舗事業による資金づくりから開始しようという遠大な計画との齟齬を生みかねないものであった。本来であれば、組合員が共同で運営しながら自ら利用する店舗を建設したのちには組合員が共同して住む住宅の建設や購入、組合員が共同で働く工場の建設とそこでの失業者の雇用、土地を取得しての耕作の開始、禁酒施設の建設という具合に協同のコミュニティづくりを一歩一歩進めて広げていこうというのが先駆者組合を含む協同組合主義者たちの目論見だった[3]。すべての剰余を利用高に応じて個々の組合員に還元してしまっては、そのための資金を蓄積することなどできないだろう。つまり、「diviの協同組合」として規模的な拡大を続ける中で、協同組合は本来掲げていた協同社会の建設という社会改革ビジョンを実質的に棚上げしてしまったのである。

それはイギリス協同組合運動が、買い物をする消費者というステークホルダーに関心を集中し、組合で働く労働者等々それ以外のステークホルダーを自らの事業・運動において重要な役割を受け持つ存在としてはみなさなくなった、言い換えれば、消費者というシングル・ステークホルダーの協同組合として純化した存在へと変身したということである。

これはイギリスの消費者協同組合運動に限ったことではない。日本の各種協同組合を含む20世紀の協同組合は、同様に農家の協同組合、漁業者の協同組合、森林所有者の協同組合という具合に、「組合を利用することで利益を得る者」という単一のステークホルダーを基盤とし、その生活や生業を保護し、強化する協同組合として強力に発展していく。

5. マルチ・ステークホルダー協同組合―異質者の協同をめざして

　20世紀型のシングル・ステークホルダー協同組合の発展は、単一の利害関係を代表した組織・運動の強さとして捉えることができる。組合員の明確な利害と目標を前にして、協同組合運動は存分に力を発揮することができたのである。

　しかし20世紀の末に至ると、こうした利用者というシングル・ステークホルダー型の協同組合の限界が露見されるようになる。

　ひとつには、市場経済のそれなりの発展は、利用者への商品やサービスの提供という領域において、協同組合に劣らない水準のものを提供する営利企業を生み出したということである。さまざまな分野で、協同組合の明確な優位性を利用者に示すことが困難となっていき、協同組合の存在意義があからさまに問われるようになってきた。それは時には協同組合の倒産・崩壊や営利企業化にも結び付くものである。

　そして一方では、これまで政府や自治体などの公共的存在が担うことが当然とされてきた領域、すなわちコミュニティにおける雇用の創出や各種福祉サービスなどにおいて、協同組合組織がその任を負うことを求められるようになったのである。

　これらの状況から露わになったのが、シングル・ステークホルダー協同組合の限界と、マルチ・ステークホルダー型の新たな協同組合への期待である。単に消費者の欲求に応えるだけであれば、営利企業であるスーパーマーケットにも相当のものを期待できるかもしれない。しかし、そこに生産者への配慮やコミュニティの尊重、さらには環境問題、南北問題、貧困問題への対処等々をも加えて求めるとするならば、これまでの協同組合の延長線上にありながら、さらに多様なステークホルダーを意思決定に包含するマルチ・ステークホルダー協同組合こそが大きな力を発揮できるのではないか。政府に代わって、一方では若者に仕事がなく、他方では多様な福祉ニーズが存在するコミュニティの維持・発展を託すべきは、民間であるけれども非営利の組織で、多様な利害関係

者が集まって民主的に事業を展開する新型の協同組合組織ではないのか。1990年代以降、欧米を中心に「社会的協同組合」「コミュニティ協同組合」といった新しいタイプの協同組合を応援する立法化が各国で続いている[4]。

　先進国の中で、そうした動きからすっかり取り残された感があるのが日本であって、日本の協同組合法制は、複数のステークホルダーを意思決定の参画者として組織内に位置づける協同組合の設立を未だ許していない。専門農家による専門農協ではなく、総合農協として地域協同組合化を進める農業協同組合が、法の許す範囲内で「准組合員」として地域の住民を組織内に取り込むことに対して、それは協同組合本来のあり方から逸脱するものだというような誤解あるいは意図的曲解がなされて、その解体が公然と政府の権力者から宣言されるような事態さえ生じている。

　それでも協同組合の関係者や研究者、そして欧米や韓国における新たな協同組合の発展に関心を寄せ始めた人々によって、日本国内でも確実に協同組合のマルチ・ステークホルダー化がこれから進められていくだろう。それは、戦後日本の協同組合運動の発展が、その素地を協同組合の内部にすでにつくりだしているからである。

　生協と農協の協同組合間協同による「産直」事業や、「食」と「農」を守ろうという両協同組合の取り組みなどは、必ずしも十分な成果をあげ得ていないという評価はあるとしても、世界の協同組合運動のなかでも特筆される取り組みである。単一ステークホルダーによる協同組合だといっても、日本の消費生活協同組合は商品の価格や品質だけを問題にしてきたわけではない。消費者エゴを声高に主張してきたわけでもない。「より良いものをより安く」を超えて、ときには環境問題を重視し、ときには生産者への支援を唱えてきたのが日本の生協である。また日本の総合農協は、レイドロー報告[5]において、モンドラゴン協同組合とともに21世紀の世界の協同組合の範となる、地域を守る協同組合だと高く評価されている。

　今後あらたな日本発の斬新なマルチ・ステークホルダー協同組合モデルが誕生しても、驚くには値しないのかもしれない。

おわりに

「会社は株主のものだ」ということがしばしば言われる。出資者の意向を無視した反社会的な経営を行った経営者に対して、戒めとして投げかけられる言葉である。「お客様は神様です」とも言う。消費者を無視した身勝手な振る舞いを行っているようでは企業として成功するはずがないと、顧客第一主義を掲げる企業が好んで口にする台詞である。

協同組合においても、協同組合は組合員のものだ、組合員第一主義が大切だということがしばしば説かれる。しかし本当に組合員は絶対的存在なのか。組合員だけに注目すればいいのだろうか。東日本大震災における某生協の経験は、あらためて協同組合の共益性と公益性とをどう捉えるべきか、考えさせられる。

生協の組合員を含む多くの住民が避難生活を余儀なくされた被災地では、日用の買い物をすることさえ困難な状態に多くの人々が追い込まれた。そこでこの生協ではこうした被災者に店舗での買い物を楽しんでもらおうと避難所から生協店舗まで送迎バスのサービスを無料で提供したのである。もちろん、多くの避難民はこれを歓迎したが、被災地にはこれを快く思わず、生協を強く非難する人々も出現した。自らが営む店舗に多くの被害を受け、立て直しに苦闘していた商店の人々である。

組合員ら消費者には大歓迎される措置であっても、別の立場の人々からは、商店街の復興という地域の願いを無視し、それを妨害する勝手な振る舞いではないかと誤解されてしまうこともある。切実な買い物ニーズを訴える消費者と、貧弱な品揃えであっても懸命に店を再開しようと努力する商店主を前にして、生協はどうすればよいのだろうか。

多様な利害関係の存在を考え、それらを尊重した事業・運動を展開するということは、かくもむずかしいことなのであるが、それこそが非営利・協同という原理を掲げ、他のどの企業よりも地域のコミュニティに責任を持つ事業体であることをめざすべき協同組合が受け止め、解決の道を探さなければならない課題なのである。法的枠組みをどうつくりあげるかという困難な課題があると

はいえ、日本においても先進諸国と同様にマルチ・ステークホルダー型の協同組合づくりが今後急速に追求されるであろうことは確実である。その際には、異なるステークホルダー間の意見と利害とをどう調整するかという次の課題が待っている。コミュニティの公益を尊重する協同組合という基本線に沿って、個々の問題を丁寧に解決していく姿勢とシステムが、そこでは求められることになろう。

(杉本貴志)

注
1) 先駆者組合創立以前に設立され、その後長く存続した協同組合としては、1832年11月24日に1シリングの出資をした24人によって設立され、独立した組合として第二次大戦後まで事業を続けたリッポンデン協同組合がある。John H. Priestley, *History of the Ripponden Co-operative Society Limited*, King & Sons, 1932. "Yorkshire Village Claims the 'World's First Co-op Shop'" *Co-operative News*, 29 June 2010.
2) たとえば、当時の経済学者の代表的存在であるともいえるA・マーシャルは、「しかし高貴な目標をもってはじめられた運動は、往々にして、その成功によって苦しめられている。そしてロッチデールにおいてさえ、利得の欲望のもとに店舗に引きつけられた新参者は、古参組合員に票数で勝ち、労働者に分け前をまったく渡さずに、全純利潤を、組合員間で分配している。」としたためている (A. Marshall, *Economics of Industry*, 1879, Book 3, Chapter 9.)。
3) 先駆者組合は小売店舗を開店するだけでなく、独自の集合住宅を建設するなど「住」の協同にも取り組んだし、自前の工場を建設して商品の生産も行っているが、農場を営んだという記録はなく、協同のコミュニティをつくるという先駆者組合の段階戦略は道半ばで終わっている。
4) 「マルチ・ステークホルダー型協同組合に関する法的枠組を整備した最初の国はイタリアで、91年にかかるタイプの協同組合を社会的協同組合として公認する法律を導入した(中略)イタリアに刺激を受けつつ、その後、ケベック州(カナダ、97年)、ポルトガル(98年)、ギリシャ(99年)、スペイン(99年)、フランス(2001年)、ポーランド(06年)、ハンガリー(06年)などで、既存の協同組合法の改正や新法の制定という形でマルチ・ステークホルダー型協同組合を積極的に承認する法律を制定した」(明田作「マルチ・ステークホルダー型協同組合の発展とわが国への示唆」『農林金融』66巻9号、2013年9月、45ページ)。
5) 日本協同組合学会訳編『西暦2000年における協同組合[レイドロー報告]』日本経済評論社、1989年。

参考文献
明田作「マルチ・ステークホルダー型協同組合の発展とわが国への示唆」『農林金融』66巻9

号、2013年9月。

河野直践『産消混合型協同組合—消費者と農業の新しい関係』日本経済評論社、1998年。

杉本貴志「イギリスにおける協同組合ガバナンスの改革と理論的探究—1990年代の経験と教訓」『関西大学商学論集』50巻5号、2005年12月。

杉本貴志「ロッチデール公正先駆者組合とその"分裂"—『非営利・協同』の源流についての一考察」『いのちとくらし研究所報』(非営利・協同総合研究所 いのちとくらし) 17号、2006年11月。

生協総研レポートNo.16『ヨーロッパの協同組合におけるコーポレート・ガバナンス』生協総合研究所、1997年。

中川雄一郎編『生協は21世紀に生き残れるのか—コミュニティと福祉社会のために』大月書店、2000年。

中川雄一郎・杉本貴志編『協同組合を学ぶ』日本経済評論社、2012年。

中川雄一郎・JC総研編著『協同組合は「未来の創造者」になれるか』家の光協会、2014年。

中川雄一郎・杉本貴志編『協同組合 未来への選択』日本経済評論社、2014年。

バーチャル、ジョンストン『コープ—ピープルズ・ビジネス』大月書店、1997年。

ホリヨーク、ジョージ・ヤコブ『ロッチデールの先駆者たち』改訂版、協同組合経営研究所、1993年。

増田佳昭編著『JAは誰のものか—多様化する時代のJAガバナンス』家の光協会、2013年。

山本修・吉田忠・小池恒男編著『協同組合のコーポレート・ガバナンス—危機脱出のためのシステム改革』家の光協会、2000年。

第 4 章

社会的課題解決と協同組合
―イタリアとイギリスの社会的企業からの考察―

はじめに

　今日、我が国では、様々な社会的課題が顕在化している。例示すれば、高齢者・障害者の介護・福祉、共働き実現、青少年・生涯教育、地方再生、まちづくり・まちおこし、環境保護、貧困問題など枚挙にいとまがない。地域社会（コミュニティ）の絆の希薄化が指摘され、育ての不安や親の介護などの不安にもつながっている。従来、社会的課題は、公的セクター（行政）によって、対応が図られてきた。しかし、社会的課題が増加し、質的にも多様化・困難化していることを踏まえると、それら課題の全てを行政が解決することは難しい状況にある[1]。
　また、アメリカ主導のグローバル化は、政治の面でも、平和の面でも、経済の面でも様々な亀裂を生み、地域社会の崩壊を促進している。グローバル化は必然的に集中を伴い、その対極で社会的排除、その究極としての失業が進行していることは多くの識者の指摘するところである[2]。
　筆者は、生活協同組合・理事（2006年～2009年）として、協同組合という組織に内部から関わった経験をもつ。
　本章では、まず、社会的課題を解決するべく登場したビジネスの類型として「コミュニティビジネス」「ソーシャルビジネス」について、その特徴を整理する。次にそれを担う社会的企業の制度と現状について述べ、社会的企業としての協同組合、その他企業の可能性について考察する。第三に、先例となるイタリアの社会的協同組合とイギリスのコミュニティ利益会社（CIC）をとりあげ、その特徴を検証する。最後に、経済産業省実態調査および報告書も参考

に、社会的課題解決を担う企業の評価項目、および今後それらが発展していく上での問題点、その対応策などについて検討する。

1. 社会的課題解決とビジネスの類型

社会的課題解決をビジネスにする場合、いくつかの類型がある。ここではコミュニティビジネス（community business: CB）とソーシャルビジネス（social business: SB）をとりあげる。最近では、地域活性化・地域再生という視点から行政の関心も高く、経済産業省などによる定義づけや具体的支援策も展開されている[3]。

(1) コミュニティビジネス（CB）

従来から地域の社会的課題を解決しようとするものとして推進してきた「コミュニティビジネス」がある（以下、CBと略する）。地域性という限定があるものの、CBも社会的な課題をビジネスの手法を通じて解決する活動である以上、本来、社会性、事業性、革新性を要する事業体であると考えられる[4]。

まず、コミュニティ（community）という概念は、「共同体」を意味するものであり、歴史や文化を共有し、政治、経済などの様々な側面で結びついた「地域社会」を指し、一般的には、地域に根づいた「地域コミュニティ」と理解されることが多い。

日本においては、「町内会」や「自治会」が代表的なコミュニティの基本単位として認識されているが、ここに存在する「地域」という概念は、身近な生活圏を意味するcommunityから国家間のまとまりであるregionまでの幅が広い。次に、CBとは、コミュニティに密着した社会貢献的な活動を事業化する取り組みであり、自らの手で地域社会を良くしたいという「地域変革の志」が原点となるビジネスである。

「志」のビジネスという理念の原点は、A. スミスが執筆した『道徳感情論』（1759年）および『国富論』（1776年）に見ることができる。A. スミスは、これらの著書の中で、「富への道」とともに、「徳への道」の重要性を説く。これは、A. スミスが提示した「見えざる手」という市場経済のメカニズムが、

国土や地域を大切にする「道徳心」によって担保される事を示唆していると言える。彼の提示した豊かな社会とは、「志」によって導かれる「徳のある経済」が実現することによって達成されることなのであろう[5]。

「地域変革の志」の基本条件は、「市民主体」「地域密着」「地域貢献」であり、その根幹に、地域を愛する、地域を良くしたい「志」がある。CBとは、地域の市民が主体となり、地域の資源を活用しながら、地域の課題をビジネス的な手法で解決し、その活動で得た利益を地域に還元することにより、地域の活力や雇用を生み出す地域再生型のビジネスモデルということができる。

また、CBの具体また、CBの具体的な組織形態は、市民、市民団体、個人事業者、有限会社、特定非営利活動法人（NPO法人）、協同組合など、多様な形態が想定されるが、その特徴としては、地域の真の豊かさを実現するために設立された、地域発の事業体である点にある。

こうして、企業にも行政にも解決の難しいコミュニティの多様な社会的な課題に、主として民間のビジネスの手法を用いて取り組む事業体の総称とも言える。CBには未だに明確な確立した定義があるとは言えないが、社会的経済などと同様に独自な組織範疇として類型化され定着している。

(2) ソーシャルビジネス（SB）

経済産業省が主導して近年政策的な位置づけを与えている用語に「ソーシャルビジネス」がある（以下、SBと略する）[6]。経済産業省「ソーシャルビジネス研究会」がまとめた報告書（2008年）によれば、SBは、社会的課題を解決するために、ビジネスの手法を用いて取り組むものであり、以下の①〜③の要件を満たす主体を、SBとして捉え、その組織形態としては、株式会社、NPO法人、中間法人など、多様なスタイルが想定されるとした。ただし、法人格の有無自体は問わないとしている（図I-4-1）。

① 社会性：現在解決が求められる社会的課題に取り組むことを事業活動のミッションとすること。ただし、解決すべき社会的課題の内容により、活動範囲に地域性が生じる場合もあるが、地域性の有無はSBの基準には含めないこととする。

② 事業性：①のミッションをビジネスの形に表し、継続的に事業活動を進

図 I-4-1　コミュニティビジネス (CB) とソーシャルビジネス (SB)

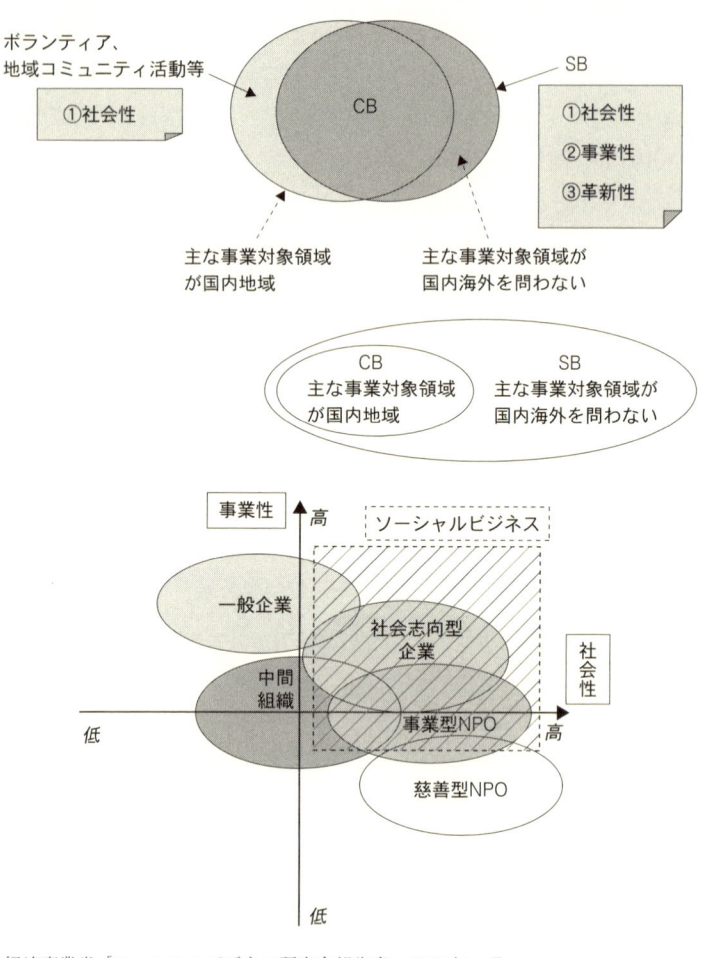

ボランティア、
地域コミュニティ活動等
①社会性

CB

SB
①社会性
②事業性
③革新性

主な事業対象領域が国内地域

主な事業対象領域が国内海外を問わない

CB　主な事業対象領域が国内地域
SB　主な事業対象領域が国内海外を問わない

事業性　高
ソーシャルビジネス
一般企業
社会志向型企業
中間組織
事業型NPO
社会性　高
慈善型NPO
低　低

出典：経済産業省「ソーシャルビジネス研究会報告書」2008年4月。

めていくこと。

　③革新性：新しい社会的商品・サービスや、それを提供するための仕組みを開発したり、活用したりすること。また、その活動が社会に広がることを通して、新しい社会的価値を創出すること。

(3) コミュニティビジネス (CB) とソーシャルビジネス (SB) の関係

SBおよびCBという呼称については、想定される活動の種類やイメージに差異がみられるが、当該「ソーシャルビジネス研究会」報告書においては、基本的に両者はともに社会的課題の解決をミッションとしてもつものであるが[7]、CBについては、活動領域や解決すべき社会的課題について一定の地理的範囲が存在するが、SBについては、こうした制約が存在しないという整理を行っている。本章では、CB、SBの両表記を使用するものとする。

2. 社会的課題解決と社会的企業をめぐる現状

(1) 欧米の場合

EU（欧州連合）自身が社会的経済の促進を政策の柱にし、その推進の担い手として、協同組合 (co-operative society)、互助組合 (mutual aid union)、アソシエーション (association)、財団 (foundation) をあげている。これらを「社会的経済企業」と呼ぶことがある[8]。1990年代中頃からヨーロッパにおいて、ある一定の包括概念としての「社会的企業」(social enterprise) が注目された。「社会統合をめざす企業」、「社会結合をめざす企業」、「社会目的を持った企業」、「社会性を持った企業」、「コミュニティに密着した企業」、「コミュニティ・ビジネス企業」、「社会目的事業」、「社会ベンチャー」、「持続可能戦略」、「非営利収入生成活動」、「非営利企業」と様々に語られるものの包括概念である。社会的企業の意義は、地域コミュニティ、個人の生きがい、雇用、新規事業などの創出にあると考えられる[9]。

この社会的企業には、企業という意味で当然、協同組合も含まれるが、社会目的性の優劣を法人形態（会社、組合、協同組合、財団、アソシエーション、NPO等）によって区分しない点に注目したい。

コミュニティは何よりも、人が尊厳を保ち人間らしく生活のできる場でなければならない。ヨーロッパでは、ここに焦点を定め、「コミュニティ利益」という概念で地域づくり・まちづくりをすすめる協同組合をはじめとする様々な事業体が出現している。

「コミュニティの利益」とは様々に解釈しうるが、「政治的・経済的・文化的

な住民全員の幸せと安寧」であり、それは、コミュニティの普遍的利益の追求という営みである[10]。

また、ヨーロッパでは社会的企業を共通テーマとする研究者と研究組織のネットワークである EMES (l'émergence des enterprises socialesen Europe) が、若年層の構造的・長期的失業問題に代表される、国家・市場のいずれも適切に対応できない社会的課題に対して、財やサービスを創出し、提供する主体として社会的企業を位置づけ、ヨーロッパにおける役割について研究をすすめてきた。EMES による社会的企業の定義によれば、社会的指標と経済的基準の2つのカテゴリーにわけて示される[11]。

社会的指標では、①コミュニティへの貢献 ②市民による設立 ③資本所有に依存しない意思決定 ④影響を受ける人々の参加 ⑤利益分配の制限があげられる。一方、経済的基準としては、①財・サービスの継続性 ②高度の自律性 ③経済的リスク ④有償労働があげられる。

この定義の主要部分を総括すると、社会的企業とは、a. 営利を目的としない民間組織であり、b. コミュニティに貢献するという特別な目的のために財やサービスを直接に供給し、c. 多様な利害関係者（stakeholder）の参加による集合的な原動力に基づき組織運営され、d. 自立性に重要な価値をおき、e. 事業活動に対する経済的リスクを負う組織である[12]。

1990年代には、ヨーロッパの多くの国に共通するコンセプトを制度化する観点から、営利を目的としない事業型の法人類型を設ける動きが生まれた。例をあげれば、協同組合の組織化が盛んであるイタリアでは、「社会的協同組合規則」（1991年）により社会的協同組合が制度化され、また「社会的企業法」(Impresa Sociale、2005年）により、福祉、労働、環境、健康、教育などの社会的有用性をもつ事業を行う組織が制度化された。またイギリスにおいても、2005年に「コミュニティ利益会社」（community interest company: CIC）に関する規則が策定され、社会的企業に法的位置が与えられた。海外においても、例えば英国では、1990年代からSBに着目し、社会企業局を新設して戦略的に支援策を展開するなど、官民ともにSBに対する意識は相当程度高まっている。

一方、アメリカでは、一般企業と慈善型NPOのハイブリッドとして社会的

企業が位置づけられている。CB、事業型 NPO、SB、社会的企業など、様々な概念が交錯しているのが現状である。

(2) 日本の場合

社会的課題を解決する行政以外の担い手としては、従来、市民のボランティアや慈善型の NPO などの主体が存在していた。NPO 法人といっても、主に介護保険制度の下で高齢者介護サービスを提供する NPO は、その収入基盤の大部分が事業収入である介護報酬によってまかなわれている場合も多い。これは、国際協力や環境、消費者保護といった他の法人にはみられないものである。大部分が事業収入によって占められ、NPO を「事業型 NPO」とよび、区別する考え方もあり、これは CB に近接した概念の1つであろう。

これら NPO 法人をはじめ、株式会社、合同会社（LLC）、有限責任事業組合（LLP）、各種協同組合（消費生活協同組合、企業組合、農事組合法人など）、公益法人、社会福祉法人、任意団体など、多様な法的組織形態（法人格）で活動しているが、市民が主体となって設立し、事業から得られた利益をコミュニティに還元するという基本理念で共通している[13]。

また、社会的課題を、市民自らが当事者意識を持ち、ビジネスとして積極的に事業性を確保しつつ解決しようとする活動が注目されつつある。これまでも、障害者雇用を積極的に行う企業家等、こうした活動は営まれてきているが、「社会的企業家」、「社会的起業家」等と呼ばれ、地域および地域を越えた社会的課題について、事業性を確保しつつ解決しようとする主体が期待されている。

社会的課題解決ビジネスのうち、主として SB は、社会的課題への解決をボランティアとして取り組むのではなく、ビジネスの形で行うという新たな社会的活動の形や「働き方」を提供している。新しい社会的価値を産み出し、社会に貢献する事業として位置づけられる。すなわち、SB は、活動に取り組む人自身や活動の成果を受け取る人、更には、地域および社会・経済全体に「元気」を与える活動である、といえる。

SB は、社会性の観点からも、経済性の観点からも、大きな潜在力を有すると言われている。しかし、我が国においては、社会的な認知度は低く、体系的

な支援もされていない状況である。

例えば、現状 SB の担い手の大きな部分を占めている NPO 法人（非営利法人）に関して言えば、1998 年に NPO 法（特定非営利活動促進法）が成立したが、民間の非営利セクターの活動を積極的に認知・評価するような土壌は、民間側にも行政側にも作りだされているとは言い難い状況にある。

3. 社会的企業としての協同組合

(1) 社会的企業としての協同組合の意義

地域社会の崩壊から再生への転機となる重要な課題は、人々の社会参加機会の平等の確保、すなわち働く場の創出、確保にあることが明らかになってきている。失業率の拡大とともに、多様な形態・名目での非正規労働が急速に拡大し、労働者間の収入格差が大きく開いてきたのが 1990 年代からである。

協同組合には、当面する様々な社会的・経済的問題への取り組みが期待されている。そして、協同組合の活動は一般的にはこのコミュニティの場にあり、社会的企業としての協同組合が注目されている。我が国でも「サードセクター」としての協同組合の意義とその機能に期待が高まっている。

(2) 協同組合の起源

19 世紀、イギリスでは労働者の減給、日々の食料や衣類等の生活必需品の品質の悪化や取引における公正さの欠如等、労働者たちの置かれた状況が悪化した。その中で 1844 年 12 月 21 日にイギリスのランカシャーのロッチデール（Rochdale）で「組合員の社会的・知的向上」「1 人 1 票による民主的な運営」「取引高に応じた剰余金の分配」などを掲げた店舗が開設された。それを端緒として協同組合運動の理念が具現化されていった。当該組織はロッチデール先駆者協同組合（Rochdale Pioneers Co-operative）またはロッチデール公正先駆者組合（The Rochdale Society of Equitable Pioneers）とよばれ、協同組合運動の先駆的存在となった生活協同組合でもある[14]。

(3) 現代の協同組合

世界中の協同組合が手を結び、国際的な立場で活動を指導しているのが国際協同組合同盟（International Co-operative Alliance: ICA）という世界最大の国際民間組織である。1895年にイギリスで設立されたICAは、1995年100周年記念大会をイギリスのマンチェスターで開催され、21世紀にむけ世界の協同組合が共に力と心をあわせ各組織の事業の発展を目指すための新しい「原則」を決めた[15]。

日本では、生協の他、農協、漁協、森林組合などがICAに加盟しており、同じ「原則」に基づいて活動をすすめている。協同組合原則は、協同組合がその価値を実践に移すための指針である。

第1原則：自発的で開かれた組合員制　第2原則：組合員による民主的管理
第3原則：組合員の経済的参加　　　　第4原則：自治と自立
第5原則：教育、訓練および広報　　　第6原則：協同組合間協同
第7原則：コミュニティへの関与

(4) 人々の社会参加

国際社会においてはこの数年、協同組合の役割が大きく注目されてきた。2001年12月の国連第56回総会決議「社会開発における協同組合」は、「さまざまな形の協同組合が、女性や若年者、高齢者、障害者等あらゆる人々による経済・社会開発への最大限可能な参加を促進し、また経済・社会開発における主要な要素になりつつある」と述べている。

ILO（国際労働機関）も、「協同組合に関する新しい普遍的で適切な基準とは、協同組合がその自助の潜在力を完全に開発するものであること、また、失業や社会的排除など当面する様々な社会的・経済的問題に本気でとりかかり、グローバル市場経済の中での競争能力を高めるものであること」（第89回ILO総会開催要項）の認識から、協同組合振興に関する討議をすすめ、2002年6月の第90回ILO総会で、新勧告「協同組合振興勧告2002」（第193号勧告）を採択した。

協同組合は人々の社会参加を促進する。1995年協同組合原則に「コミュニティへの関与」（コミュニティの持続可能な発展のために活動すること）が加

わり（上記の第7原則）、コミュニティと協同組合との関係は一層強まったと言えよう[16]。

4. 社会的企業の事例—イタリアの社会的協同組合とイギリスのコミュニティ利益会社

ここでは、我が国の社会的企業の先例と考えられる、イタリアの社会的協同組合とイギリスのコミュニティ利益会社（CIC）をとりあげ、主要な特徴を整理したい。

(1) イタリアの社会的協同組合

イタリアには協同組合制度として「社会的協同組合」がある。この制度の設立経緯について簡単に述べたい。

1970年代の経済危機の結果、イタリアの財政は逼迫し、福祉サービスが低下した。その結果、地域内で自発的に、特に新たに誕生した貧困層の支援を行う小集団が形成された。また精神障害関連の閉鎖施設の廃止・地域精神保健・医療サービスへの転換が促される中で、社会的協同組合の前身となる多くの組織が誕生した。

1980年代に入り、協同組合の連合組織がそれぞれの立場から法案を提出するなど法制化運動が活発となり、地方自治体レベルで社会的協同組合の前身となる組織への委託事業等が増加した。このように法人数が拡大し、社会での位置づけが明確になる中で、社会的協同組合の法制化が進行し、1991年に制度化された。

社会的協同組合とは、イタリア国法1991年第381号（以下、L. 381/91）によれば、「人間発達および市民の社会統合によって、コミュニティの一般利益を追求する目的を持った協同組合」である。日本では協同組合の活動をめぐり、「公益」か「共益」かの議論が行われるが、ヨーロッパではイタリアに留まらず、フランスやイギリスにおいても、「コミュニティ利益」もしくは「コミュニティの一般利益」という概念による、市民参加を主体にした新しい社会的経済の担い手の育成政策が進行している。国法レベルでは、このイタリアの

法律がヨーロッパの先駆けになった[17]。
　①　社会的協同組合の特徴
　イタリアの社会的協同組合はカルロ・ボルツァガ（Carlo Borzaga）らによれば、イタリアにおける社会的企業と位置づけられる。事実、イタリアの社会的協同組合の内容と活動は、EMES ネットワーク（前述）の社会的企業の概念形成に大きな影響を与えている。
　イタリアの社会的協同組合は、上記の国法 L. 381/91 の第 1 条で「コミュニティの普遍的利益（l'interesse generale della comuunità）を追求する協同組合」と定義され、地域コミュニティにおいて様々な人々を、労働を通じて、また組合員として包み込む新しい種類の協同組合である。社会的協同組合は公共団体をも組合員にすることができ、様々な利害関係者の参加する多重利害関係者（multi-stakeholder）型の協同組合の性格を持つ。
　社会的協同組合は、いわゆる「社会条項」（福祉等に関して行政が一定の団体への特別契約を可能にすること）の適用対象となることができるので、その登録には行政の審査が必要である。すなわち、協同組合や小協同組合の形態を保持しながら、定款でこの国法 L. 381/91 の要件に見合う協同組合であると自己規定し、要件審査を経て、州名簿に登録されることによって成立する。
　社会的協同組合は事業目的別に複数の類型が存在する。それは、社会・健康サービス・教育サービスの提供を目的とする A 型社会的協同組合、不利な立場にある人たちの労働参加を目的とする B 型社会的協同組合、A 型＆B 型の双方の目的を併せ持つ混合型社会的協同組合、社会的協同組合の事業連合であり、会員の 70％以上を社会的協同組合で構成するコンソルツィオである。
　社会的協同組合は他の既存協同組合に比べ、個々の規模の小さいことが特徴である。したがって現実にはコンソルツィオの役割が大きく、また、単位段階でもアソシエーション組織（NPO 組織）を活用している。
　②　社会的協同組合の概要
　(a)　国法による社会的協同組合の規定
　国法 L. 381/91 は、第 1 条第 1 項で社会的協同組合を規定し、協同組合の活動を 2 つの種類に分けている。
a）社会サービス、福祉的サービス、医療・教育サービス

b）社会的に不利な立場の人々の労働統合をめざす多様な活動―農業、工業、商業、もしくはサービス―の実現

　この差異は、1992 年 10 月 9 日第 116 号通達書でも強調されており、労働省の協同組合総局は、協同組合が活動する場合、この 2 つの領域から 1 つを選択するよう指示している。これらはそれぞれ、A 型協同組合、B 型協同組合と呼ばれている。

　(b)　2 つの社会的協同組合の比較

　ISTAT（イタリア全国統計局）の調査・発表によると、2005 年末現在、社会的協同組合は 7,363 組合あり、その中で 24 万 4,000 人が有償で、3 万 4,000 人が無償ボランティアで働いている。集計された事業高の総合計は約 64 億ユーロ（約 1 兆円）に及ぶ。

　これらは、社会・医療サービスと教育サービスを行う A 型協同組合と、社会的に不利な立場の人々の社会統合促進のための B 型協同組合に分けられ（混合型も一部存在する）、B 型では、有償労働者 5 万 4,000 人の内の 55.5％が社会的に不利な立場の人々となっている。ここで社会的に不利な立場の人々とは、アルコール中毒者、受刑者および元受刑者、身体障害者、精神・感覚障害者、年少者、精神病患者、薬物依存者、その他社会的排除状態の人などを指す。

　B 型協同組合の事業分野は農業、工業、手工業、サービス等、様々である。その内容は、例えばロンバルディーア州（州都ミラノ）の説明では、社会・医療サービスおよび教育サービス以外の事業とされている。A、B の協同組合の差異は以下の通りである（表 I-4-1）。

　③　混合または多目的協同組合

　1992 年の政府通達が協同組合にその活動分野を選択するように指示したため、社会的協同組合は A 型と B 型、のいずれかに所属しなければならない。

　この規則は 1996 年 11 月 8 日の第 153 号通達書で労働省によって修正された。通達は国法第 381 号の第 1 項 a）および b）の両方の活動を同じ協同組合で運営する可能性を承認した。その条件は以下の通りである。

　　(a)「社会的に不利な立場の人々の種類や事業参入領域が、社会的協同組合に付与された目的の有効達成のために行う活動の社会対象の中に明確に示さ

表 I-4-1　A 型協同組合と B 型協同組合の比較

A 型協同組合	B 型協同組合
［目的］ 個人・家族の状態もしくは社会的状態にかかわって社会的援助の必要な人たちへの支援	［目的］ 社会的に不利な人たちの労働統合
［事業内容］ 社会・医療サービス、教育サービスの運営	［事業内容］ 多様な事業・農業、工業、商業もしくはサービス
［社会統合］ 社会的に不利な立場の人たちのカテゴリーの労働者を 30％以上にするという義務はない	［社会統合］ 労働者（組合員、非組合員）の少なくとも 30％は社会的に不利な立場の人たちで構成しなければならない
［組合員］ 労働を提供し報酬を受ける従事組合員（健常）利用組合員もしくはサービスの利用者ボランティア組合員（組合員の 50％を超えてはならない）	［組合員］ 従事組合員（社会的に不利な立場の人たちおよび健常者）ボランティア組合員（組合員の最大 50％）
［税制優遇］ 国法 1991 年 381 号（L.381/91）の 4 条にある様な税金優遇の享受はない	［税制優遇］ 社会的に不利な立場の人たちの報酬に関する税金の全体の率はゼロまで減少する（L.381/91 第 4 条）

出所：筆者作成。

れていること。A 型と B 型の活動間の機能の連携が組合の定款で明確に宣言されていなければならない。」

　(b)　「現状の規定で認められる便宜の正確な適用の達成のため、活動に関して社会的協同組合の経営管理組織が活動間で明快に分離されていること。」したがって、それは知事の登録審査で A 型でも B 型でも社会的協同組合として登録が許可される。

　④　組合員の種類
　　(a)　従事組合員（労働者組合員）
　社会的協同組合で働く職員を指す。有償で知識や労働を提供する専門家協力者、障害等の困難を抱えた労働者等で構成される。協同組合を立ち上げるにあたっては、従事組合員を、健常者と社会的に不利な立場の人たちに区分けし、B 型協同組合においては後者が労働者の少なくとも 30％（組合員と非組合員）で構成されなければならない。
　　(b)　利用組合員

この組合員カテゴリーは、社会・医療サービスおよび教育サービス事業を運営するA型協同組合にのみ存在し、自らが所属する協同組合によって提供されるサービスを享受する人たちとして組織される。社会的協同組合の提供するサービスを利用する者である。

　(c)　ボランティア組合員

この種類の組合員は、他の協同組合にはない社会的協同組合の真に新しい特徴である。それはまず、社会構造の中でボランティアを組合員にできることにある。この組合員は自然人（個人）であれば組合員になることができ、労働を無償で提供しなければならない。ボランティアの数は組合員の半数を超えてはならず、組合員台帳の所定部門に記載される必要がある。

ボランティア組合員には、労災や職業病が保障され、活動で実際にかかった書類に裏付けられた費用の払い戻しがされる権利がある。

　(d)　その他

協同組合で見つけることのできる他の種類の組合員は、事業体への出資目的を持った支援組合員である（L. 59/92 第4条）。出資のみを行う財政支援組合員と呼ばれ、2％を上限に配当できる。この様な組合員制度を導入しようとする協同組合の定款には、「技術開発、もしくは事業の再構築・強化の目的のためのファンド（基金）の設立」規定が必要である。また、協同組合や企業、自治体が組合員として加盟する法人組合員も認められる。

⑤　協約制度

1994年EU法（L. 52/96によってイタリアに受け入れられた）第20条によって、B型協同組合と地方行政間の協約に関するL. 381/91 第5条は書き換えられた。古い条文と比較して新しい仕組みは、その契約高が20万ユーロ未満の場合、その時に限って行政の契約規則の特例として協約を締結することができるというものである。20万ユーロ超の契約では地方行政に、契約完遂のために社会的に不利な立場の人たちを採用するという契約上の義務を入札告知する権限が与えられる。

⑥　社会的協同組合の設立手続き

社会的協同組合を設立するには、他の協同組合の設立と同様の手続きが必要で、それはL. 381/91に従って、臨時国家元首法律命令（D. Lgs. CPS

1557/47 および L. 59/92 の規定に則って設立する。

協同組合の設立には最小9人の組合員が必要である（「小協同組合」の場合には、3～8人の組合員でよい。－法律1997年8月7日第266号第21条）。

設立後に、もしこの人数以下に減少した場合には、1年以内に復活させなければならない。公証人は、民法典2518条による記載項目を提示した「設立証書」を作成しなければならない。なお、定款には以下の情報が含まれなければならない。

1) 呼称（これには「社会的協同組合」の用語が含まれなくてはならない）、および本部、支部の所在地
2) L. 381/91 第1条第1項の a)、b) 2つのエリアの内、活動したいどちらかを明確に示した組合の目的
3) 有限責任組合か否かの特定
4) もし組合資本が出資金（株式）に分配される場合、組合員の補完的責任が割当される場合
5) 最後の脱退および組合員の除名の承認の条件
6) 会議の招集形態
7) 役員、理事の人数とその権限、監事の人数とその権限
8) 利益配分の際のルール
9) 組合の存続期間

(2) イギリスのコミュニティ利益会社（CIC）

① コミュニティ利益会社の背景

イギリス（ここでは本土、英国をさす）において社会的企業向けにコミュニティ利益会社（CIC: Community Interest Company）という法人格が2004年に創設された[18]。イギリスにおけるコミュニティの利益に貢献する非営利団体の大半は、監督機関「チャリティ委員会」によって資格が認定されたチャリティ（charity）により活動している。

この制度の設立経緯について簡単に述べたい。英国では、労働党政権以降、ソーシャルエンタプライズ支援策が拡大した結果、2002年に発行された「Private action & Public Benefit」および、その基盤となる「Private Action,

Public Benefit — A Review of Charities and the Wider Not-For-Profit Sector」において新たな法人形態について議論が深められた。その結果、2004年に会社法第2部にCIC規程が設けられ、2005年6月にCIC規則が制定され、制度化されるに至った。

②　コミュニティ利益会社の目的

　CICは、コミュニティの利益に貢献する「社会的企業」セクターを活性化し、公的資金を活用するための施策である。「コミュニティ利益会社規則」(The Community Interest Company Regulations, 2005) が制定されたことにより成立した。当該規則は社会的企業を保護し、育成するものであるが、コミュニティ利益となる会社に法人格を与えるものではなかった。そこでCICの制度化には次の狙いがあげられる。

　(a)　社会的企業の成長促進

　コミュニティの利益に貢献する「社会的企業」の成長を促進する。従来よりも簡便かつ透明性のある非営利の組織形態が導入されることにより、既存の団体の支援だけでなく、新たな団体の発展に貢献することが目指される。

　(b)　社会的企業の資金調達の便宜

　従来、社会的企業には専用の法的根拠が存在していなかった。チャリティではない社会的企業にとっては、CICとなることで自らの目的を明確に表して資金調達を容易にすることが目指される。

③　コミュニティ利益会社の特徴

　社会的企業のための法人格であるCICが行う事業として想定される範疇は広く、未就労若年層の支援、障害者・マイノリティの支援、運輸、環境問題への対応そして文化遺産保護、スポーツ振興などがあげられている。

　これらの収益性のある事業を通じて、株主のためではなく地域社会に利益を還元する。社会的なサービスを中心におくCICでは、政治的な活動は範疇の外として除外され、CIC法では「政治的活動はコミュニティ利益のためになされるものとは扱われない」と規定している（第2部3条）。

　CICとして登記するためには、コミュニティ・インタレスト・テストに通過し、アセットロックに代表される資産の非分配の法則に従わなければならない。CICの組織形態には、非上場の株式会社、公開株式会社、有限責任保証

会社（CLG）の3つの種類がある。CIC の特徴は次の通りである。

(a) アセット・ロック（資産の固定）可能

CIC における株式会社は、非上場および公開ともに株主資本の増加による資金調達の活用が認められている。そして、剰余金の株主への分配が原則認められているが、一株当たりの配当額と配当総額の両方に上限が定められる。

上限の例としては、①1株あたりの最大配当に関する制限、②最大総配当の制限、③未配当の繰越に関する制限（5年を超えては繰り越せない）である。

一方、政府による優遇・支援としては、直接的な資金調達面でのメリットはない（税制優遇や優先入札も無）ものの、情報公開による社会的信用力の向上があげられる。

この上限は、CIC 監察局長官（CREG）との協議において決定されるが、配当総額は配当用の剰余金の35％以下になるように定められる。また、1株あたりの配当の上限は「イングランド銀行の公定歩合プラス5％」が目安となる。

これにより、残りの配当は CIC に再投資されるか、コミュニティの利益に使われることを保証され、非営利性が担保される。また、アセット・ロックの観点により、残余財産処分権は規定されていない。なお、有限責任保証会社（CLG）は株式の発行は認められていない。

(b) 事前審査「コミュニティ利益試験」義務

CIC の登録にあたっては、「コミュニティ利益試験」（The Community Interest Test）を受けなければならない。これは CIC として申請した企業の活動が、コミュニティ利益となるか否かを、CIC 監察局長官（任命された調整者：Regulator）により事前に審査されるものである。CIC 規則では、特定の構成員（家族、特定個人の友人関係など）の利益のためのみの活動を展開する会社には CIC の資格がないと考えられる。

具体的には、①設立目的、②事業内容、③活動による受益者の3点から、申請・報告が求められる。

貿易産業省のガイドラインでは、CIC に適する組織の例としては、「保育や介護、公共低家賃住宅などのサービスを提供し、社会的ニーズを満たす会社」、

「自社の従業員のほとんどを不利な立場にある人々から雇用するなど、利益をコミュニティに還元する会社」、「従業員および生産者によって所有され、利益も両者のコミュニティに還元されるフェアトレイドを行う会社」、「チャリティの目的促進のために設立され、利益のすべてが配当を通じてチャリティに還元されるチャリティの子会社」などがあげられている。

ただし、アセット・ロックによってCICの資産の活用は認められ、CICは資産を資金調達の担保に利用できるものとしている。

(c) 「チャリティ」資格との2重資格取得禁止

CICは「チャリティ」と同程度の税制優遇措置を与えられていないものの、株式会社の形態をとることにより株式を通じた資金調達が可能であること、各種融資における優遇金利など、資金調達の上でメリットがある。また、CICとチャリティは、相互の資格を転換可能であり、チャリティの子会社としてCICを設置することが認められている。

(d) 「コミュニティ利益報告書」作成義務

コミュニティへの利益還元、利害関係者の関与について年次報告書を監査人に提出しなければならない。

(e) 株式会社における最低従業員数の設定

会社法の制約のもと、非上場の株式会社（private company）は最低1名、公開株式会社（public company）は最低2名の従業員が必要である。ただし、その上限はない。

④ コミュニティ利益会社の現状と課題

CICを選択するか否かについて、社会的企業の認識は分かれる。CICには、公益性を表明しながら資金調達が容易になる明確な利点があるが、その一方で、次の点が課題としてあげられる。

(a) 創業者・経営者・株主のモチベーションを維持・向上
(b) 組織運営の統制

⑤ 社会的企業推進のための金融支援

社会的企業の起業化に当たっては、資金の調達が必要不可欠であるが、土地などの物的担保を有しない場合や小規模かつ新しいビジネスモデルで起業化する場合は、資金を民間の金融機関から調達をするのは困難である。

表 I-4-2　コミュニティ利益会社の主要項目およびその特徴

主要項目	特　徴
資産の制限	利益をコミュニティのために再投資させるため、獲得する利益や所有資産の限度がある
融資・債権の発行	金融機関からの融資をうける、または債権を発行することができる
株の発行	資金を獲得する手段として、一定限度の株（配当に限度あり）を発行することができる
運営の透明性	活動内容をまとめた年次報告の提出が義務付けられている
関係者の参加	理事会の開催といった、関係者が運営に参加できるシステムを設けなければならない
投資家の権利	コミュニティへの利益を優先させるため、投資家の権利に制限が与えられている
付属的機関の設置	付属機関として、別に非コミュニティ利益会社（株の発行等に制限なし）を設立可能
政府による監視	保有資産や活動がコミュニティの利益のためになっているか検査される

出所：筆者作成。

　そこで、貿易産業省は、社会的企業に融資を行う地域開発金融の設置・活動を全国的に支援するため、1999年11月に国家フェニックス基金を設置した。

　2002年には、フェニックス基金の成果を踏まえ、2006年までCBを支援するため、さらに5,000万ポンドを基金に拠出することとなった。この基金では、既存の地域開発金融のサービスが行き届かない地域やグループへの支援や複数の企業の共同ビジネス提案への支援等、これまでの基金がカバーできていなかった分野や、より発展的な取り組みの支援に配分されている。

　このフェニックス基金による支援等を通じ、英国における地域金融は着実に増加し、社会的企業の起業化等に大きく貢献している。さらに、貿易産業省は、民間の金融機関が社会的企業に融資を進めるための実態調査と提案を行った。このような動きを通じて、社会的企業が円滑に資金を調達し活動を展開できるような環境整備が図られている。

5.　我が国の社会的企業に関する課題と対応策

　我が国の社会的企業の行うビジネス、主にSBは、従来みられなかった商

品・サービス提供を通じて、住民福祉の向上、雇用創出、経済活性化、公的支出の縮減等、顕在化した社会的課題を解決することが期待される。しかし、社会性と事業性の双方を追求することは容易ではなく、SB事業者は様々な問題点に直面している。SBを支援するにあたっては、そうした状況を踏まえ、SB事業者が活動しやすい事業環境を整えていく必要がある[19]。

SBは事業活動の成果として新しい社会的価値を生み出している。SBの社会性評価を進めていく前提として、SB事業者には、自らの事業活動を積極的かつ分かりやすい形で外部に公開することが求められる。また金融機関、SB支援者、行政等は、SB事業者と協力しつつ、社会性評価に関する具体的仕組みの設計や、評価の実施に積極的に参画していくことが求められる。経済産業省『評価のあり方』報告書では、社会的成果、事業者を評価するための評価項目として SBの3つの定義（社会性、事業性、革新性）に基づきながら、試論している[20]。一般に営利企業の評価であれば、成長性、収益性、安全性などが評価項目になるところであろう[21]。

まず、社会性では『公益性』『地域性』の2つの観点、次に事業性では、『マネジメント力』（更に小項目に『事業実現力』、『ネットワーキング力』『組織化力』、『経営管理力』）と『市場性』（更に小項目として『経済性』、『市場対応性』）の6つの観点、最後に革新性では『新規性』『波及性』を2つの観点から評価するものと提案している（表 I-4-3）。

しかし、その具体的な評価尺度の共通認識を作るには相当の時間を要するものと思われる。

SBにとって既存の様々な組織形態（法人格）に一長一短があるなかで、SB事業者は、その利点および課題を理解した上で、経営方針、ミッション等に応じた使い分けを行うことが求められる。また、中間支援機関等の支援団体は、SB事業者が、既存制度の中で、最適な選択を行えるよう、適切なアドバイスを行うことが望まれる。社会的課題解決を担う人材としては、生産者の視点だけでなく、消費者の視点を組み入れ、理論と実践を照応できるプロデューサーが求められる。

表 I-4-3 社会的企業の評価項目

大項目	中項目		小項目	内容・イメージ
社会性	公益性	1-1	ミッションの公益性	現在解決が求められている社会的課題への取組に対する事業者としての明確な位置づけ、思いを評価。
		1-2	事業内容の公益性	社会的課題に取り組むミッションや思いの事業内容への適切な反映、そのための事業創造力、創出力を評価。社会的課題に対するニーズの変化等への対応力を評価。
		1-3	社会的課題解決の実現性	取組が、社会的課題の解決に結び付いているか、将来的に結びつく可能性があるか等を評価。
		1-4	社会還元性	収益の社会的課題解決のための取組への活用度を評価（収益の活用方法等）。
		1-5	ステークホルダーの共感性	社会的課題への取組に関するミッションや思いに対する関係者（従業員、受益者、その他の関係者等）の共有、共感の程度、自らの取組の社会への発信を評価。
	地域性	1-6	地域課題への対応	地域課題を的確に把握し、その解決のための取組をミッション等として掲げ、それを事業内容としている点を評価。
		1-7	地域資源の活用	地域の資源活用による、地域課題（社会的課題を含む）解決への取組を評価。
事業性	マネジメント力	2-1	事業実現力	事業モデルの構築・見直し、及び適切に遂行するための経験や具体的な取組工夫、ノウハウの保有、事業者としての強みや可能性を評価。
		2-2	ネットワーキング力	外部の経営資源（人材、設備、資金、情報等）の積極的な取り込み、活用を評価。
		2-3	組織化力	経営資源（人材、資金など）の適切な活用、事業活動に対する組織としての取組状況について評価。
		2-4	経営管理力	組織としての基礎的な管理項目（労務、財務、税務、会計等）への対応力、コンプライアンス、外部監査等のほか、財務状況、外部への情報発信力について評価。
	市場性	2-5	経済性	個別の事業収支の状況、適切な対価の獲得、再投資などにより、事業の現状と将来に向けた持続性を評価。
		2-6	市場対応性	顧客ニーズの把握状況、組織外部に向けた情報発信状況、マーケット見込み等を評価。
革新性	新規性	3-1		地域・社会にとって、新しい社会的商品・サービスの仕組みの事業展開を評価。
	波及性	3-2		事業内容やビジネスモデル等の全国展開、他事業者への移植への取組やその意向を評価。

出所：経済産業省・地域経済研究会（第5回）、資料7「ソーシャルビジネス／コミュニティビジネス『評価のあり方』」2009年3月。

おわりに

　法や制度が存在しなくても、また利益にならなくても、解決しなければならない社会的課題に対して、今後も様々な取り組みが必要である。

　今後我が国では、社会的課題解決に臨むイタリアの社会的協同組合、イギリスのコミュニティ利益会社制度、ほかにも米国の民間認証制度の仕組みや施行状況等を十分踏まえながら、協同組合の可能性、新たな法人格や認証制度の在り方、当該法人格に適用される優遇措置の導入等について、多様な議論が起こり新たな法制度の整備、SB 事業者の信用力を向上させるシステムの構築が十分検討の上、実行されることが望ましい。

　また、社会的課題解決を担う人材として、状況に応じて的確に戦略を変更しながら経営を行う戦略経営の実践家、および、プロデューサー、中小企業／ベンチャー企業のソーシャルアントレプレナー（社会的企業家）の育成が急務である。そして、地域に根差した社会的課題解決の促進、公益の実現、社会貢献が期待されよう。

（境　新一）

＊本章は、境　新一「社会的課題解決ビジネスと社会的企業に関する考察—イタリアの社会的協同組合とイギリスのコミュニティ利益会社の事例をふまえて—」『成城大学・経済研究』第 187 号、2010 年 2 月、315-356 頁をその後の研究も加え展開したものである。

注
1）　境　新一『現代企業論—経営と法律の視点—第 5 版』文眞堂、2015 年。経済産業省・農林水産省／農商工連携研究会編『農商工連携研究報告書』2009 年 7 月。
2）　岡安喜三郎「イギリスの「コミュニティ利益会社（CIC）」法案（資産ロク、コミュニティ利益試験、年次報告、CIC 監査人）　社会的企業ノート(2)『協同の發見』No. 141、2004. 4、32-39 頁。
3）　経済産業省「ソーシャルビジネス研究会報告書」2008 年 4 月。
4）　風見正三・山口浩平編著『コミュニティビジネス入門』学芸出版社、2009 年。
5）　アダム・スミス著、水田洋訳『道徳感情論』上・下（原題：Smith, A., *The theory of moral sentiments*.)、岩波文庫、2003 年、同、水田洋・杉山忠平訳『国富論』1〜4（原題：Smith, A., *An inquiry into the nature and causes of the wealth of nations.* (5th ed.))、岩波文庫、2000 年、同、山岡洋一訳『国富論：国の豊かさの本質と原因について

の研究』上・下（同上）、日本経済新聞出版社、2007年。
6) 経済産業省・前掲注3)。
7) 経済産業省・前掲注3)。
8) 岡安喜三郎「コミュニティを再生する社会的企業、協同組合—コミュニティ利益を追求するヨーロッパの協同組合の事例から—社会的企業ノート(3)」『協同の發見』6月号、2004年、1-11頁、Pinckney-Edwards, Jacqueline M., *Hybrid Organizations: Social Enterprise and Social Entrepreneurship*, Course VI, Lulu.Com, 2008.
9) 山本敏也「地域コミュニティにおけるシチズンシップの醸成—英国の先進事例から大阪が学ぶこと—」『産開研論集』第19号、2007年、伊藤実「地域雇用創出と人材育成—ものづくりと産業集積を中心に—」『Business Labor Trend』、2-6頁、2008.11。
10) 岡安・前掲注8)、同「地域づくり・まちづくりと協同組合〜コミュニティ利益を追求するヨーロッパ協同組合の事例から〜」くらしと協同の研究所『協う第83号』、2004.6。
11) C. ボルザガ／J. ドゥフルニ編、内山哲朗・石塚秀雄・柳沢敏勝訳『社会的企業：雇用・福祉のEUサードセクター』日本経済評論社、2004年（原題：Borgaza, C. and J. Defourny, ed., *The Emergence of Social Enterprise*, Routledge, 2001.）。
　　エム・アール・アイ リサーチアソシエイツ『中間的就労の支援制度に関する海外実態調査報告書』（平成24年度厚生労働省セーフティネット支援対策等事業費補助金社会福祉推進事業）三菱総合研究所グループ、平成25年3月。
12) 風見・山口・前掲注4)、Defourny, J. and M. Nyssens, Social enterprise in Europe: recent trends and developments, *Social enterprise journal*, Vol. 4, No. 3, 2008, 202-228.
13) 風見・山口・前掲注4)。
14) 友貞安太郎『ロッチデール物語』コープ出版社、1994年。
15) 岡安喜三郎「社会的企業と新しいタイプの協同組合社会的企業ノート(1)」『協同の發見』131号、2003年。
16) 岡安・前掲注15)。
17) 岡安喜三郎「イタリア社会的協同組合案内」配布レジュメ、2008年、田中夏子『イタリア社会的経済の地域展開』日本経済評論社、2004年、中川雄一郎ほか「「社会的排除との闘い」と非営利・協同事業—イタリアにおけるコンソーシアムの機能と課題」『非営利・協同システムの展開』日本経済評論社、2008年。
18) 中川雄一郎『社会的企業とコミュニティの再生—イギリスでの試みに学ぶ—第2版』大月書店、2007年、同「コミュニティ利益会社（CIC）と社会的企業その1」『協同の發見』No. 155、2005.6、8-13頁、岡安・前掲注2)、山本・前掲注9)、柳沢敏勝「コミュニティ利益会社（CIC）規制の影響」塚本一郎・柳沢敏勝・山岸秀雄編著『イギリス非営利セクターの挑戦—NPO・政府の戦略的パートナーシップ』ミネルヴァ書房、2007年、中島智人「英国新チャリティ法とチャリティの公益性判定」財団法人 公益法人協会『公益法人』2007年3月号、網倉章一郎「英国の新チャリティ法の成立とチャリティ・セクターのあり方」『城西国際大学紀要』第16巻第1号、2008年3月、51-89頁。
19) 経済産業省・前掲注3)。
20) 経済産業省・地域経済研究会（第5回配布資料）「ソーシャルビジネス／コミュニティ

ビジネス『評価のあり方』」2009 年 3 月、Mr. Paton, R., *Managing and Measuring Social Enterprises*, Sage Publications, 2003.
21) 境　新一『企業紐帯と業績の研究―組織間関係の理論と実証―（第 2 刷)』文眞堂、2009 年。

［参照 Web-site］
東京都中小企業団体中央会　http://www.tokyochuokai.or.jp/（最新参照 2015 年 2 月）
独立行政法人中小企業基盤整備機構　http://www.smrj.go.jp/（同上）
農商工連携パーク独立行政法人中小企業基盤整備機構　http://j-net21.smrj.go.jp/（同上）
パルシステム生活協同組合連合会　http://www.pal.or.jp/（同上）

第Ⅱ部
協同組合が取り組む現代的課題

第 1 章

震災復興と協同組合

はじめに

　原発事故、原子力災害、放射能汚染の問題は、そもそも「想定外」ということで、明確な定義が曖昧で、大規模な事故に対応する法律や制度が用意されていなかった。そのため、事故後に生じた様々な事象に対症療法的に対応することで凌いできた感が否めない。それに翻弄されたのは被災地であり、結果として、ふりかかる課題に地域が自力で取り組まざるをえないことが多かった。

1. 原子力災害からの復興過程

　問題は事故から 4 年が経過した現在、被災地福島県の取り組みが全国的にも国際的にもほとんど知られていないという事実である。筆者自身もこの 4 年間、学生の避難と大学再開問題、放射能汚染の実態調査、放射能検査体制と食の安全性の確保、農地の汚染マップの作成、作付制限地域における米の試験栽培と吸収抑制対策、風評問題、帰村と営農再開など、多岐にわたる課題に対応してきた。ふりかえると、これまでの過程は 5 つの段階を経てきたと思われる[1]。（表 II-1-1）

(1) 原発事故と避難・防護
　原発事故直後、放射能汚染から身を守るために初期段階の避難が必要であった（予防原則）。しかし、SPEEDI（緊急時迅速放射能影響予測ネットワークシステム）は公開されず、放射能の拡散状況も不確かなまま避難地域の指定がなされた。こうしたなかで、避難区域以外でも自主的な避難やそれを支援する

表II-1-1　原子力災害の復興過程

	1年目	2年目	3年目	4年目	5年目以降
第1段階	原発事故と避難・防護				
第2段階	放射能測定と汚染対策				
第3段階	損害調査と賠償				
第4段階	食の安全性の確保と風評被害対策				
第5段階	営農再開・帰村と復興				

出所：筆者作成。

取り組みが行われた。

　原発事故の避難に関しては、当初同心円状の避難区域の指定がなされたが、避難の指示や実際の誘導が自治体に任されたため、双葉郡8町村の中での対応が異なった。このことが避難範囲が随時拡大する中で避難所を複数回移動したり、避難先がバラバラになってしまったりした原因となった。村を挙げて避難を指示した葛尾村（住民約1,600人）では、近郊の三春町の仮設住宅に住民の大半が避難することが可能となった。一方で、原発周辺の自治体では政府からの事故後の情報が錯綜する中で住民が自己判断で避難先を探すことになり、結果、住民は分散して避難生活を送ることとなった。また、放射能汚染の広がりの中、新たに避難区域に追加された自治体（飯館村）や特定避難勧奨地点となった地域では、初期避難の遅れが後の避難生活の不安に繋がり、地域の分断に結びつくこととなった。

　このような混乱は、原発事故を想定外とし避難計画を実態に合わせて設計しなかったこと、政府の初期対応が明らかな失策であったにもかかわらず、その対応の窓口を地域に押し付けたことにより生じたのである[2]。

　とくに子供に関しては、短期間でも空間線量の低い地域で「保養」をさせ、外遊びをさせる多数の取り組みが実施されてきた。震災後、福島の子どもたちは運動不足による肥満傾向が指摘されているからである[3]。

　本来であれば豊かな自然環境の下で体現できた外遊びを抑制されているた

め、ストレスもたまる。これを解消するための外遊びの機会の提供が「子ども保養」である。震災後、まずは全年齢層における初期避難（予防原則）から始まり、現在でも、居住可能な地域であっても外遊びが制限されている子どもたちを対象に移動教室的な「保養」を継続して実施している状況である。

(2) 放射能測定と汚染対策

原発事故により、放射性物質が広範囲に拡散した場合、まずは放射能飛散状況を確認し、どの地域にどの程度放射性物質が降下したのかを把握する必要がある。まず初期避難のために必要なのは、空間線量率（マイクロシーベルト／時など）であり、これは、航空モニタリング調査などで早期の把握が可能である。次に、ベクレル／平方メートルなど地表に降った放射性物質の量を把握する必要があり、これにより詳細な避難計画の策定や除染の判断が可能となる。ガンマ核種であるセシウム以外にもベータ核種であるストロンチウムなどの測定も必要である。チェルノブイリ事故の避難計画はこの基準により策定されている。日本ではこのような測定事業が実施されていない。

本来、避難計画はこのような放射性物質拡散状況をもとに設計しなければならない。しかし、今回の事故では原子力発電所の状況が分からない状況で安全宣言を出したり、放射能汚染状況を把握せずに、原発からの距離や市町村の境を基に避難計画を作成したりしたため、様々な混乱が生じたのである。

そのうえで、土壌中の放射性物質の含有量をベクレル／キログラムの単位で測定する。これは食品中放射性物質検査の単位である。例えば土壌1キログラム中に1,000ベクレルのセシウムが存在し、そこで生産される作物から10ベクレル／キログラムが検出されたとすると、移行割合は1パーセントということになる。試験結果から移行係数が判明している農作物の場合、作物の移行特性からどの程度土壌汚染レベルであれば栽培可能かを逆算することもできる。

チェルノブイリ事故後のウクライナやベラルーシではこのような数値を利用し基準値以下の農産物の生産を可能としている[4]。このような状況下で福島県内の自治体、農協、生協、住民組織は独自の土壌測定とマップ化事業を実施することで、汚染実態の可視化、除染・吸収抑制対策の効果的な実施を目指してきたのである。

(3) 損害調査と賠償

損害調査と賠償とは、原子力災害による損害状況を調査しそれに基づく賠償方式を構築することである。現在の賠償方式は政府の示した賠償指針に基づき「原子力災害対策特別措置法」のもと、事故当事者の東京電力が個別に賠償（補償）を行うという枠組みである。裁判以外にも ADR（裁判外紛争解決手続）という手段が用意されている。しかし、この考え方では、まず賠償の枠組みがあり、その枠組みのもとで損害を認定せざるをえない。つまり、賠償範囲外の損害は無視されてしまう。この枠組みの下ではそもそも原発事故により何が毀損されたのか、原子力災害の現状を把握することができないのである。

2014 年 11 月に福島県中通りの稲作農家たちが、農地の土壌中放射性セシウムを事故前の濃度以下まで減らす原状回復の裁判を起こした。すでに土壌汚染の原状回復費用などを ADR（裁判外紛争解決手続）によって東電に求めてきたが、請求は認められなかった。原発事故後、避難にともなう精神的賠償や検査費用の一部負担、風評による価格下落分の補塡などは実施されてきたが、そもそも放射性物質の拡散により、土地がどの程度汚染されたのか根本的な対策がとられていない。汚染された土地の原状回復を願うのは当然のことである。

しかし、今回の裁判の範囲では、数戸の農家の農地の原状回復に 30 億円規模の賠償が必要であることが示された。これを汚染地域全体に適用すると膨大な額になる。そのためか、原発事故後の放射能汚染問題では、風評対策、健康調査、復興事業などはあるものの、放射能汚染の実態把握、損害規模調査は積極的に行われていない。事故対応の基本は、被害状況を調査し、損害規模を把握したうえで、復旧可能かどうか、無理ならばどのような復興過程が描けるのかを現状分析を基に考えることが必要であるが、原子力災害ではこのようなプロセスがとられていないのである。

作付制限や単年度の価格下落分（3 つの損害のうちフローの損害）については、JA 福島中央会が事務局を務める「東京電力原発事故農畜産物損害賠償対策福島県協議会（2011 年 4 月 26 日設立）」によって補償されている。農地などストックの損害については、一部補償が実施されている。しかし、社会関係資本の損害については、いまも損害状況を把握することもできてないのである。

(4) 食の安全性の確保と風評被害対策

　風評対策は、検査体制の体系化にともない食の安全性の確保ができてはじめて可能となる。しかし、事故当初、国のモニタリング検査は1市町村1検体というように、きわめて粗い検査体制であったため、基準値超えのものが相次いで検出され、国民の信頼を損ねる結果となった。

　一方で、「食べて応援」をスローガンに風評イベントに予算措置がなされるという矛盾した政策が打ち出され、現地は困惑した。「食べて応援」は検査体制が確立した結果、食品中の放射性物質が基準値を大幅に下回ることが確認されて初めて可能な取り組みである。

　福島県ではこの間、地域の生協をはじめ農協、自治体、直売所などが広範に自主検査や陰膳調査などを実施・開始した。現在、汚染状況が不明のまま安全宣言を出した2011年の原発事故初年度とくらべ、2014年現在、福島県の安全検査体制は相当高度になっている。

　しかし、初年度のイメージが強すぎて「ウソかもしれない」「信用できない」という状況が買い控えを生み出している。現在、検査をしている主体からすれば、これだけ検査して野菜からも放射性セシウムが検出されないのに誰も買ってくれないのは「風評だ」となる。しかし、これは信頼の問題なので「風評」という用語では適切に現象を説明できない。

　この問題に関しては、事故当時の政策が失敗だったことを認めて総括することからスタートするしかない。表明しにくいことではあるが「1年目の政策は不備があった」と総括して、そのうえで「全袋検査もしているので、あらためて信頼を獲得したい」と検査体制の変化を説明し、消費者とどこまで安全性を確認できるのかについて話し合う必要がある。

(5) 食と農の再生が復興の鍵

　これらの段階を踏まえてはじめて第5段階「営農再開・帰村と復興」が可能となる。段階的な避難区域再編に伴い、避難地域では汚染度が低い地域から段階的に帰村が始まっている。①避難指示解除準備区域は20ミリシーベルト／年以下、空間線量率が3.8マイクロシーベルト／時以下の区域であり、早期帰還が可能な地域である。楢葉町、南相馬市、葛尾村の一部がこれにあたる。②

居住制限区域 20〜50 ミリシーベルト／年以下、空間線量率が 3.8〜9.5 マイクロシーベルト／時以下の地域であり、日中に立入りが可能である。飯館村、富岡町の一部がこれにあたる。③ 帰還困難区域は 50 ミリシーベルト／年超、空間線量率が 9.5 マイクロシーベルト／時超の地域であり、長期間の避難継続が余儀なくされる。原発立地町村である双葉町、大熊町と浪江町の一部がこれにあたる。

2014 年 4 月に最初に帰村宣言を出した川内村では、村人口 2,758 人のうち 1,543 人（55.9 パーセント、2014 年 10 月 1 日）が帰村した。帰村宣言から 2 年をかけて徐々に帰村者が増えている。しかし、村内生活者のうち、65 歳以上の帰村率は約 7 割を超える一方、65 歳未満は約 3 割を下回っており、若年層の帰村が進んでいない。

避難地域を解除した場合のポイントは、① 先行して帰村した高齢者が幸せな生活を営んでいるか（医療・福祉、買い物など）、② 農村生活の豊かさの象徴である自然の恵み（山菜きのこなど里山の幸）を享受できるか、③ 自給的でも畑仕事ができ自家製農産物を食べることができるか、という点が重要となる。そのうえで ④ 勤労世代の雇用の場の確保、⑤ 子育て世代の子育て・教育環境の整備、が必要であり、これらが総合的に達成できなければ復興につながらない。現状では、高齢者は帰村、勤労世代は避難先（仮設住宅や借上げ住宅居住）との 2 地域居住、子育て世代は避難継続というケースが多い。

つまり住宅の周りだけ除染し居住空間の線量率だけを下げても、それだけでは帰村後の生活は元に戻らない。周辺の山林や里山が利用可能か、農業を再開し自給することが可能かどうかという点が重要なのである。帰村の判断を保留している避難者は先行して帰村した人々の現状を詳しく見ている。農村の生活のサイクルを考慮した復興政策が必要である。この意味において、地産地消における安全性の確保、地域での食と農の再生が復興の鍵となるといえる。

2. 原子力災害に立ち向かう地域の協同

福島第一原発事故以降、国は、放射性物質対策に関して、なにか問題が起きると対策を講じるといった対症療法だけを進めてきた。小手先の対策ばかりを

延々と続けていても根本的な解決にはならない。そもそも、現状分析をして、何がどう汚染され損害を受けたのかをはっきりさせるところから始めなければ、対策も打ちようがない。

　事故と避難、汚染マップと対策、損害と賠償、食の安全と風評、帰村と復興のそれぞれの段階に応じて、福島県では地域の自治体や住民組織、農家のグループ、そして生協や農協など協同組合組織による様々な取り組みが行われてきた（表Ⅱ-1-2）。

表Ⅱ-1-2　復興過程と福島県の協同組合間協同

第1段階	原発事故と避難・防護	福島の子ども保養プロジェクト
第2段階	放射能測定と汚染対策	土壌スクリーニング・プロジェクト
第3段階	損害調査と賠償	JA福島中央会「東京電力原発事故農畜産物損害賠償対策福島県協議会」
第4段階	食の安全性の確保と風評被害対策	コープふくしま「陰膳調査」
第5段階	営農再開・帰村と復興	地産地消における安全性の確保、地域での食と農の再生

出所：筆者作成。

(1) 子ども保養から食の安全へ

　「原発事故と避難・防護」に関して、福島県では避難区域以外でも自主的な避難やそれを支援する取り組みが行われた。とくに子どもに関しては、短期間でも空間線量の低い地域で「保養」をさせ、外遊びをさせる目的で、福島県生協連による「福島の子ども保養プロジェクト[5]」など多数の取り組みが実施されてきた。「子ども保養プロジェクト」では、セシウム137の生物学的半減期（成人の場合100日程度）による内部被ばく軽減を目的とした長期間の保養ではなく、安全な外遊び機会の提供とストレスの軽減を目的としている。

　現在では、周辺環境を測定し放射性物質が少ないことが確認された福島県内の山荘（南会津や猪苗代など）などを利用して、本来あるべき自然とのふれあいを取り戻す活動を展開している。これは地域で生きるための1つの方法であり、それを実践したのはNPOや地域の協同組織であった。

　一方で、福島の子どもの甲状腺がん等放射線の影響に関して、様々な問題が顕在化している。県民健康調査、甲状腺検査の受診率の低さなどは、まさしく

不信感の表れであろう。県民健康調査では、子育て世代の不安解消のためと称し「安心」を優先し全体検査を急いだ結果、判定結果のみの通知がより不安を増大させた。甲状腺がんに結びつく放射線の影響は、初期被ばくの状況が大きく関与する。そのため事故当初の行動を把握する必要があるが、県民健康調査の回収率は22.1％と低い。甲状腺検査に関しては、がんの疑いがあるケースが報告されている[6]。放射線による確定的な影響は確認できないというのが公式発表である。

　大事なことは責任を追及することのみに終始せずに、現に困っている、不安に思っている人々に如何に寄り添った対応を現実の地域社会の中で組み立てるかということである。地元の検査医師だけでは対応できないのは明らかである。福島県や県立医大のみに責任を押し付けている現状でいいのか、全国的な応援体制を組むのであれば政府の対応が必要である。

　地元行政、教育関係者、学校現場からの声が少ない。この問題を扱うことに困難性があるのであれば、それをサポートする体制を具体化する必要がある。外部から声高に「子どもの避難を」と呼びかけても、信頼関係もない、上から目線の他人の声に耳を傾けるだろうか。また、甲状腺に関して詳細検査を行った結果、本来であれば見落としてきた「がん」がたまたま見つかったと説明されても、現に原発事故と放射線被ばくの問題に直面している当事者からすれば容易に受け入れることは困難であろう。この問題を心配するのであれば、自分の考えや身の回りで生じる事象のみが世の中のすべてではないことをあらためて肝に銘じるべきである。憶測を交えて原因や責任を追及するだけでは解決できない。現実の子どもたち、家族の立場に立って処方箋を描くことが重要である。

(2) 土壌スクリーニング

　「放射能測定と汚染対策」に関して、福島県内の農協、生協、福島大学うつくしまふくしま未来支援センターでは共同事業として「土壌スクリーニング・プロジェクト（通称：どじょスク）[7]」による農地の測定と移行係数の計測や試験栽培など様々な研究成果を組み合わせ効果的な営農指導（農地のゾーニングと生産段階で放射能の吸収を抑制）の構築に向けて独自の取り組みを展開してきた。

まずは放射性物質の詳細な分布図（汚染マップ）の作成が急務である。それも全県的全国的に取り組まなければ意味がない。汚染度合いが分からないのに効果的な対策をとることは難しい。福島県では生産者や関係者の努力で、作物ごとにセシウムの移行メカニズムが分かってきた。作物ごとの移行係数が解明され、土壌成分や用水など農地をめぐる周辺環境の状況が分かれば、この先の作付計画を立てられるのである。

　避難区域を除くと相対的に放射性物質の影響が大きかったのが、福島県中通り北部である。福島県県北のJA新ふくしま管内では田畑一筆一筆を調べて、詳細な汚染マップをつくる「土壌スクリーニング・プロジェクト」が実施された。福島市内のすべての果樹園と、水田一枚一枚を調査した。生産者にとっても目の前の田畑の現状を知るには、測定し放射能汚染の実態を把握するしかない。測ったうえで、放射性物質の特徴や吸収抑制対策の効果を理解すれば、「なぜ自分の田畑から数値が出ないのか、なぜこの農産物からは放射性物質が検出されないのか」を実感できる。自らが「実感」できなければ消費者や流通業者に「説明」できない。この考え方はJAの営農指導の基本となっている。

　JA新ふくしまの汚染マップ作成事業に福島県生協連（日本生協連会員生協に応援要請）の職員・組合員も参加し、産消提携で全農地を対象に放射性物質含有量を測定して汚染状況をより細かな単位で明らかにする取り組みを実施した。2014年12月段階で、延べ361人の生協陣営のボランティアが参加した。福島市を含むJA新ふくしま管内は、水田で100パーセント、果樹園地で約100パーセントの計測が完了しマップを作成している。それに基づいた営農指導体制の構築をも標榜している（表Ⅱ-1-3）。

　ただし、この汚染マップ事業は公的なものではない。今後は、国が主導し

表Ⅱ-1-3　土壌スクリーニングプロジェクトの測定状況

	調査期間	調査筆数	計測ポイント	達成率(%)
水田	2012年4月～2014年12月	24,480	63,256	98
果樹園	2012年5月～2013年11月	10,158	27,308	100
畑（大豆）	2014年2月～2014年10月	566	1,465	―
合計		35,204	92,029	―

資料：JA新ふくしま資料より筆者作成。

て、全国のデータを集約し公表する必要がある。

　風評被害についても同じことが言える。風評被害は、適切な情報が消費者に届いていないことが原因で消費者が不安を増大し、福島県産のものは買わないという行動に出ることで生じる。「大丈夫」「福島応援」というキャンペーンだけで購買してもらうには限界があることもはっきりした。消費者へ安心情報を提供するためには、科学的なデータを公表することが必要である。農産物に関する放射性物質汚染対策の根幹は、土壌汚染を測定することにあり、それを広域に網羅した土壌汚染マップの作成が急務だといえる。

　JA 新ふくしまと福島県生協連の取り組みのような消費者も関わる検査体制づくりとそこでの認証の仕組みを国の政策へと昇華させていくことが必要となる。現状に落胆していても事態は進まない。協同組合間協同をベースとしたボトムアップ型の制度設計と政策提言が求められている。「風評」被害を防ぐためには、その前提として安心の理由と安全の根拠、安全を担保する仕組みを提示することが求められているのである。

(3) 損害調査と賠償

　「損害と賠償」に関しては、JA 福島中央会が中心となり農産物の損害状況をまとめ、請求事務と交渉の窓口としての機能を発揮している。JA グループ福島では、2011 年 4 月 26 日に「JA グループ東京電力原発事故農畜産物損害賠償対策福島県協議会」を設立した。福島県内の全 JA ほか全農県本部、県酪農協、県畜産振興協会、県農業経営者組織連絡会議、県きのこ振興協議会など 35 団体で構成している。事務局は JA 福島中央会が担っている。設置以降毎月、県協議会総会を開催して損害賠償請求額を決定し、東京電力に請求を行っている。これまでの請求額（2014 年 11 月段階）は、請求総額 2,025 億円となっている。損害賠償受取額を請求額で割った賠償率は 90.0％ となっている。

(4) 食の安全性の確保と風評被害対策

　コープふくしまでは、放射能検査の結果である実際の食卓の食事を、陰膳調査の形で測定し結果を公表している。通常の流通食品をもとに調理した食事からは放射性物質は検出されていないことが確認されている。福島県生協連では

全県の会員生協に食品ベクレルモニター[8)]を整備した。現在では移動式・非破壊方式の測定器を活用し出前測定を実施している[9)]。これにより流通品以外の採取性作物（山菜やキノコなど）も測定可能となり、生活している地域の自然の恵みを食べることが可能かどうかを判断することが可能となった。

　地産地消ふくしまネットでは「福島応援隊」事業を核に、他地域の生協組合員（消費者）に向けて、4年経過した現段階の福島県の検査体制や検査結果について情報提供と相談を行う交流事業を展開している。これらは検査体制が確立し、その結果食品中放射性物質が基準値を大幅に下回ることが確認されて初めて可能な取り組みである。原発事故初年度とは、状況が大きく変わっているのである。福島県以外の放射能汚染が確認された地域でも自主検査の動きは広まっている。問題は、検査の体系性の確立である。統一の法令の下で、汚染地域全体を包含した検査体制を構築することが求められており、福島県における地域主体の取り組みはそのモデルとして位置付けていく必要がある。

3. 福島と協同組合間協同

(1) 福島の協同組織の興り

　福島県は「協同の精神」が早期に根付いた地方の1つといえる。相馬市では、二宮尊徳の高弟で娘婿の相馬中村藩士・富田高慶が、尊徳の「報徳思想」を引き継ぎ『報徳論』を記し、実際の藩政に役立てた。富田やその弟子は、1845年から廃藩置県まで、「相馬仕法」による為政で成果を得た。伊達市霊山小国地区は、「農業協同組合発祥の地」として知られている。1898年、稲作には不利な地形のため農家は困窮を極め、高利貸が苦境に付け入るのを見かねた篤志家・佐藤忠望が、「無限責任小国信用組合」を設立したのは、産業組合法が公布される2年前のことである。

　喜多方市では、江戸時代に生活に役立つ実学を求めた人々を中心に「藤樹学」[10)]が発展した。当時、徳川幕府の封建社会において、君臣関係の規正、身分差別を重視する「朱子学」[11)]が教学の基礎であった。1882年には、強制夫役による会津三方道路の開さく強行に農民が反抗し「喜多方事件」が起きた。当時の農民を称え、喜多方には現在も「自由民権発祥地」碑が立てられた。喜多

方市に本店を置くコープあいづの前身である「喜多方生協」は、昭和電工の職域生協を基に設立した地域勤労者生協である。官に頼らず、自主自立を基本とした生協が発足したのは、「藤樹学」や「自由民権運動」の歴史を反映した風土によるものである。

コープふくしまの前身である「福島消費組合」も、福島県の協同組合の重要組織の1つである。昭和初期の信達地方は、農家が多額の借金に行詰まり、失業者は路頭に迷い、人買いが横行した当時、福島高等商業学校（現・福島大学経済経営学類）の学生らが「S・C・M（Student Christian Movement）運動」を始めた。彼らは「不況と凶作で多くの人々が苦しんでいるときに、クリスチャンが週に1度教会でお祈りをしているだけでは世の中を変えることはできない。社会に出て、愛を実行する運動を行わなければならない」という賀川豊彦の「神の国運動」論に基づき、社会問題の研究を進め、「ロッチデール公正開拓者協同組合」やロバート・オウエンの思想を学んだ。その頃、東京では家庭購買組合・江東消費組合が発足、関西でも神戸消費組合・灘購買組合が誕生したことを知り、1932年、賀川の門弟・関誠一らと共に「福島消費組合」を設立した。

困難な状況下で協同組合が力強く手を取り合ってきたのは、福島県に限ったことではないだろう。しかし、神戸や福島など、現代日本で大きな災害に直面した自治体に偶然とはいえ歴史ある協同組合があり、実績を残したのは事実である。憶測の域を出ないが、古くからの結び付きが地域に根付き、災害下での現代に及ぶ力強い運動に繋がったのだろう。

(2) 環境保全ネットワークふくしま

ICA（国際協同組合同盟）は、1966年に第6原則として「協同組合間の協同」を採択した。また、1995年には、第7原則として「コミュニティへの関与」を追加した。

時を同じくして、福島県では、JA福島中央会、福島県漁連、福島県森連、福島県生協連の4つの協同組合の中央会・連合会組織が手を取り合い、地球の環境保全と創造を進めるための協議会として「環境保全ネットワークふくしま」を立ち上げた。環境運動に励む生協の活動に触発されたのがきっかけと、

当時のJA福島中央会の関係者は語っている。「環境保全ネットワークふくしま」は、県レベルの事務局と県内4ブロックの地域会議によって構成され、年1回「環境フォーラム」を開催した。

(3) 協同組合間提携

　農業生産地では、農協関係に夫が、生協関係に妻が、という家庭環境はめずらしくないだろう。協同組合間協同を形式的に実践する以前から、それぞれの組合の特性や存在意義を深く理解し、互いに敬意を持って接する土壌が福島にも備わっていたのかもしれない。

　また、漁協の組合員についても、漁業だけを生業とする船主（漁労長）や船員（乗り子）のほか、半農半漁で農業をしている漁業者もおり、彼らは漁協の組合員であるのと同時に農協の組合員でもある。森林組合の組合員も、林業に直接従事するわけではなく保有する私有林の管理を森林組合に委託している為、実質的には農協の組合員として営農している場合が殆どである。

　各協同組合の組合員は地域の担い手として、自然に連携していたといえないだろうか。震災後、漁協と森林組合が協同で被災した浜辺のがれき撤去を行ったり、生協の山間部に置ける保養プロジェクトに森林組合が下草刈りの支援をしたり、漁協女性部の魚食文化を広める料理教室を生協店舗の企画として行ったりと、数えきれないほど多くの協同組合間協同が実施された。これは、農林水産業従事者や消費者という業種別協同組合の枠を超えた、地域協同組合的な動きだったといえよう。

(4) ふくしま大豆の会

　産消提携で行った成功事例として特筆すべきなのは、1998年に設立された「ふくしま大豆の会」である。当時、生協の組合員たちはマスコミで取沙汰されていた遺伝子組み換え大豆の問題を受け、大豆加工食品に対し、非常に不安を抱いていた。「安全・安心な大豆食品が食べたい」という消費者の切実な思いから、生産者の顔が見える安心・安全な福島県産農産物の地産地消を進めるため、農協・農民連・生協・醸造元が提携した農商工連携ネットワークのモデルとして設立したのである。

当初は事業の連携のみであったが、現在は蒟蒻や豆乳など多様な商品展開や、食育教室として子どものみそ作り体験や街中で開催されたマルシェへの出展など、福島市のほとんどの消費者が知るほどに成長を遂げた。当初、安全・安心な県産大豆を流通させる目的で始まった「大豆の会」であるが、現在では、食の安全を確保した認証ブランドとして定着したといえるだろう。

ここで特筆すべきは、農協と生協の協同もさることながら、農協と農民連の協同についてであろう。他県と比較しても、農協と農民連が額を寄せ合い共に参画するというのは珍しい事例ではないだろうか。これには、当時のJA福島中央会の名物参事が一役買っている。その参事は、「面白い奴がいるから来い」と言っては大学教員や協同組合陣営のキーパーソンを結び付けていった。

(5) 地産地消ふくしまネット

大豆の会の発足から10年、環境保全ネットワークと同じ4つの協同組合中央会・連合会組織がスクラムを組んで2008年7月に、地産地消運動促進ふくしま協同組合協議会（正式略称：地産地消ふくしまネット）が誕生した。最初の取り組みは、「原油高に対する抑制対策ならびに支援対策」の署名運動であった。

以後、①「創る」飼料用米プロジェクト、②「守る」食と産地といのちを守る運動促進、③「繋ぐ」絆塾、の3つのプロジェクトを基軸として活動を展開した。中でも、原点的取り組みとなったのは、絆塾である。ここでは、日本協同組合学会の元会長などを講師に招いた学習会を開催し、県内の協同組合の職員や学生が協同組合の価値を学んだ。第3回絆塾では、浜・農・森3つのプロジェクトチームが立ち上がり、商品開発や協同組合祭りの企画を行った。

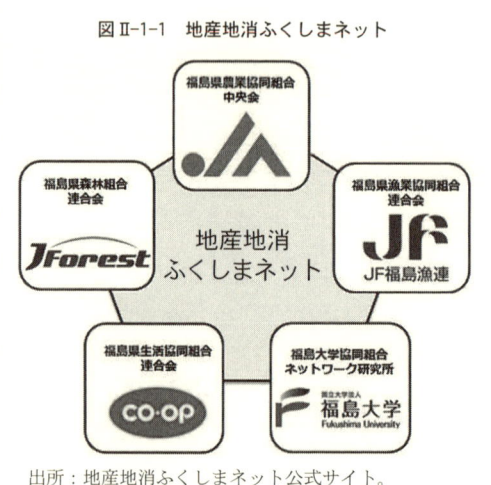

図Ⅱ-1-1 地産地消ふくしまネット

出所：地産地消ふくしまネット公式サイト。

漁協からは「常磐物」の魚を真空パックにした開発試作品の披露があり、森林組合からは県産きのこスープを、農協からは多品目の野菜が出され、「絆鍋」が完成した。3.11 以後安易に使用された「絆」という単語であるが、福島県においては協同組合間協同の連帯の証として、大切に用いてきた。

4. 福島における産消提携による復興事業

(1) 福島応援隊による都市と農村の交流

　土壌スクリーニング・プロジェクトに先んじて、震災初年度より地産地消ふくしまネットを基幹事務局として、JA グループ福島とコープふくしまで販売を開始したのが、「福島応援隊」である。この事業は、福島県の主力農産物であるあかつき（桃）・サンふじ・みしらず柿などを、コープふくしまおよび福島県生協連を通じて全国の生協や協同組合の全国連・官公庁等にチラシを配布し、買い支えてもらうというものである。2011 年の 7 月から年に 2 回（夏・冬）で始まり、現在までに 8 回を終了している。

　福島県内の果樹農家は、空間・土壌の放射線量を測定し、樹皮や表土の剥離・施肥などによる低減措置を講じ、更にサンプル検査を実施したにもかかわらず、なお、買い控えに苦しんだ。それでも営農を続けた福島の生産者を少しでも応援できればと、土壌スクリーニング・プロジェクト共々、全国の生協に依頼し、安全性を十分に説明し、自宅用やお中元・お歳暮のギフトとして販売した。震災から 4 年、福島県の第 1 次産業を見守る中で浮き彫りになったのは、実直な生産者と食に対する意識と相互扶助の精神の高い生協組合員という協同組合同士の絆が結びつくことで、理念的にも価値のある事業が遂行できたということである。

(2) JA グループ福島「放射性物質濃度の測定を利用した農畜産物の安全・安心確保対策事業」

　2014 年 6 月からは、土壌スクリーニング・プロジェクトが形を変え全県的な広がりを見せた。JA グループ福島は、農林中央金庫からの資金援助も得て、「農地の放射性物質濃度の測定を利用した農畜産物の安全・安心確保対策

事業」[12]として、県内 17 農協中 12 農協が各々の手法で放射性物質濃度マップを作成していたことを統一し、農水省が一度計測した県内 2,247 地点を再計測することにより、定点観測的データを蓄積する事業を開始した。2016 年 3 月に県下 JA が 4 農協に合併することも考慮されている。

　本事業のポイントは、2 つある。1 つ目は、計測器にベラルーシ製の通称「ロケット」を用いた点である。当初、国が評価しているゲルマニウム半導体検出器のみを用いる予定であったが、放射性物質はまだらに降下したことが判明しているため、福島大学・石井秀樹の「サンプリング地点が数センチずれれば値が大きく変動してしまう可能性がある」という指摘により、日本での定評は得られていないものの、JA 新ふくしまで使用し、使い勝手の良さと面的に放射性物質が計測できるというメリットがあるロケットを採用しゲルマニウム半導体検出器と併用することで、バイアスを均して値を析出するということである。2 つ目は、農地の汚染濃度を測定するのみでなく、消費者の不安を払しょくするための対策も予算取りしたことである。これにも土壌スクリーニング・プロジェクトの工程が大きく影響しており、福島大学の研究者らによる講演、検査体制の視察、生産者交流、首都圏における出前教室などを JA グループ福島が地産地消ふくしまネットへ委託したことで、県内の 4 つの協同組合（JA、漁協、森林組合、生協）と全国の消費者が結びつくことができた。

　日本生協連と協力し 2014 年 11 月 27～28 日に行った「福島支援交流会 2014」へは、全国から 100 名以上の生協職員・組合員が参加した。2 日目は、ふくしま土壌クラブ副代表の圃場でロケットのデモンストレーションを実施、玄米の全量全袋検査と JA 新ふくしまが世界最多保有台数を誇る NaI シンチレータが並ぶモニタリングセンターの視察も行った。参加者の中にはかつて土壌スクリーニング・プロジェクトのボランティアとして来福した生協職員も多数参加した。交流会の支援生協からの報告の場では、福島県農産物を所属生協で大々的に販売していたり、子ども保養プロジェクトを受け入れることで支援していたりと、福島への支援の輪が拡がった。

　また、JA グループ福島は、資金面も含め福島県の農畜産物の対策だけに限らず、幅広くとらえ、漁業や林業や購買・医療生協の報告も兼ねたシンポジウムを開催したことである。「地産地消ふくしまネット」そのものは、4 協同組

合連合会と大学から成る任意団体で経済活動を実質的には行っていないため、組織の大きい JA や生協に資金面での依存度が高くなるが、「それぞれができる範囲で負担をすれば良い」ということで、大豆の会の発足から 20 年、会は存続し続けることができた。

　私事ではあるが、首都圏消費者向けの出前講座の際、試食に提供する福島県産農産物を JA 福島中央会職員と一緒に選定した際、本格操業まで息の長い熟議を重ねている福島県地域漁業復興協議会の委員や漁師や仲卸の顔を思い出し、「試験操業の魚も購入して試食に出しても良いですか」と尋ねたところ、快諾してくれた。JA 福島中央会職員の気概と温かさに、福島県の再生は必ず農林漁業が一体となって突き進んでいくんだという、太い光を感じた。

おわりに

　2014 年 7 月 5 日の第 92 回国際協同組合デーに、「地産地消ふくしまネット」は「2012 年国際協同組合年福島実行委員会」の発展的解散に伴い後継組織として指名を受け、専任研究員を採用し、将来的には常設シンクタンクを目指し活動を広げた。

　福島県独自の米の全量・全袋検査も 4 年目を迎えるがこの実施主体は地域の協議会であり、その中心は農協組織である。これを全県的に標準化し、情報共有していく機能は行政機関である福島県と JA 福島中央会に他ならない。2,000 億円に迫ろうとしている農産物の損害賠償の窓口は「東京電力原発事故農畜産物損害賠償対策福島県協議会」であり、その事務局は JA 福島中央会である。被災自治体や立地協同組合組織がこれだけの取り組みを進めるなかで、国・政府はその役割を果たしているのか。立法府では、これまで想定されてこなかった規模の原子力災害に対して被害者に寄り添った総合的・包括的な法令を早急に整備すべきである。法制度が整備されないなかでの現地の努力にも限界があることを忘れてはならない。

　今回の原発事故では放射能汚染問題に直面し、「どじょスク」を進めるうえで、大きな障壁となったのが、原発事故対策に特化した法律がないことである。「原子力災害特別措置法」は 1999 年東海村 JCO 臨界事故を受けて制定さ

れた法律であるが、今回の福島原発事故のような規模と範囲は想定されていなかった。「災害救助法」も地震、火山の噴火など自然災害に対応した法律であり、長期間の避難を余儀なくされる原子力災害を想定しなかった。大規模・長期間の影響を考慮した「原子力災害基本法」[13]のような原発事故対応への基本理念を示した上位法の制定が求められる。

本章で見てきたように、福島県のJAは、原発災害に対する公的な仕組みが整備されない中、安全確保・信頼回復という待ったなしの課題に直面し、相互扶助（共益）の枠組みの中で農産物検査や土壌測定などに最大限に取り組んできた。この経験から、中長期的に持続可能な農業復興、農産物流通の構築に向けた政策提言を行っていくことが今後も求められており、福島のJAに課せられた公益面での課題であると言えよう。

2015年2月12日、JA全中が自民党の農協改革案に大筋合意を表明した3日後に、第1回ICA連携セミナー「協同組合の役割と規制改革の影響」が開催された。来日したICA（国際協同組合同盟）ポーリン・グリーン会長は、「協同組合が復興、復旧にあたって本当に頑張ったのだ、人的支援も物資も資金的な支援も協同組合から発せられたのだと、日本の被災者から私は直に聞きました。被災、人災、大震災の後、協同組合は自立して人を助ける、まさに復興の最前線にあったわけであります。」と総括した。

また、去る同年3月26日には、第2回ICA連携セミナー「持続可能な地域社会づくりに貢献するわが国協同組合」に併せICA連携調査団のチャールズ・グールドICA事務局長、マーティン・ローリーICA理事、イタリア・コンフコーペラティブのエンツォ・ペツィーニ理事らがJA新ふくしまを視察した。一行は、JA新ふくしまのデイサービス、斎場、担い手育成ファーム、放射性物質モニタリングセンター、直売所・レストランを視察し、代表理事組合長と懇談をした。グールド事務局長は、組合長のリーダーシップ、困難を抱えているにも関わらず『国際協同組合年』、『国際家族農業年』、『国際土壌年』と国連のテーマに合わせ取り組んだことを高く評価し、「世界全体で支援するためこれから開催されるICA理事会でも報告させて頂きたい。また、いつ何時でも馳せ参じます。」と、非常に心のこもった連帯のあいさつを述べた。

協同組合の活動が、ややもすればメンバーシップによる限られた公益（共

益）を求めるものと受け取られがちであるが、ICA 視察団による一連の発言は、災害下における協同組合間協同が、メンバーのみならず広く地域住民から支持されたものであることを指摘している。これは協同組合がそもそも有している潜在的公益性が災害時に発揮されたものとして評価されたと言ってもいいのではないだろうか。

　2015 年、極度の貧困と飢餓の撲滅を掲げた国連のミレニアム開発目標（MDGs）が達成期限を迎えた。ポスト 2015 年開発アジェンダ（SDGs）の策定においても、協同組合が持続可能な開発に貢献していくイニシアティブを国連に進言している。正に世界は、食糧問題、貧困削減、雇用創出、社会的統合など協同組合による社会経済開発への貢献に多いに期待しているのだ。昨今では、各国で協同組合基本法や社会的協同組合法が可決され、インドでは憲法を改正し協同組合を発展させた[14]。果たして、今般の日本政府による協同組合陣営に対する弾圧が、真のグローバル経済においてどう映るのか、今後とも注視したい。

（小山良太・千葉あや）

注
1) 本章の復興過程の分析は、濱田・小山・早尻（2015 年）第 1 章、第 2 章小山執筆部分を基に加筆修正を行っている。
2) 自治体職員は自らも地震・津波および原発事故の被災者にもかかわらず、初期対応の混乱を一手に引き受ける結果となった。事故初年度の離職率の高さは残された職員の更なる負担となった。初期避難、放射能汚染状況、被ばくの影響など問い合わせに対し、情報がない中で対応することの困難性は想像しにくいかもしれない。筆者が所属する福島大学においても同様の状況であった。
3) 文部科学省『学校保健統計調査』2013 年度による。これによると、福島県の肥満傾向児割合は、児童全年齢（満 5〜17 歳）のうち 6 つの年齢で全国 1 位であり、他も 2〜4 位に位置している。福島県の 10 歳児（小 5）の肥満傾向児割合は 16.7% であり、全国平均 9.5% を大きく上回る結果となった。文部科学省は運動不足や避難生活のストレスが原因と分析している。
4) 小山良太・石井秀樹・小松知未「放射能汚染問題と予防原則のための放射線量測定の制度化－チェルノブイリと福島」『PRIME Occasional Papers』明治学院大学国際平和研究所、2012 年 12 月、47-79 頁。
5) 福島大学災害復興研究所、福島県生協連、福島県ユニセフ協会による「福島の子ども保養プロジェクト（コヨット！）」。2011 年 12 月より開始し、ユニセフ、日本生協連の会員の寄付により、福島県内の子どもたちを空間線量の低い地域で短期間保養する取り組

みである。西村一郎『福島の子ども保養―協同の力で被災した親子に笑顔を』合同出版、2014年3月に詳しい。
6)「県民健康調査」検討委員会では、29万6,253人の先行検査の結果確定者のうち甲状腺がんと診断された人は84人、がんの疑いは24人、計108人と報告された（2014年12月25日）。
7) ふくしま土壌スクリーニング・プロジェクトは、新ふくしま農業協同組合、福島県生活協同組合連合会、福島大学うつくしま未来支援センターにより2012年より実施され、福島市管内の全農地の測定を産消提携の協同組合間協同事業として行っている。
8) AT1320A（アドフューテック社、1台182万円）30台、計5,478万円（2012年度導入）及びセシウムチェッカー mini（ジーテック社、1台210万円）2台、計420万円（2013年度導入）を県内会員生協に配置している。
9) 朴相賢「福島における産・消・学連携による食と農の再生に向けた取り組みの意義と課題―土壌スクリーニング・プロジェクト・食品放射線測定器による測定データ活用事業を事例に―」『農村経済研究』第32巻第2号、2014年8月、61-67頁。
10) 近江聖人と呼ばれた中江藤樹（1608～48）の学問。天和3年（1683）、禁令が出された。
11) 南宋の朱熹によって再構築された儒教の新しい学問体系。「上下定分の理」など朱子学の説く身分秩序が、江戸時代の幕藩体制や士農工商の身分制度を支える思想的支柱として受け入れられ官学化された。
12) JA福島中央会を中心に「JAグループ福島農地の放射性物質濃度の測定を利用した本県農畜産物の安全・安心確保対策連絡協議会」を設置した（2014年8月）。2011年2012年に国と福島県が土壌採取し測定した2,247地点の土壌中放射性物質濃度を再測定し、分析結果によっては新ふくしま方式の土壌マップの作成を目指している。
13) 原子力市民委員会『原発ゼロ社会への道―市民がつくる脱原子力政策大綱』2014年4月、を参照のこと。
14) インドは2012年1月12日に、憲法第19条および第43条の条文に「協同組合」という文言を追加し、公民権として協同組合をスタートすることができるよう改正した。これにより、自治や民主主義の機能だけでなく、組合員や他のステークホルダーへの説明責任も保証した。インドでは、農村世帯の67%の消費者ニーズが協同組合によって満たされている。「人間中心の農村部農業のための協同組合」、ILO、2011年に詳しい。

参考文献
小山良太・小松知未・石井秀樹『放射能汚染から食と農の再生を』家の光協会、2012年。
小山良太・小松知未・石井秀樹・高瀬雅男・朴相賢・平井有太・高橋祥世『農の再生と食の安全―原発事故と福島の2年』新日本出版社、2013年。
生活協同組合コープあいづ『五十年史』2009年。
生活協同組合福島消費組合『だれでもできることをみんなで―生協福島消費組合50年のあゆみ―』1982年。
千葉あや「協同組合間協同による原子力災害からの復興」『共済と保険（681号）』日本共済協会、2015年。
濱田武士・小山良太・早尻正宏『福島に農林漁業をとり戻す』みすず書房、2015年。

第2章

地域再生と協同組合

はじめに

　ICA（国際協同組合同盟）の協同組合原則の第七原則で「協同組合は、その組合員によって承認された方策をとって、コミュニティの持続的な発展のために活動する」と"コミュニティへの関与"が掲げられた。この第七原則は、協同組合が地域の発展に積極的に関わっていくと捉えられる。そうした意味で協同組合と地域の関係、より踏み込んで協同組合と地域づくりの関係は鋭く問われる。

　しかし、地域づくりを巡る議論の中で、協同組合の姿は見えにくいことが実態であろう。2000年代に入り地域づくりの局面は危機の時代の地域再生へと変化しつつあるが、そこでも非営利組織一般の議論はされても協同組合という言葉はあまり見当たらない。その背景には、協同組合が共益組織としてのみに捉えられていること、また協同組合もその内側のみの議論が中心で、外への拡がりを見せてこなかったことなどが挙げられる。

　ところが、地域の実践の中で協同組合が果たしている役割は大きい。また、歴史的に見ても協同組合自体が地域の課題を解決する主体として成立し、発展してきた経緯がある。他方で、現在の協同組合が地域再生にどのように関わっていくかも重要な論点であろう。そこで本章では、特に農山村の地域再生の特徴を明らかにした上で、総合農業協同組合に焦点を充てて、地域再生と協同組合の方向性について若干の検討を行うことを目的とする。

1. 地域再生の時代

(1) 注目を集める地域再生

　今日、地域再生という言葉が注目を浴びる。その背景には激しい地域間格差があると共に、市場の発達に伴いあらゆる労働が商品化されている点にも注目したい。かつては家庭内労働であったり、集落など地域内の相互扶助で賄われていた労働が商品化され、くらしそのものが市場に包摂されつつある。例えば、食の外部化は、かつての家庭内労働が商品化した典型であろうし、高齢者介護、さらには葬式なども商品化が進んでいる。同時に、家庭内や集落内でくらしが完結しえなくなったことを意味し、それは家族形態の変化（少数化・単世代化）や過疎・高齢化による集落・地域の脆弱化といった社会の変化にも起因する。すなわち、くらしの市場への包摂と社会の変化は、相互に関係していると言えよう。

　また、くらしの市場への包摂は、地域間格差が明確になる。東京など都市的地域であれば様々な事業体によるサービスが普及しており、消費者の選択肢は拡がる。他方で農山村地域ではその市場規模が限られることから、サービスの選択肢は著しく狭まる。交通などインフラの普及状況の格差にも明確であろう。鉄道やバスなどの不採算路線の多くは農山村にあり、その多くは廃止に追い込まれ、農山村での交通難民が地域課題としてクローズアップされた。同様の課題には買い物難民や医療難民などがあり、地域課題として注目される。ただし、こうした地域課題は農山村地域に限らず、都市的地域とその周辺部でも深化しつつある点に注目したい。例えば都市周辺のベッドタウンなどでの高齢独居世帯の増加は、孤独死という課題を社会に突き付けた。都市的地域であっても買い物難民が地域課題とするなど、これらの地域課題は都市的地域であれ、農山村地域であれ普遍化しつつある。

　以上を整理するならば、くらしの市場への包摂と社会の変化は相互に関係しつつ、それは地域において課題として顕在化する＝地域課題ということであろう。そして、こうした地域課題を解決するという意味で地域再生という言葉が注目を浴びているのである。

(2) 危機の時代における「地域再生」

　地域再生という言葉が一般化した1つの契機は、2014年9月に政府によって設置された「まち・ひと・しごと創生本部」（本部長・安倍晋三内閣総理大臣）にあり、それは安倍政権の「地方創生」に見られるように政策課題としての優先順位が大きく上がったことにあろう。

　ただし、その出発点の1つは我が国の人口問題であり、『中央公論』2013年12月号に掲載された増田寛也元総務大臣らによる論文、いわゆる「増田レポート」[1]にある。増田氏らは、2010年からの30年間で人口の「再生産力」を左右する「20～39歳の女性人口」が5割以上減少する市区町村が896（全体の49.8%）に上るとの推計結果を示し、「こうした地域は消滅可能性が高い」と指摘、さらに2014年5月には「消滅可能性が高い」とする地方自治体896のリストを公表した。

　この増田レポート自体は数字が独り歩きした感が強いが、少なくとも地域再生という言葉の一般化には寄与したのかもしれない。しかし、論点は単なる人口問題にあるわけではなく、もちろん地方自治体の消滅可能性に矮小化されるものではない。地域の実態と課題、そしてそれへの対応にある。地域再生とは何か、なぜ地域再生かという点であろう。

　他方で、地域に関する議論は、様々な時代で行われてきたし、類似する言葉は多くある。例えば「地域づくり」、「地域おこし」、「まちおこし」といった言葉をよく耳にする。より行政に近いところでは「地域振興」、「地域活性化」といった言葉、そして今日では「地域再生」「農山村再生」となる。また、その領域に応じて、都市的地域では「まちづくり」、農山漁村では「むらづくり」と呼ばれることも多い。

　こうした言葉を歴史的に整理した小田切徳美氏によると、「80年代から今に至る期間で、『地域づくり』はいつの時代にも使われ続ける言葉であるが、その期間の前期には『地域活性化』が、そして後期には『地域再生』が独自の言葉として使われる」とする。その上で「地域再生」については、「『再生』という字面に見られるように、従来以上に困難な局面からの地域振興であり、いわば『危機の時代における地域づくり』を意味しているのであろう」と位置づける[2]。この小田切氏の整理の要点は、今日が地域社会の「危機の時代」にあ

るという認識にあり、地域社会の「危機の時代」＝従来以上に困難な局面であるからこそ、「再生」という言葉が使われているという点にある。

(3) 地域づくりとしての地域再生

　小田切氏の整理でもう１つ重要な点は、地域再生が「危機の時代における地域づくり」（下線筆者挿入）という指摘であろう。地域再生が本質的には地域づくりであるという点にあり、地域づくりの内実こそが問われる。それは人口問題の解決や、単なるモノづくり、特産品づくりではなく、地域に住む人々＝地域住民の誇りを取り戻すことであり、地域を再発見し地域を磨き上げる過程にある。そうした意味において、地域づくりは単に課題解決のみではなく、地域でのくらしを豊かにする取り組みこそが求められる。もちろん、ここで言う豊かさとは金銭的な豊かさのみではないことは言うまでもない。

　もう少し小田切氏の議論を援用してみよう。小田切氏は、地域づくりは「内発性」「総合性・多様性」「革新性」という要素が組み込まれていると整理し、地域づくりの基盤としての「内発性」、その中身の「総合性・多様性」、そしてその仕組みとしての「革新性」と位置づける[3]。

　この整理を簡単に読み解いてみよう。「内発性」とは、地域づくりの主人公が地域住民であることを意味する。また「総合性・多様性」とは、例えば単なる特産品づくりに終わらずに、くらしや福祉、環境など多様な地域課題に応じた総合的な取り組み、そして地域資源に応じた多様性を意味する。

　「革新性」とは、課題に対応するべく地域自らが新たな仕組み（＝器）を用意していくことを意味する。それは、従来の集落などの地域組織を補完する地域自治組織（小さな自治）など新たなコミュニティづくりにつながる。また、新たなコミュニティづくりは、地域自治組織に限らずNPOなどの課題解決型の組織や、地域づくり・コミュニティづくりを支える中間支援組織なども幅広く捉えていきたい。

　「革新性」についてもう１つ注目すべき潮流がある。それは「田園回帰」という言葉に象徴されるように、新たな地域づくりの主人公の登場である。これまでも田舎暮らしという言葉にあるように、特に都市的地域から農山村地域への移住が見られたが、その主人公の多くは定年退職者や50歳代といった比較

的に高齢な世代の動向が注目されてきた。ところが近年では20〜30歳代の若者の農山村地域への移住、定住も増加する傾向にある。その到達点は、筒井一伸氏らが明らかにしたように、単なる人口増加のプロセスではなく、「都市から農山村への移住の勘所は、移住者と農山村住民とが協働する新しい価値創造」[4]にある。移住者である若者が、地域の鏡、ものさしとなって地域住民と共に地域を再発見する過程にあり、新たな地域づくりの在り様を紡ぎだしている。そうした意味で、「内発性」も地域住民が主人公であることはもちろんであるが、「よそもの」、「若者」とのコラボレーションによってその内実を高めるといった「ネオ内発的発展論」が注目される。この「ネオ内発的発展論」は本章に課された課題である地域再生と協同組合の関係について新たな示唆を与えるものであり、後段で詳しく検討したい。

2. 地域再生の主体

(1) 注目される地域再生の主体

以上の「内発性」「総合性・多様性」「革新性」を包含する地域づくりの主体として注目を集める取り組みが、新たなコミュニティの形成である。それは、すでに述べたように地域自治組織(小さな自治)や、非営利組織などの中間支援組織など多様である。

地域自治組織で全国的に著名な事例は多く紹介されている[5]。例えば鹿児島県鹿屋市の「やねだん」(柳谷地区)や、広島県安芸高田市の川根振興協議会(川根地区)などは全国的に著名で既報も多い。これらの地域自治組織に共通する点は、① 新しい組織であるがあくまで地域の集落を基盤としており、それを代替するものではないという点、② 地域住民主導で、地域資源を再発見し、地域資源を磨きあげていくという点、③ 多様な地域課題に対応する地域課題対応型組織であるという点などが挙げられる。

本節で注目したい点は、これらの地域自治組織の多くが協同組織的性格を有している点にある。そこでは、地域住民が出資し、利用し、そして参画するといった協同組織としての内実が見られる。加えて、そのリーダーに共通する点は強いリーダーシップにあるが、もう1つ見逃せない点がリーダーシップによ

るトップダウン型の運営ではなく、地域住民の協議に基づく参加型民主主義をその運営の根幹においている点である。嚙み砕いて言えば、地域住民の参加、参画を促し、そうした参加、参画の場づくりを丁寧に行っている点にある。より踏み込めば地域づくりの協同組合とも位置付けられる。石田正昭氏は、こうした地域自治組織の性格を「地域の人びとがつくる協働の輪は『小さな協同』と呼ぶことができる」と評価する[6]。

(2) ライフラインを守る新たなコミュニティ組織

先に事例で挙げた広島県安芸高田市の川根振興協議会は、安全・安心・楽しさ・豊かさを追求した取り組みを進め、その中ではガソリンスタンド、購買店舗の経営や高齢者向け福祉事業、集落営農など経済事業を拡げている。川根振興協議会が立地する川根地区は島根県との県境の山間部に位置し、過疎化・高齢化が進展する条件不利地域であり、いわば危機の時代に対応したライフラインの役割も担っている。それは先にみたようにくらしの市場への包摂化も大きく関わっており、かつての家庭内労働や集落、地域の相互扶助に替わるあらゆる労働の商品化という点も無視できない。結果としてライフラインとしての役割は、サービス事業主体が求められ、かつくらしに関わって総合的にならざるを得ないのである。

ここで紹介したい事例は高知県四万十市の株式会社大宮産業（以下、大宮産業）である。こちらも既報が多いが[7]、簡単に紹介しよう。大宮産業が立地する四万十市旧西土佐村の大宮地区は山間部に位置する集落である。人口は約300人で高齢化率は約47%（2013年調査時点）であり、中学校は1978年に廃校、小学校は2011年に休校となった。こうした過疎化、高齢化が進む中で、2005年にJAの出張所が廃止、それに伴いライフラインであったガソリンスタンド、購買店舗の閉鎖が検討された。

こうした状況に対し2006年、地域住民自らが出資、運営する大宮産業が発足する。大宮産業はガソリンスタンドと購買店舗の経営、さらには地域の特産品としてコメの直売などを行う。また、談話スペースを設け地域住民の集まる場づくり、都市的地域からの学生、若者の受け入れによる都市農村交流の拠点化などコミュニティの拠点としての機能も育んでいる。2013年調査時点では

高知県が推進している「集落活動センター」を設置し、大宮地域振興協議会を結成、生活福祉や農業生産での共同活動も開始した。

この大宮産業の取り組みは、ライフラインを自ら守る組織として出発し、今日ではコミュニティを活性化する拠点としての機能を果たしている。ここで注目したい点は、大宮産業の内実が協同組織であり、いわばミニ農協としての内実を有している点にある。しかも協同組織としてのミニ農協が、総合農業協同組合（以下、総合農協）であるJAの出張所の廃止、購買店舗などの廃止の検討から出発している。こうしたJAの撤退に伴う新たなコミュニティ組織の成立と、そのコミュニティ組織が協同組織としての内実を備えている点は、事例としても全国に拡がりつつある。特に買い物難民化に対応した地域共同売店の取り組みなどに共通する拡がりが顕著であろう[8]。

(3) 地域再生の主体としての総合的な協同組織へ

川根振興協議会の事例は、地域課題から出発した協同組織であり、いわばミニ役場と言えよう。そのミニ役場が生活課題に対応して経済事業を伴いミニ農協化していく姿が見られる。対してミニ農協ともいうべき大宮産業の事例では、ライフラインとしての経済事業から出発し、コミュニティ活性化の拠点となることでミニ役場としての性格も併せ持っていく過程が見られる。このようにコミュニティづくり（ミニ役場）から出発しても、課題解決型の経済事業（ミニ農協）から出発しても、そこではミニ役場＋ミニ農協という形で地域づくりの主体として発展していく過程が共通する。そうした意味において、今日の危機の時代では総合的（マルチパーパス）な協同組織の発展が求められている。

その1つの典型例が広島県東広島市の小田地区である。小田地区は人口約600人、13集落からなる小学校区である。小田地区では平成の市町村合併時に小学校の廃校問題が持ち上がり、それを契機に地域自治組織づくりの話し合いが始まった。その後、住民総出の協議により地域自治組織「共和の郷おだ」が組織化される。同時に地域農業の維持発展を目指した集落営農組織である農事組合法人「ファームおだ」が設立された。詳細は別稿を参照していただくとして[9]、その要点のみを抽出するならば、1階部分にミニ役場としての機能を

持つ全住民参加型の「共和の郷おだ」、2階部分にミニ農協としての機能を持つ経済組織である農事組合法人「ファームおだ」が位置づけられた2階建て組織にある。そして、両組織に特徴する点は、地域住民が出資し、利用し、運営するといった協同組織的性格を持つこと、さらにその協同組織は総合性を有している点にある。

こうした総合性を明確に持つ2階建て組織化は、徐々に全国に拡がりつつあるがいまだ端緒であろう。しかし、全国の集落営農組織では単に農業の生産協同のみではなく、そこから多様な地域住民が参画しうる経済事業の拡大やライフラインにかかる事業化がすすみ、くらしの協同へと裾野を拡げている。それは危機の時代にあって地域再生が単一目的による対応では不十分であり、総合化せざるを得ないということも表していると言えよう。

3. 地域再生と協同組合の距離

(1) 地域から遠くなった協同組合

さて、前節で見たように、特に農山村地域における地域再生の主体は、総合的な協同組織的性格を持つことが明らかである。それはミニ役場＋ミニ農協とでもいうべき様態であり、いわばミニ「総合」農協と位置づけることもできる。このように位置付けるとすると、ここで浮かび上がる疑問は、そもそも総合農協であるJAとの関係である。

表Ⅱ-2-1 は戦前の産業組合時代から今日の総合農協までの農協数の変化、そして組合員との直接的な接点である本店と支所支店数の変化を表している。

戦前の産業組合は、概ね1888年の「明治の大合併」後の明治合併村を単位として設立されていたことがわかる。そして、戦後の総合農協も大正時代から昭和初期の地方公共団体を範囲として設立されている。

その後、地方公共団体は1953年の「昭和の大合併」を契機に合併が進み、それを追う形で総合農協の合併も進んでいる。総合農協数と地方公共団体数の逆転は1995年の時点であり、以降「平成の大合併」を上回る勢いで総合農協の合併が進んだ。2014年現在、全国の総合農協数は699である。

総合農協の窓口としての本店、支所支店数の推移を見ていこう。1965年時

表Ⅱ-2-1　自治体数と農協数等の推移

事業年度	地方公共団体数	農協数	本店＋支店等の数	
1889	15,859	産業組合数		1888年「明治の大合併」
1920	12,244	13,442		
1925	12,018	14,517		
1930	11,864	14,082		
1935	11,545	15,028		
1940	11,190	15,101		
1945	10,536			
1950	10,500	総合農協（JA）数		1953年「昭和の大合併」
1955	4,877	12,385		
1960	3,574	12,050		
1965	3,435	7,320	17,587	
1970	3,331	6,049	17,476	
1975	3,257	4,803	17,720	
1980	3,256	4,528	17,703	
1985	3,254	4,267	17,520	
1990	3,246	3,574	17,300	
1995	3,233	2,472	16,638	
2000	3,230	1,347	15,140	
2005	2,395	901	12,137	2006年「経過措置終了」
2009	1,727	754	9,514	

出所：総務省国勢調査及び総合農協統計表、「農業・経済・金融・JAグループ　歴史と現況」農業情報調査会、2011年より作成。
注1：本店＋支店等の数のうち支店は、1965事業年度以降の総合農協統計表の出先機関のうち支所（支店）、出張所数。
注2：2009年の地方公共団体数は、2010年実数を利用。

点で明治合併村数を上回っていたが、1990年代以降減少して、支所支店統廃合の流れの中で1950年時点の地方公共団体数を下回るまでに至っている。現在の支所支店は数の上では、おおむね中学校区と同程度の範囲である。

　このように合併に伴う総合農協数の大幅な減少と支所支店数の減少から、総合農協が地域から遠ざかっていることが数字の上からも確認できる。特に支所支店の減少では、主に事業規模が小さい山間部の支所支店の閉鎖が多い。山間部の支所支店の閉鎖は、危機の時代にあっては直接的に地域再生の草の根的な取り組みの危機バネとなる。

(2) なぜ総合農協は地域から遠くなったか

では、なぜ総合農協は地域から遠くなったか。それは協同組合の歴史的発展の過程に大きく関係する。協同組合の成立から見ていこう。

地域単位で課題（私的利害）を共有する人々が集まり、課題解決のために取り組みを始め、取り組みは徐々に高度化・複雑化し、取り組みにおける専門的な労働者を必要とする。こうして協同組合は成立する。地域の課題解決を目的とした組織という点では、協同組合もまた、（組合員の）地域づくりの組織として成立したのである。

こうした仕組みが各地に拡がると、協同組合間での事業の共同化も進む。それは規模の経済が効果として現れるからであり、必然の流れであろう。こうして事業連合組織が成立する。同時に事業連合組織の成立では、事業体としての経済効率性や経営の継続性といった課題が前に出てくる。これは単に事業連合組織の課題に限らず、単位協同組合、例えば総合農協などでも同様の課題は生じる。ありていに言えば、協同組合の専門労働者である職員を「食べさせる」ことが必要となるということであり、その結果、事業の継続性や経済性が優先されるようになり、継続性と効率化を目的とした再編、合併が迫られる。こうして、課題解決のための運動として始まった協同組合運動は、事業規模の拡大に伴って事業が独り歩きしていくこととなる。同時に協同組合は地域から遠ざかる。

以上の歴史的発展の姿に明らかなように、協同組合は組合員組織としての運動 association of persons と事業 enterprise の矛盾的統合体である[10]。ただし、それを「協同組合は運動と事業の2つの面がある」と二元論から捉えることは、すでに見た歴史的な発展の過程からも誤りである。「協同組合は運動から成立するが、その発展の過程にあって運動と事業の矛盾が生じる」のであり、その結果として協同組合が地域から遠くなるのである。

(3) 日本型総合農協の特質

以上のように協同組合自体の歴史的発展過程において、協同組合は地域から遠くなるが、それは我が国の総合農協＝日本型総合農協の特質に起因することも見逃すことはできない。

日本型総合農協は、戦後に制度の下で全国的に展開した。日本型総合農協は総合事業（営農指導、販売、購買、信用、共済）、属地主義、制度の下での農業協同組合と規定されるが、やはり農業政策と大きく関わって国家の関与は強かった[11]。同時に戦前の産業組合、戦中の農業会の流れから、主に明治合併村を単位に全国を網羅する形で設立され、その結果、小農家族経営を保護、発展するという職能組合的性格と、総合的な地域組合的性格を併せ持つという組織的性格が位置づけられた。すなわち、それは農業者の組織でありながら、同時に地域住民の組織としての性格を併せ持つ組織であり、それは日本型総合農協に特徴的な法的に位置付けられた准組合員制度に明示される。

　その後、発展の過程で合併を進めた日本型総合農協であるが、どれだけ広域合併が進んでも、集落なり地域を基礎的な単位としたガバナンスシステム＝土着性に基づく組織であった。特徴的には、第1に今日の役員選出の仕組みが集落組織を基礎とした地域単位での選出に基づくこと[12]、第2に農業者である正組合員の組織というが、その基礎単位としての集落組織が立地する集落、地域では農業者が少数派へと転化していること[13]、これは今日の総合農協の組合員が多様化していることを表す。そして、第3に組合員が多様化する中で、組合員の課題も多様化していることである。

　すなわち、農業者である組合員が少数化し、組合員が多様化する中で、依然として集落、地域を単位とした農業者である組合員を中心として運営される協同組合であるという点に、実態とのかい離が生じつつあるのである。その上で、信用共済事業を中心に利用のために結集する准組合員が増加しているにもかかわらず、そうした准組合員の組織化や参加の機会が担保されていない点にも課題が残る。地域に立脚する協同組合でありながら、多様な組合員の声を協同組合の運営に反映する機会が少ないこと、これもまた日本型総合農協が地域から遠くなった要因の1つであろう。

　しかし、だからといって日本型総合農協を職能組合として純化せよという議論は、実態を踏まえない空論である。なぜなら総合農協であるからこそ地域の多様な課題に応えうるのであり、地域再生の事例に見たように、危機の時代に合って地域の課題とそれへの対応は総合化が求められているからである。すなわち、職能組合として純化せよという議論ではなく、より地域の課題の実態に

合った総合農協としての内実を高める方向での自己改革こそが求められるのである。

(4) 日本型総合農協と地域再生

　他方で、総合農協が地域に対して様々な取り組みや働きかけ、仕掛けづくりを行ってきたことは正確にかつ歴史的に評価する必要がある。例えば、産地づくりは総合農協が長年にわたって地域農業振興に尽力してきた成果であるが、その評価は正しくされているであろうか。昨今の農協改革の議論を見ると、農業政策の失敗をあたかも総合農協の失敗かのようにすり替える議論も見られる。今日の我が国における食の多様性と安定性、安全性を支え、地域農業振興を通じて地域経済を支えてきた協同組合としての総合農協の正しい評価が求められる。

　また、農業以外の地域の課題に対しても総合農協は様々な取り組みを進めてきた。1970年の第12回全国農協大会での「生活基本構想」以降、組合員の組織化とそこでの生活活動を地域単位で再構築する運動を進めてきたし、組合員学習に力点を置くことで農村地域社会の発展に寄与してきたことも見逃せない。協同組合間連携による産直運動などの実践、大きな社会的役割を果たしている地産地消運動とその拠点としての農産物直売所、さらには1990年代からは地域社会の高齢化に対応した福祉事業の展開と助け合い組織の組織化と拡大など、総合農協は地域の課題に対して様々な取り組みや働きかけを行ってきた。今日では、地域営農ビジョン運動を通じて地域づくりを進める、支店を単位とした様々な協同活動の実践＝支店協同活動なども進み、「地域にねざした協同組合」としての機能発揮と協同運動の展開が進められている[14]。

　問題は、こうした様々な取り組みが見えにくいことであり、同時に協同組合が社会において理解されていないことであろう。少し脱線するが、とあるJAでは公道に放置される野生動物の死骸の処理まで、JAの営農経済部署に苦情の電話が入るという。また、ある中山間地域での地域づくり組織のヒアリングでは、「JAはなぜ取り組みの援助をしないのか」という質問を受けたことがある。この質問への回答は極めて簡潔で、総合農協は組合員の共益組織であり、自治体でも公共団体でもないというところであろう。ところが地域の人々

にとっての総合農協とは、おおむね役所と同じ位置づけにあり、それは信頼感の表れかもしれないが、他方で協同組合への理解が低いということも表している。そして同時に協同組合側も開かれた組織となり、その目的や事業、取り組みをしっかりと伝えていく必要がある。

4. 地域再生と協同組合

　1990年代以降、総合農協は合併を繰り返し、いまや1県1農協という巨大農協も現れた。総合農協で合併が進む背景の1つには、その経営環境の悪化に伴う収益構造の悪化がある。これに対して総合農協は、合併による組織再編や機能のスリム化を図り、ありていに言えば管理費を削減することで収益を確保するという減収増益路線の経営戦略を進めてきた。もちろんその過程では、支所支店の統廃合が進み総合農協が地域から遠くなるという課題を生じ、鋭く批判されてきたことは実態であろう。

　他方で、これまでも総合農協は様々な取り組みを通じて地域社会の発展に寄与してきたことも実態である。それは組合員の共通の利益を育む共益組織としての協同組合の実践であり、共益を通じて、地域において公益を実現するといった機能も果たしてきたと言える。同時に今日の総合農協では、合併による組織再編が一段落して、いよいよ次の戦略として地域に向き合う方向に動き出した。2012年の第26回全国農協大会では、「次代へつなぐ協同」を主題に掲げて地域、具体的には支店を核に農協運動を進めていくことを組織決定した。その具体的な取り組みが先に紹介した地域営農ビジョン運動であり、支店協同活動である。その上で、こうした総合農協の取り組みを通じて、地域再生にどう関わっていくかが社会的に問われるわけだが、その要点についていくつか検討してみよう。

(1) 土着型ガバナンスから、複線型のガバナンスルートへ

　ここまで見たように今日の総合農協の運営の仕組み＝ガバナンスは、その役員選出の仕組みから集落、地域単位が中心的であり、同時に農業者である正組合員のみに運営への参画＝共益権が認められている。それは農協法上に定めら

れた制度にのっとっているわけだが、組合員の多様化が進む中では、集落に立脚した正組合員中心型のいわゆる土着型ガバナンスでは、地域の多様な課題への対応は難しいであろう。

　図Ⅱ-2-1 は、総合農協の組合員構成の歴史的な変化を見ている。ここで目を引くのは 2010 年現在およそ半数に達した准組合員の数であろう。しかし、総合農協としては、むしろ正組合員の多様化にこそ課題が存在する。1960 年代の正組合員の多くは農業で生計を立てる専業農家が中心的であった。しかし、今日、専業農家は極めて少数派となり、代わって自給的農家や土地持ち非農家が多数派となったのである。過半を占めた准組合員、そして正組合員の多様化は、同時に組合員の課題も多様化する。それは農業生産から農地維持、く

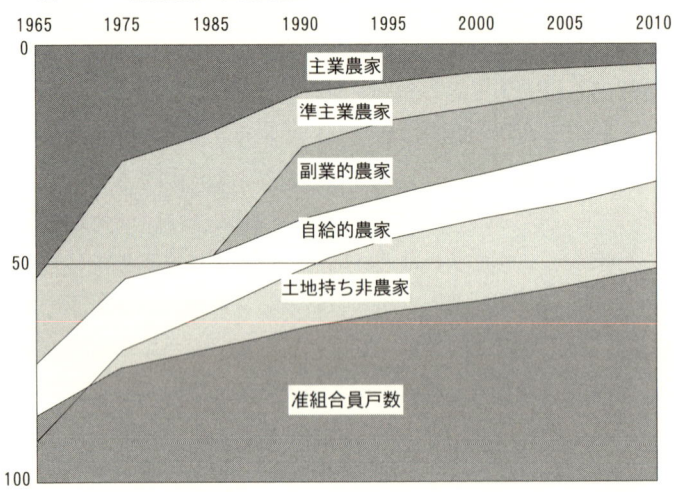

図Ⅱ-2-1　総合農協の組合員構成の変化（センサスを利用、戸数ベース）

出所：総合農協統計表、農林業センサス
注1：増田佳昭氏作成表（増田佳昭「組合員構成の変化と農協の目的」、小池恒夫編『農協の存在意義と新しい展開方向』昭和堂、2008 年、61 頁図1）および、田中秀樹氏作成表（田中秀樹「生協・農協における組合員の特徴と組合員活動」、協同組合研究誌『にじ』2011 年冬号、2011 年）を参考に作成。
注2：1985 年以前の主業農家数は「専業農家＋第Ⅰ種兼業農家」で換算。1975 年以前の販売農家数を経営耕地面積 30a（北海道は 50a）以上として換算。自給的農家数は、「総農家数－販売農家数」として換算。土地持ち非農家数は「正組合員戸数－センサス上の総農家数」として換算。
注3：1980 年以前の准組合員戸数データは無いため、准組合員数を摘要。

らしの課題へと多様化する。こうした課題を汲み上げ、それに如何に対応していくか、もしくは課題への対応として組合員を組織化し、それを如何に事業に結び付けていくかが問われる。こうした意味では、多様化した組合員の多様な意思を反映しうる仕組み＝複線型ガバナンスルート[15]が求められる。

　こうした複線型ガバナンスルートで注目を集める取り組みが支店運営委員会の取り組みである。支店運営委員会は、正組合員を中心としながらも、女性組合員、准組合員、多様な組合員組織の代表、場合によっては地域住民も交えて構成され、様々な意見の意思反映の場となっている。総代会と理事会を意思決定のメインルートとしながら、支店運営委員会などの多様な意思反映の場を設けることで、多様な組合員、地域住民の意思を反映することが求められるであろう。

(2) 広域的マネジメントに対応した意思反映機会と事業方式

　支店運営員会の意義は、複線型ガバナンスルートとしての機能だけではなく、今日の地域再生の取り組みにも、その範域として合致しうる。例えば、全国で進む地域自治組織の動向を見ると、そこには複数集落での組織化、特に藩政村や小学校区、中学校区での設置も多くみられる[16]。このように今日の地域再生の主体は、集落を超えた広域的なマネジメント組織化に1つの特徴がある。本章で挙げた事例のうち川根振興協議会、共和の郷おだは、それぞれ小学校区などの複数集落にまたがる広域マネジメント組織である。地域再生の主体が広域化する理由の1つには、単一集落では多様な取り組みに限界が生じていることがある。対して、主体を広域化することで多様な地域住民の参加が見込まれ、また、事業利用者が増えることで経済的な事業の採算性を（かろうじてではあるが）確保しうるという点もあるだろう。

　また、集落営農組織を見渡しても、今日では集落を超えた小学校区、中学校区などでの広域の組織化が見られる。先にみた農事組合法人ファームおだは小学校区であるし、こうした傾向は、山形県、秋田県、岩手県、熊本県などでも事例として見ることができる。その理由は、広域化することで機械や労働力の効率的な再配分が行われること、多様な人材を確保できることで、多様な事業への展開の可能性が拡がることなどがある。

以上のように、地域再生の主体は広域化する事例が多く、その範域は総合農協の支店の設置単位に概ね近い。こうした時、総合農協の支店運営委員会に地域自治組織や集落営農組織の代表者、その他多様な地域組織の代表者に参加してもらうことで、そこでの課題や意見を総合農協の運営に反映しうる機会となる。そこでは、組合員の共益組織としての運営が優先されるが、少なくとも地域の課題に対して開かれた総合農協の姿も模索しうるであろう。

その上で、例えば支所支店の統廃合に伴うJAの施設の廃止などについては、その採算性と課題を「見える化」した上で、地域住民と協議するといった開かれた事業方式も求められる。もちろん、廃止、撤退した後で地域住民の草の根的な取り組み、例えば地域共同売店などの取り組みに対して、総合農協が如何に関わっていくのか、支援しうる方法は無いのかといった点も協議が必要であろう。ただし、一方的な地域貢献は共益組織としての協同組合にはそぐわない。組合員の意思に基づく運営と、その上での地域に開かれた協議の場を設けること、その役割が支店運営委員会などの場に期待される。

(3) 「ネオ内発的発展論」に学ぶ

上記の2つの要点は、支店を単位に開かれた協同組合を志向する仕組みづくりであり、取り組みであるが、地域再生の現場から学ぶこととして「ネオ内発的発展論」を紹介したい。「ネオ内発的発展論」(Neo-endogenous development) は、その提唱者の1人であるフィリップ・ロウ教授の論稿によれば次のような整理がされている。ここでは安藤光義氏の翻訳を掲載しよう[17]。

　　私たちは、経済、文化あるいは政府など外部からの影響力を全く排除した自律的な社会経済的発展を目指す地域 localities といった考え方は非現実的であり、グローバル化する世界の中で実用的な提案とはいえないとする論陣を張ってきた。いかなる地域 locality も、その社会的経済的発展のプロセスは地元と外部の双方の力の混合 mix of local and external forces の結果ではないだろうか。重要なのは、内発的発展、外発的発展の双方をバランスよくコントロールすることであり、この大きなプロセスと具体的な行動を自分たちのために操ることができるように地域 local areas と地元の主体 local agents の能力の強化を図ることである。これが私たちのいう「新しい内発的発展 Neo-endogenous development」のコンセプトである。

　以上の「ネオ内発的発展論」の要点は、「地元と外部の双方の力の混合の結果」にあり、それは今日の地域再生の実践からも学ぶことができる。すなわち、外側から地域に若者が入ってくることで、その若者がものさしとなり、また同時に若者と地域住民が共に学び、共に成長することで地域社会が活性化する実践である。先に引用した筒井氏の「都市から農山村への移住の勘所は、移住者と農山村住民とが協働する新しい価値創造」という論旨にあるように「協働する新しい価値創造」という点に特に注目したい。
　このような実践がある一方で、総合農協の今の姿はいかがであろうか。そこでは多様化する組合員像と多様化する課題に真摯に対応することなく、いわば閉ざされたメンバーシップの下で、従来型の事業方式に依拠している点も多くあるのではないだろうか。総合農協の外側で進む多様な地域の取り組みに目を向けること、耳を傾けること、そのきっかけとして外部の若者の力を活用する取り組みに期待したい。それは同時に、開かれた次代の協同組合の姿を想像しうる1つの方向性ではないだろうか。

おわりに

　地域再生と協同組合の関係を問うという本章に課された課題は、言い換えると次代の協同組合の在り様を探るという、これからの協同組合のアイデンティティを鋭く問うものであろう。そうした意味では、本章が課題に応えうるものではないが、少なくとも次代の協同組合は開かれた組織となることが1つの方向性ではないだろうか。
　2014年より農協改革の議論が沸き立ち、そこでは総合農協の否定、さらには協同組合という人々のつながりなり関係性に基づく社会の在り様が大きく問われた。総合農協は職能組合に純化せよという議論も飛び出す中、他方では「地方創生」が政策課題として俎上に上った。そして、単に総合農協のみの問

題ではなく、この国の姿なりこの国の在り様はどちらに向かっているのか疑問が尽きない。しかしながら事例に見たように、地域では多様かつ草の根的な取り組みが、地域再生＝危機の時代の地域づくりとして着実に拡がりつつある。そして、その組織的性格は協同組織の内実を有する。

　こうした危機の時代に合って既存の協同組合に何ができるか、地域に芽生える協同組織とどのような関係性を構築しうるか、そこに次代の開かれた協同組合の発展方向を模索しうるのではないだろうか。そのように考える時、1つのヒントは「ネオ内発的発展論」にあるように思う。若者と地域住民が新しい価値を創造する地域を育む主体の1つとしての協同組合に期待したい。

（小林　元）

注
1) 増田寛也＋人口減少問題研究会「2040年、地方消滅。『極点社会』が到来する」『中央公論』2013年12月号、中央公論新社、2013年、18-31頁。
2) 小田切徳美「農山村再生とは何か──その意味付けと戦略」『JC総研レポート』2013年春Vol.25、2014年、4頁。
3) 小田切前掲書、4-6頁。その上で、小田切氏は、「『主体』『場』『条件』の3要素の構築により、地域が『創られる』」として、地域づくりのフレームワークを提示している。
4) 筒井一伸・佐久間康富・嵩和雄「空き家再生・継業・交流──農山村への移住をめぐる住まいとなりわいの展望」『JC総研レポート』2014年冬Vol.32、2014年、21頁。
5) 直近のまとまった報告としては岡崎昌之編、全労済協会監修『地域は消えない　コミュニティ再生の現場から』日本経済評論社、2014年などがある。
6) 石田氏は、利用を中心に組み立てられる農協の事業を「大きな協同」、対して地域の人々の協働の輪は「小さな協同」と整理する。石田正昭『農協は地域に何ができるか』農山漁村文化協会、2012年、215-217頁。
7) 岡崎前掲書、49-55頁。
8) 「地域共同売店」の動向を整理した山浦陽一氏は、全国的に著名な事例の多くが「Aコープ店舗の撤退」を契機として「地域共同売店」の取り組みが始まることを明らかにした。山浦陽一「地域共同売店の実態と持続可能性」、小田切徳美編著『農山村再生の実践』農山漁村文化協会、2011年。
9) 小田地区の事例は、拙稿「広域的な地域運営組織の協同組織的性格の検討」『協同組合研究』第33巻第2号、日本協同組合学会、2014年を参照されたい。
10) 田中秀樹『地域づくりと協同組合運動』大月書店、2008年、451-452頁。
11) 太田原高昭『系統再編と農協改革』農山漁村文化協会、1992年、14頁。
12) JAの基礎組織とは、主に役員選出機能、事業推進機能、伝達機能などを持つ基礎的な単位組織で、その多くは集落を単位とした集落組織である。今日の基礎組織の機能の本

命は総代や役員の選出機能にあることが全国の JA アンケートで明らかとなった。拙稿「JA の基礎組織と課題」増田佳昭編著『JA は誰のものか』家の光協会、2013 年、121-127 頁。
13) 拙稿前掲書、135-137 頁。
14) 拙稿「『地域づくり』への協同組合論的アプローチ」岡崎前掲書、249-260 頁。
15) 複線型ガバナンスルートについては、増田佳昭「多様化に対応するJAガバナンス」増田前掲書、220 頁を参照されたい。
16) 地域自治組織（地域運営組織）の全国的な動向を俯瞰的に調査したものとして、坂本誠ほか「全市区町村アンケートによる地域運営組織の設置・運営状況に関する全国的傾向の把握」『JC 総研レポート』2013 年秋 Vol.27 を参照されたい。それによると小学校区単位での地域運営組織（本章では地域自治組織）の設置が最も多い回答を得ている。
17) 安藤光義解題・翻訳「農村地域経済と新しい内発的発展―Centre for Rural Economy の挑戦―」『のびゆく農業―世界の農政―』1003、財団法人農政調査委員会、2012 年。

参考文献
石田正昭『農協は地域に何ができるか』農山漁村文化協会、2012 年。
石田正昭『JA の歴史と私たちの役割』家の光協会、2014 年。
太田原髙昭『系統再編と農協改革』農山漁村文化協会、1992 年。
岡崎昌之編著、全労済協会監修『地域は消えない　コミュニティ再生の現場から』日本経済評論社、2014 年。
小田切徳美『農山村再生　『限界集落』問題を超えて』岩波書店、2009 年。
小田切徳美『農山村は消滅しない』岩波書店、2014 年。
北川太一『新時代の地域協同組合―教育文化活動がJAを変える』家の光協会、2008 年。
田代洋一『農業・協同・公共性』筑波書房、2008 年。
田中秀樹『地域づくりと協同組合運動』大月書店、2008 年。
中川雄一郎・杉本貴志編著、全労済協会監修『協同組合を学ぶ』日本経済評論社、2012 年。
中川雄一郎・JC総研編『協同組合は『未来の創造者』になれるか』家の光協会、2014 年。
増田佳昭『規制改革時代の JA 戦略』家の光協会、2006 年。
増田佳昭編著『JA は誰のものか』家の光協会、2013 年。

第3章

高齢者福祉と協同組合

はじめに

　我が国では、これまで農業協同組合（以下、JA）、森林協同組合、漁業協同組合などの職能協同組合、消費者等の同じ地域に住む人々、同じ職場に勤める人々が組織する生活協同組合（以下、生協）などの協同組合が中心となって展開し、近年では労働者自らが経営し働く場をつくる労働者協同組合などが登場してきている。その活動・事業の主体および利用者は農家、消費者、労働者、事業者などの組合員を中心としたものである。

　そしてこれまで主な協同組合は農業協同組合法や消費生活協同組合法などの法律に定められた中で、組合員ニーズに応え、さまざまな事業・活動を展開してきている。

　例えば、終戦後の農山村地域においてJAは農家から農産物を集荷・販売、農家へ農業生産資材等を供給するという経済事業だけでなく、地域にはまだ保険会社、銀行、診療所、幼稚園などが少なかったことから、地域住民（≒組合員）の生活を支える共済、信用、購買、医療等にかかるさまざまな事業を総合的に展開してきた。そのため、JAは総合事業によって地域を支える役割を担うことになった。

　しかし、近年、農山村地域では過疎化・高齢化がすすみ、組合員も高齢化する中で、組合員および地域住民の医療、介護、買物、移動等にかかるニーズが発生している。またJAはこれまでJAを支えてきた高齢組合員へ返礼するため、あるいは行政からの要望に迫られ、高齢者福祉にかかる取り組みおよび役割を期待されるようになっている。

　だがこれらの問題は農山村地域において事業・活動を行うJA、さらには森

林協同組合、漁業協同組合等の組合員だけの問題ではない。生協の組合員も都市地域における高齢化にかかるさまざまな問題に直面している。さらには組合員だけでなく、組合員の住む地域、協同組合の事業所のある地域においても高齢化がすすんでいる。こうした状況において、高齢者福祉へのニーズが大きくなっている。今、地域において高齢者が安全に安心して暮らすことのできる体制を構築することが求められているのだ。

つまり協同組合はその時代の地域ニーズに応じた生活を支える公益性の高いさまざまな取り組みを事業、さらには活動として行うことが期待される。

JAの組合員数は1,000万人を超え、生協の組合員数は2,700万人を超えている。重複する組合員もいることから、人口に占める協同組合に加入する組合員割合は分からないが、我が国のすべての協同組合の組合員数を単純に合計すると2009年3月末現在8,026万人[1]であることから、我が国には少なく見積っても人口の2割を超える組合員が存在すると推察される。こうした中で高齢化する組合員、地域に対して協同組合が果たす役割がますます重要になっているといえる。

本章では、こうしたニーズに応えるために、高齢者の介護や医療や買物支援などの高齢者福祉に取り組む協同組合、組合員による取り組みについて概観する。

1. 高齢者生活の現状

(1) 我が国の高齢者
① 高齢者人口

2013年の我が国の人口は1億2,730万人、そのうち65歳以上の高齢者は3,190万人と25.1％を占めている。前年は24.1％であることから初めて人口の1/4が高齢者となった。「65〜74歳」の前期高齢者数は1,630万人（12.8％）、「75歳以上」の後期高齢者数は1,560万人（12.3％）となっている。

国立社会保障・人口問題研究所の「日本の将来推計人口（2012年1月推計）」の出生中位・死亡中位推計の結果によれば、2025年には高齢化率は30.3％、2060年には39.9％にまで達する。この間、高齢化および少子化がすすむ

ことで一貫して高齢化率は上昇する。

2013年現在、現役世代（15〜64歳）は2.5人で1人の高齢者世代（65歳以上）を支えなければならない。かつて1950年は12.1人で1人の高齢者を支えていたが、2060年には現役世代1.3人、約1/10の人数で支えなければならないという。

② 高齢者世帯

『平成26年版高齢社会白書』によれば65歳以上の高齢者のいる世帯は、2012年では全世帯4,817万世帯中2,093万世帯で、43.4%を占めるまでになっている。

65歳以上の高齢者の中で、子どもと同居していない一人暮らしまたは夫婦のみの世帯は53.6%にも達している。特に一人暮らしの高齢者世帯は、2010年で男性は約139万人（11.1%）、女性は341万人（20.3%）と約480万人に及んでいる。

(2) 高齢者の生活およびニーズ

つまり高齢者は、経済的に現役世代から支えてもらうことがより一層困難となり、かつ高齢夫婦のみまたは一人暮らしがさらに増え、自分の力で経済的にも肉体的にも生活していかなければならない状況になりつつある。

こうした状況の中で、高齢化することによって身体機能は一層低下し、医療や介護に加え、さらには核家族化がすすむ中で生活にかかるさまざまな支援が必要となり、そのための資金も必要となる。一方で、長期にわたる景気の低迷および少子高齢化によって、国家の歳入は伸びにくく、今後はむしろ停滞・減少していくと予想される。社会保障費は膨らみ、巨額の赤字国債が発行される中、歳出も限界に近づいているといえる。また少子化によって現役世代が減少し、介護労働等による肉体的な支援を十分に行うことも難しくなっていくと考えられる。

さらには、これまでの地域コミュニティが崩壊し、コミュニティによる支え合いも困難になり、高齢者は物理的にも精神的も孤立した状況となっている。この傾向は今後もすすむといえる。

地域全体の人口減少や高齢化、そして量販店の進出などによって地域の商店

街は衰退し、地域における買物の機会が失われつつある。また人口減少と利用者の減少によって公共交通機関が地域から消え、免許返納により高齢者は移動手段が失われつつある。さらに医療機関の地域からの撤退などによって、医療の機会を失いつつある。

そして貧困の格差が広がり、生活保護を受けなければ生活できない高齢者が増加し、医療や介護サービスを受けることも難しい高齢者が現れてきている。

したがって、高齢者は ① 身体機能低下、② 病気を患らいやすくなること、③ 移動手段の消失、④ 買物アクセス機会の消失、⑤ 医療アクセス機会の消失、⑥ 介護アクセス機会の消失、⑦ 貧困化、⑧ 物理的孤立、⑨ 精神的孤立などといった問題に晒され、今後ともこうした傾向は続いていくと考えられる。

2. 高齢者福祉にかかる主な協同組合の取り組み状況

このような状況下において、地域の協同組合はさまざまな形で高齢者の生活、高齢者福祉を支えている。本節ではそれらの取り組みについて代表的な協同組合における高齢者福祉にかかる事業および活動をみていく。

(1) 農業協同組合

農業協同組合（JA）は、農業協同組合法に基づいて設立される協同組合であり、全国のJAは経済事業、共済事業、信用事業、新聞情報事業、出版・文化事業、旅行事業などに取り組んでいる[2]。また病院や診療所を設置・運営、健康診断・健康維持活動を実施し、各都道府県郡の34の厚生農業協同組合連合会（以下、厚生連）が中心となり、厚生事業として医療および介護サービスを提供している。2013年度[3]のJAの組合員数は1,015万人（正組合員数456万人、准組合員数558万人）、総事業利益は1兆8,760億円で、JA数は703である。

高齢者福祉にかかる事業や活動については、単協および厚生連が中心となって取り組んでいる。単協によっては過疎化や高齢化のすすむ地域において診療所や薬局を運営するケースもある。

① 福祉事業

2013年4月1日現在[4]、介護保険事業に取り組むJA数は291、総事業所数は1,007に達している。事業区分でみると、291居宅介護支援、321訪問介護、211通所介護、91福祉用具貸与、83福祉用具販売、10訪問入浴事業所などを運営している。このほかショートステイやグループホームや有料老人ホームなどを運営している。近年では、小規模多機能型居宅介護施設およびサービス付き高齢者向け住宅も運営している。また特別養護老人ホーム等を運営しているJAでは社会福祉法人を設立、かつより現場のニーズに合わせ多様な事業を柔軟に展開できるようJA出資の株式会社を設立するケースも出てきている。

② 「助けあい活動」

助けあい活動は組合員同士により生活や地域を支え合うものである。1985（昭和60）年「農協生活活動基本方針」において、助けあい組織が、一人暮らしや寝たきりの高齢者を援助するための有償ボランティアによる在宅福祉活動を展開することをJA大会で決議している。

助けあい組織の活動主体である協力会員は、地域における高齢者対策活動の重要な担い手として位置づけられた。そして2000年度の介護保険制度が施行される前より、地域の介護保険事業の介護職員としての役割を期待され、協力会員の多くがホームヘルパーの資格を取得し、介護保険事業を支えることとなった。近年、介護保険制度の施行により介護職員となることによる退会や協力会員の高齢化等に伴い活動は低迷しているが、2013年度末現在も[5]、338JAにおいて666組織・約4.1万人の協力会員が、介護保険事業以外の高齢者生活支援・健康管理・環境保全活動などを実施している。

主に、地域の元気な高齢者等を対象とした昼食や交流や介護予防などの機会をJAの支店や地域の公民館などで提供するミニデイサービス、一人暮らし高齢者宅への声掛け・ふれあい訪問、介護保険事業所への慰問やボランティアなどに取り組んでいる。

また地方自治体からの行政受託事業として、生きがいデイサービスや配食サービスなどを実施する組織もある。

③ その他

JAは、中山間地域等においてA-COOPなどに移動販売車を配置し、買物支援を実施している。さらには現金の引き出しや振り込み等の手続きができる

ATMや金融窓口を搭載した車も配置するなど、高齢化がすすみ移動手段の限られた地域において高齢者の生活支援にかかるさまざまなサービスを展開している。

JA共済では、介護保険制度が施行される前よりホームヘルパー等の介護職員の養成支援を行ってきた。これまでに3.6万人以上の資格取得にかかる資金支援を実施している。またJAの開設・運営する通所介護事業所などの施設建設や機械整備にかかる助成を行っている。さらにはJA共済は農協共済中伊豆リハビリテーションセンター・農協共済別府リハビリテーションセンターによる介護ノウハウ等の提供活動として、JA共済が出資設立した両リハビリテーションセンターより、理学療法士および作業療法士等の専門家をJA等の運営する事業所へ派遣し、現場における介護技術の質の向上を図っている。

JA全中は組合員等の生活を支える高齢者生活支援や食農教育などにかかる取り組みを「JAくらしの活動」と位置づけている。「健康寿命100歳プロジェクト」としてウォーキング大会やJA健康寿命100歳弁当コンテストなどを、助けあい組織やJA等が協力し取り組むことを推進している。

そしてこれまでJAグループで養成した職員や組合員等の認知症サポーター[6]数は2014年8月末現在13万6,218人に達している。

(2) 厚生農業協同組合

JAの医療にかかる事業は産業組合法に基づき、無医地区の解消と低額の医療供給を目的に1919(大正8)年に島根県鹿足郡青原村でスタートした。戦後、農業会が解散し、農業協同組合法の下で、事業を厚生農業協同組合連合会(厚生連)が継承した。1948(昭和23)年に全国機関となる全国厚生農業協同組合連合会が設立され、1951年に厚生連は、医療法第31条に規定する公的医療機関の開設者として厚生大臣から指定を受けた[7]。その後、厚生連は農山村地域の医療・保健、そして介護事業に積極的に取り組むこととなった。

① 医療および保健事業

2014年度末現在、厚生連は110病院を21の道県で運営し、12の都県では主に健診活動を実施している。そのほか65診療所を運営、へき地巡回診療車44台を配置し、高齢化の進む地域において医療および保健事業・活動に取り組ん

でいる。また110病院中22がへき地医療拠点病院の指定を受け、巡回診療やへき地診療所への医師派遣等を行っている。そして101病院が救急告知病院の指定を受け、地域での救急患者を受け入れている。

② 介護保険事業

厚生連は、2014年度末現在、100居宅介護支援、104訪問介護、32介護老人保健施設、7特別養護老人ホーム、14地域包括支援センター、そのほか通所介護・短期入所生活介護などの事業所を運営している。利用者は170万人を超え、事業収益も200億円に達している(2010年)。

(3) 生活協同組合

生活協同組合(生協)[8]は、消費生活協同組合法に基づいて設立される協同組合であり、全国の生協が会員となり組織しているのが日本生活協同組合連合会(以下、日本生協連)である。2013年度の組合員数は2,734万人、総事業高は3兆3,534億円、生協数は約600、地域生協の世帯加入率は約36%となっている。生協は購買生協、医療福祉生協、共済生協、住宅生協などに分かれる。

高齢者福祉にかかわる事業や活動を、購買生協、医療福祉生協、連合会等のさまざまな団体が行っている。医療福祉生協の取り組みについては次節で紹介することとし、本節ではまず購買生協を中心とした取り組みについて概観する。

① 福祉事業

購買生協では、2013年度現在、訪問介護、通所介護、居宅介護支援などにかかる介護保険事業を実施している。44生協が取り組み、福祉事業収入は約187億円に達している。2006年度の事業収入約103億円から、毎年堅調に伸びている。

日本生協連の会員全体で福祉事業収入をみると、2013年度実績では購買生協約187億円(19.2%)、生協を母体とした社会福祉法人約180億円(18.5%)、そして医療福祉生協が約605億円(62.2%)となっている[9]。

近年では、地域包括ケアシステムに対応するため多機能型の「高齢者総合ケアセンター」を開設したり、サービス付き高齢者向け住宅を展開している。

② 福祉活動

1983（昭和58）年より組合員同士の助け合いの活動（「くらしの助け合い活動」）として、高齢者や介護を必要とする者、産前産後の母親等を対象に、高齢者支援や子育て支援を実施している。2013年度は59購買生協および3連合会が取り組み、年間活動時間数は162万5,469時間、活動会員数は2万9,313人に達している。介護保険事業が施行された2000年以降、活動時間数は低迷していたが、2005年度より増加傾向にある。

　高齢者の参画する食事会の開催、地域の誰もが参加できるサロン活動の開催、自宅へ弁当を届ける配食の実施、家事援助などに取り組み、組合員同士が支え合っている。

　このほか日本生協連は全国地域福祉交流会を医療福祉生協連、コープ共済連と共同で開催し、生協や社会福祉協議会やNPOなどとの連携を図る場づくりや意識啓発を行っている。また、「認知症サポーター100万人キャラバン」にも賛同し、2008年度より全国の生協と「認知症サポーター養成講座」を開催し、2015年2月末現在、2万1,834人の認知症サポーターの職員を育成した（サポーターを養成する講師役となるキャラバン・メイトは1,518人を養成）。

③　宅配事業・店舗事業

　生協では購買事業を宅配事業と店舗事業として展開している。宅配事業では「個人宅配（以下、個配）」と「グループ宅配」を実施している。この中で一人暮らしの組合員や高齢者にも個配を行っている。近年では、高齢者等の見守りを地方自治体と協定を結びすすめている。宅配担当者が、配達時の異変に気づいた場合、事前に取り決めた連絡先へ連絡や通報を行うというもので、2015年3月6日現在、43都道府県において85生協が707地方自治体と「地域見守り協定」を締結し、活動している（全国の市区町村の約4割）。

　店舗事業では「買物弱者」が多い地域において、冷蔵・冷凍ケースを設置した移動販売車による買物支援を実施している。2014年度11月現在、24道府県において29生協が141台の移動販売車を導入し、高齢者等の住民の暮らしを支えている。

(4) **医療福祉生活協同組合**

　かつて日本生協連の医療部会が「医療生協の患者の権利章典」および「医療

生協の介護」を策定し、医療・介護にかかる事業と運動に取り組んだ。この取り組みを引き継ぎ、2010年に日本医療福祉生活協同組合連合会（以下、医療福祉生協連）が設立された[10]。

医療福祉生協連は、医療・福祉事業を主たる事業とする生協（医療福祉生協）の全国連合会で2013年度現在全国の111の医療福祉生協および日本生協連が会員となっている。主として生協・協同組合間連携・情報発信・社会連帯事業、職員の確保・育成事業、指導事業、出版・供給事業、教育事業などを行っている。

① 医療・看護・健康づくりにかかる事業および活動

全国に77病院（病床数1万2,468）、342診療所、70歯科施設（診療所数に含む）を運営し、医師1,975人と歯科医師237人と1万2,297人の看護職員（保健師・助産師・看護師・准看護師）が従事している。この342診療所中215診療所が在宅療養支援診療所として在宅医療を担っている。また、在宅医療を支える199訪問看護ステーションを運営している。

医療福祉生協では、組合員が3人以上集まり医療専門職とともに血圧・体脂肪・尿チェックなどの健康チェックを行ったり、病気予防や健康づくりについて学ぶ班会を組織している。2013年度は10万2,154回の班会が開催され、延べ55万7,395人の組合員が活動に参加している。このほか保健学校を開催し、健康づくりのリーダーを育成している。

② 福祉事業

介護保険事業等にかかる取り組みとして、185訪問介護、164通所リハビリ、190通所介護、302居宅介護支援などの事業所を運営している。また、近年定期巡回・随時対応型訪問介護事業所4か所および小規模多機能型居宅介護施設33か所の運営にも取り組んでいる。このほか高齢者の住まいとして、グループホーム45か所、サービス付き高齢者向け住宅8か所、その他住宅11か所を運営し、生活の場を支えている。

現場での増える認知症対応のため、認知症ケアマネジメントにかかる調査および指標づくりなどをすすめ、職員のサービスの質の向上に努めている。またホームヘルパーの質を高めるために、介護職員調理グランプリ＜Ｈ１グランプリ＞などを開催し、介護職員等の人材育成にも積極的に取り組んでいる。

医療福祉生協は 2013 年度現在、組合員数約 285 万人、総事業高 3,200 億円（うち福祉事業は 609 億円）となっている。福祉事業については、事業高は 2011 年度 557 億円、2012 年度 587 億円と着実に増えており（一方、医療事業はこの 3 年間 2,570 億円前後）、介護職員数も 2011 年度は 6,489 人であったが 2013 年度には 7,340 人に増えている。医療福祉生協は特に都市地域の高齢者福祉を支える存在となりつつある。

③ 「助け合い」

全国の医療福祉生協は、学区をほぼ 1 つの単位として、組合員が支部をつくり、助け合いの活動に取り組んでいる。全国 2,400 支部中の 413 支部において高齢者を対象とした ① 認知症高齢者の見守り、② 通院の付き添い、③ 定期訪問、④ 配食などを実施している。さらに子どもの学ぶ場をつくるなど、子育て支援活動にも取り組んでいる。

それぞれの医療福祉生協が発行する機関誌を「手配りさん」という組合員および職員が高齢者宅を個別訪問し、手渡しをしながら、「人と人のつながり」づくり、そして見守りを行っている。2013 年度は手配りさん 10 万 4,574 人が 140 万部を配布している。

また、組合員による配食ボランティア活動が全国 51 カ所で実施され、さらには組合員同士が料理を持ち寄ったり、買物をして調理するなど、皆で集まって食べる食事会が行われている。地域の購買生協とも連携し、食にかかるさまざまな活動を行っている。

(5) 高齢者協同組合

高齢者生活協同組合（以下、高齢者生協）は 1995 年に三重県で初めて設立された。日本高齢者生活協同組合連合会（以下、連合会）は、2001 年に 17 の高齢者生協が集まり設立された[11]。主として高齢者の組合員による組合員自らの生活を支える事業および活動を行い、介護保険事業等の高齢者福祉にも取り組んでいる。高齢者生協は多くが生協の法人格を有し、日本労働者協同組合連合会に所属する機関でもある[12]。

高齢者生協は、① 福祉、② 就労（仕事おこし）、③ 生きがい・文化活動、④ 生活・介護相談について取り組んでいる。

① 福祉

　福祉の取り組みとしては、一人暮らしの高齢者や高齢夫婦等の高齢者世帯の暮らしを支える活動を行っている。居宅介護支援、訪問介護、通所介護、グループホーム、小規模多機能型居宅介護、福祉用具販売・貸与などの介護保険事業を実施する一方、介護保険事業では対応しきれない宅配給食による食事提供、健康管理、福祉移送等にかかる支援を実施している。

　2013年度末で21都道府県の高齢者生協が連合会に加盟し（事業所数は2010年度154）、組合員数は4万5,799人、介護保険にかかる福祉事業収入は47億円（障がい者福祉等を含めた福祉事業全体では67億円）となっている。

② 就労

　就労の取り組みとしては、高齢者ではあるが働く意欲のある組合員のニーズに応え、地域において仕事づくりをすすめている。介護保険などでは対応しきれない生活支援サービスの提供事業、また地方自治体からの公共施設管理や介護予防などの公共サービスの受託事業などにも取り組んでいる。

　例えば、ア）生活支援サービス：家の掃除、庭の片付け・剪定作業・草刈、家のリフォーム等、イ）家族では難しいこと：介護保険以外の病院の付き添い、見守り等、ウ）民間事業者からの受託事業：駐車場・マンション管理等、エ）自治体からの受託事業：介護予防サービスの提供、地域包括支援センター・老人福祉センターの運営などの業務である。

③ 生きがい・文化活動

　高齢者が生涯学び続け、仲間をつくり、家に引きこもらずに、社会とかかわりを持ち元気に暮らし続けることができるよう、生きがい・文化活動にも取り組んでいる。パソコン、ダンス、料理、合唱・コーラス、カラオケなどその活動はさまざまである。また自分らしい死に方を考え、選択していくためのエンディングノートの作成にも取り組んでいる。

④ 生活・介護相談

　その他、高齢者からのさまざまな生活、介護、仕事にかかる相談に対応している。そして、こうしたさまざまなニーズに応え、在宅で暮らす高齢な人々（組合員）が、共に相談ができる、仕事をつくる、活動をする拠点として地域福祉事業所を展開している。

3. 取り組みの特色

(1) JA

　JAグループの取り組みは、JA（単協）が実施する介護保険事業、厚生連等による介護保険事業・医療・保健事業、組合員が中心となって行う「助けあい活動」に分かれる。

　JAの介護保険事業については、全国で1,000を超える事業所を構え、地域の介護を支える大きな役割を担っている。JAは介護保険事業を生協のように他の法人を設立せず、主として単協の事業として実施している。さらに他のJA事業である購買事業などを通じて、スーパーやガソリンスタンドを運営、生活必需品を提供するとともに、買物支援や移動支援にも取り組み、地域の生活を支えている。

　厚生連等は、中山間地域を含むさまざまな地域において医療・保健事業に取り組み、地域の急性期および慢性期の医療を担っている。加えて、介護保険事業も展開し、医療から介護までの切れ目のない事業展開によって、地域の高齢者の医療および介護を支えている。

　「助けあい活動」は組合員や組合員家族の女性が中心となって活動しており、中山間地域等で暮らす高齢な組合員や地域の高齢者の生きがいづくり・健康管理・交流の機会創出など、JAや厚生連等の事業ではカバーすることが難しい、多様な活動を行うことによって、地域のさまざまな高齢者を支えている。

(2) 生協

　生協グループの取り組みもJA同様、購買生協（単協）が実施する介護保険事業、医療福祉生協による介護保険事業・医療事業、組合員が中心となって行う助け合い活動に分かれる。

　生協の介護保険事業については、消費者（組合員）の多い都市地域を中心に購買生協および社会福祉法人が展開している。購買事業の個配によって一人暮らしの高齢者や高齢夫婦世帯へ、中山間地域や離島などへも配達し、高齢者だ

けでなくさまざまな地域住民に生活必需品を提供している。

医療福祉生協は、組合員の運営への参画をはかり、地域毎の組合員ニーズに応じた介護保険事業および医療事業を連携させた医療・介護サービスの展開を図っている。

助け合い活動は、組合員同士による活動として、支え合い、助け合う活動を行っている。地域の組合員の状況やニーズに応じて、高齢者生活支援に加え、母親の子育て支援などにも積極的に取り組んでいる。

(3) 高齢者生協

高齢者生協は、高齢者自らが出資・運営し、高齢者の就労・介護などの機会を提供している。高齢者の主体的な役割を引き出し、組合員同士で活動および事業を展開している。高齢者生協は介護や生活にかかるサービスを提供するだけでなく、高齢者自身がサービスを提供する側となることで、高齢者の貧困対策や生きがいづくりにも繋げている。

4. 取り組み課題と今後

(1) 介護保険事業

介護保険事業は社会保障費が増大する中で報酬が抑制される傾向にある。一時的には厚労省の施策や新たな事業を促進するために、増額されることもあるが、基本的には報酬単価の増額は難しいと考えられる。また報酬単価の増加は利用者負担の増加にも繋がる。そのため、経営的には厳しい状況が続くと予想される。したがって特に訪問介護のみ、通所介護のみなどという単独事業による事業体制での経営は難しい。そこで今後は、よりコスト削減を図るため、さらには他の事業収入が下がっても他の事業収入が補うことができるようにするために、複合的に事業を展開していくことが重要となる。

JAや生協によっては、介護保険事業を組織の主たる事業の1つとして位置づけなかったり、介護職員用の就業規則が整備されていなかったり、本部・本所・本店と介護職員（現場職員）とのコミュニケーションが上手に図れなかったり、人材育成や業務の引き継ぎがうまくいかないことなどにより、職員のモ

チベーションが上がりにくい事業所も散見される。また地域貢献の一環として取り組んでいるために収益を重視しない事業所、利用者確保が難しいため赤字の事業所などもある。一方で介護職員の多くは専門職としての雇用であるため、JAや生協に対する理解が十分ではないという側面やJAや生協の有する他の事業所にはない資源（ヒト・モノ・情報・ネットワーク等）を十分活かしきれていないという側面がある。

　こうしたことから、今後は介護保険事業を組織の核となる事業の1つとして明確に位置づけ、収支にかかる意識を持ちつつ、職員の昇給および昇進などができる体制、現場と経営サイドの相互理解を深める体制を整備していくことなどが必要となる。

　2013年10月現在の介護サービス事業所の開設（経営）主体別事業所数の構成割合（詳細票)[13]をみると、事業別にみて協同組合の占める割合は「訪問看護ステーション」で3.1％、「訪問介護」で2.7％、「居宅介護支援事業所」で2.6％、「福祉用具貸与」で1.9％、「特定福祉用具販売」で1.8％に過ぎない。JAや生協の組合員を単純に合計すれば約3,700万人であることから、その開設割合および利用率は決して高いとはいえないであろう。

　また、協同組合は要介護者や要支援者に対する事業を実施するだけでなく、元気高齢者を含めた地域の高齢者を対象に、行政の推進する地域包括ケアシステムにおける地域福祉の実施主体やオルガナイザーとして、行政との連携をより一層密にし、そして地域の他の主体との連携を図り、介護保険事業+αの事業および活動に積極的に取り組むことが求められる。

　最終的には、多くの元気な高齢者も介護を受ける可能性があり、例え一時的にコストがかかっても、高齢者へのさまざまな対応を行っていくことが重要となる。それは将来の利用者確保に繋がり、さらには協同組合と地域住民との信頼関係の構築にも繋がっていくといえる。

(2)　その他の生活支援

　近年、JAも生協も組合員が高齢化しつつあり、これまでさまざまな生活支援に取り組んできた「助けあい活動」や「くらしの助け合い活動」等に取り組むメンバーも高齢化しつつある。その一方で、生活支援にかかる組合員および

地域ニーズは今後ますます増えていく。

　したがって、新たなメンバーの確保が必要となっている。しかし、組合員全体が高齢化する中において、新たな組合員そのものの確保、さらには新しい組合員の活動メンバーへの加入促進ということも必要になっている。そうしたことから、より一層活動に対する魅力をつくり、見せたり、体験してもらうことが重要となる。これには組合員だけでなく、地域住民を巻き込んで一緒に活動していくことが大切となる。そうすることで最終的には新たな組合員、協同組合のファンづくりに繋がっていくといえよう。

　例えば、共働き世代が多く、待機児童のいる地域では、高齢者が児童館やベビーシッターに代わって子供たちの面倒をみる。やがてその子供たちが成長し、親の手から離れる頃、高齢者たちが生活支援を必要となる。そのとき反対に、子供がお世話になった親が返礼としてその生活支援を行う。あるいは専業主婦で地域の中で孤立する主婦が集う場をつくり、そこに多世代の交流機会を設けていく。その中で交流し、互いに地域のためにできることを少しずつ行っていく。地域の伝統料理や農業を高齢者が母親と子供に教える、一緒に昼食を食べるといったことなどである。

　楽しみながらできること、集まることができること、交流できることから始めていくことが重要となろう。

(3) 協同組合間連携と地域協同組合へのススメ

　地域内、さらには地域を超えた協同組合間連携が今後もより一層重要となる。地域に存在する主体であり、それぞれに特色のある事業や活動を展開してきた協同組合がその強みを活かすこと。加えて、組織に眠っている資源を棚卸し、既存の事業・活動・枠・思考を超えた、新たなネットワークを構築することができれば、それぞれの協同組合が輝き、高齢者も輝き、そして地域を支え、活性化することにも繋がっていくであろう。

　まずは、できることから始めてみてはどうであろうか。

おわりに――協同組合への期待と役割

(1) 今日の協同組合への期待

　これまでの協同組合は、農家、消費者、労働者などといった組合員を中心に事業を展開し、組合員（≒地域住民）に必要とされてきた共済、信用、購買、医療などにかかる事業を実施してきた。近年、組合員だけでなく、地域住民が高齢化および孤立する地域において、かつ行政、社会福祉協議会、社会福祉法人、NPO法人、学校法人、中小企業などの限られた組織しかない地域において、日本最大の非営利組織である協同組合には生活や仕事にかかるさまざまな役割が期待される。

　臨機応変に対応することが難しい行政では手の届きにくい、経営的に厳しい社会福祉法人やNPO法人では難しい、また営利組織の民間企業では取り組みきれない、地域の高齢者福祉への対応が今、求められている。

　協同組合は一定の組織規模を有し、他の事業を他の事業が補うことができる総合事業を展開し、かつ公益性の高い非営利事業および営利事業の実施が可能であり、また地域において歴史のある組織である。だからこそ、高齢者福祉にかかるさまざまな企画・調整、あるいは実施主体となることができる協同組合の役割は重要になっているのである。

(2) これからの「支え合い、助けあい」＝「Gift and Gift 関係」

　協同組合は問題やニーズに対して営利事業のサービスを提供することもできるが、組合員や地域住民とともに非営利の組織やコミュニティをつくり、活動として取り組むこともできる。しかし、その多くは「A－B」間における単なる「支え合い、助けあい」による、いわゆる「Give and Take 関係」であった。

　しかし、これからの「支え合い、助けあい」による関係というのは、「A→D、D→C、B→A」という「情けは人のためならず関係」＝「Gift and Gift 関係」[14]でなければならない。つまり、協同組合精神の「支え合い、助けあい」は、世代を超え、地域を超え、その関係を創造するものでなければならない。「A－B」間で完結する、自分の利害関係で完結しない、見返りを求めない、廻り

廻って戻ってくる関係であることが望まれる。そこに楽しさや優しさが加わることで、新たなコミュニティ、協同の世界が広がっていく。ここに新たな事業の種があり、そして新たな組合員がいる。

(3) 役割

　高齢者も実は役割を果たすことができる。ある通所介護事業所での出来事である。軽度認知症の女性利用者が、自分たちのおやつをつくるために柿の皮を包丁でむいていた。ときには、少ないながらも隣の利用者とコミュニケーションを図りながら、綺麗にむくことができていた。職員に危なくないのか尋ねたところ、「私達よりあのご利用者さまの方が上手です」ということであった。通常、認知症高齢者は、家さらに多くの通所介護事業所においては、危ないという理由から家事も他の作業もさせてもらえず、テレビを見るか、何もせずただ座っているか、寝るという生活をしていることが多い。そのため一層、認知症状がすすみ、身体機能も低下し、さらに認知症が悪化するという悪循環に陥るケースが多くみられる。しかし、高齢者の昔のことや生活習慣を知り、得意不得意、好き嫌い、家族関係などを知ることができれば、本人の主体性を引き出し、何か役割を見出すことができるはずだ。

　つまり高齢者は単にサービスを受ける立場である必要はない。できることがあるのである。そのような状況をいかに周りの者（家族、福祉関係者、医療関係者等）がつくることができるのかということが重要となる。そして、それは高齢者にとって、楽しく、やりがいを感じることができるものであることが大切である。

　高齢者の役割を奪わない、高齢者に寄り添い、高齢者に学び、高齢者からサービスを受けることができる、そうした高齢者福祉というものが今、求められている。

(4) ロマンと算盤

　今後、ますます社会保障費が増大し、高齢化がすすむ中で、我々は各協同組合、組合員、そして高齢者がそれぞれにできること、求められていることを把握し、それぞれが役割を果たすことができるようにしていくことが重要とな

る。

　行政だけに頼らず、営利だけにもならず、非営利だけにもならず、継続した高齢者福祉を実現していくためには、事業としての継続性や主体的な楽しみをつくり、さまざまな関係を構築していくことが必要となる。それを実現していくにはロマンと算盤による取り組みをしっかり、地域の中につくりあげていくことである。単なる無償のボランティアでは高齢者福祉や「地域包括ケア」はすすまないし、営利だけでもすすまない。それぞれの主体的な役割を引き出し、そこに上手に資金を循環させることで、継続した多様な事業や活動をしていくことが可能となる。ここに「地域包括ケア」、さらには「地方創生」のカギもある。

　高齢者、障害者、女性などの人々、そして地域の行政、企業、商工会、福祉団体、農業団体、そして協同組合などの組織が、それぞれの役割を果たせるようにプロデュースし、1つひとつ実践していくことができれば、「地方創生」の中に高齢者福祉を実現していくことも可能である。また、高齢者福祉が地方を創生する一助にもなり、地域のさまざまな人々とさまざまな組織が輝き出すであろう。

(5)　「医療・福祉・教育・就労型モール」への取り組み

　最後に協同組合らしい、多様な人々が協同する場をつくることを提案する。地域に元気高齢者、要介護認定高齢者、障害児、障害者、児童、生徒、専業主婦などが集まる小さな拠点をつくっていくのである。

　ここでは介護保険事業、障害福祉サービス事業、学童保育、公民館活動などのさまざまな事業を行う。原則としてここに集う人々がいろいろな活動を自主的に行い、その中に障害者福祉、高齢者福祉、教育などにかかる制度事業を展開していく。例えば、ショッピングモールは1か所にたくさんの商店が集まるが、1か所に福祉や教育などにかかる事業所を集中させた「医療・福祉・教育・就労にかかる地域の小さな拠点」、「医療・福祉・教育・就労型モール」を整備する。そこは1つのビルの中でも良いし、長屋のようなモールでも良い。

　日中、高齢者は介護保険サービスを、障害者は障害福祉サービスを受けることができ、また帰りがけに買物をする店もあり、たまに外食するレストランも

ある。保育園には就学前の子供が通い、夕方には学校が終わった子供が集まる。さらに診療所や歯科クリニックも併設している。ここでは障害者や生活困窮者、そして元気の良い高齢者も働いている。モールの脇には農園と雑木林があり、そこでは野菜や薪を生産し、食料や燃料を自給している。

　このような「医療・福祉・教育・就労型モール」を協同組合として取り組んではどうであろうか。「地域包括ケア」を超えた「協同による地域の小さな拠点」の姿がここにはある。

（濱田健司）

注
1）　政府広報オンライン「協同組合がよりよい社会を築きます〜2012 年は国連の定めた国際協同組合年〜」http://www.gov-online.go.jp/topics/kyodokumiai/（2015 年 4 月現在）。
2）　JA全中 HP（http://www.zenchu-ja.or.jp/profile/x）（2015 年 4 月現在）。
3）　農林水産省『平成 25 事業年度総合農協一斉調査の結果』。
4）　JA 全中資料。
5）　JA 全中・JA 高齢者福祉ネットワーク『JA 助けあい組織全国交流会資料・JA 健康寿命 100 歳サミット』。
6）　「認知症サポーターキャラバン」事業として実施され、認知症について正しく理解し、認知症の人や家族を温かく見守り、支援する応援者（厚生労働省 HP より引用、2015 年 4 月現在）。
7）　全国厚生農業協同組合連合会『平成 27 年厚生連事業の概要』。
8）　日本生活協同組合連合会『生協の社会的取り組み報告書 2014』。
　　日本生活協同組合連合会『第 64 回通常総会議案書参考資料』。
　　日本生活協同組合連合会『誰もが安心して暮らせる地域づくり』（2010 年 9 月）。
9）　日本生活協同組合連合会資料。
10）　日本医療福祉生活協同組合連合会『医療福祉生協連のご案内 2014⇒2015』および HP より http://www.hew.coop/（2015 年 4 月現在）。
11）　青山正治「高齢期の新たな就業に向けて」『ジェロントロジー　ジャーナル』ニッセイ基礎研究所（No.11-023　28、2012 年）。
12）　日本高齢者生活協同組合 HP より http://koreikyo.jp/（2015 年 4 月現在）。
13）　厚生労働省『平成 25 年　介護サービス施設・事業所調査の概況』。
14）　濱田健司「＜社会的企業研究会＞農業における障がい者就労の可能性と実践」『社会運動』市民セクター政策機構（No.386、2012 年 5 月）。

第 4 章

協同組合と女性
―協同組合活動を通してエンパワメントする女性たち―

はじめに

　日本協同組合学会に所属して常任理事となり、研究大会の企画に携わって 8 年ほどになる。私が就任する前は 36 名の理事のうち、女性は 1 名で、大会で登壇するのはすべて男性という内容が多かった。ワーカーズ・コレクティブでは、ほとんどが女性ということに慣れていたのでとても違和感があり、できるだけ女性を増やすことを提案してきた。現在は女性の理事が 7 名になっている。しかし、客観的にみてみると、加入している生活クラブ生協の場合、活動は組合員である女性が中心で、十数年前から組合員が理事長になっているが、生活クラブ連合会の理事長は男性であり、各単位生協では事業を運営する実質的な責任者である専務理事は男性の職員である。

　生協の組合員はここ 20 年変わらず約 93％が女性（日本生協連、2012）にもかかわらず、現在の日本生活協同組合連合会（以下、日本生協連）の役員 37 名のうち女性は 7 名（常任理事はそのうち 1 名）で 18.9％である。会員生協においても、女性の割合は正規職員 14.3％、管理職 5.1％、常勤役員 2.3％と少なく、理事会では 52.6％（日本生協連、2011）と、ようやく過半数を超える程度となっている。管理職における女性の割合は、全産業の 8.0％（厚労省、2009）と比べても低い状況がある。

　農協の場合、農業者であることが条件となる正組合員の女性の割合は約 20％で、農業者ではない准組合員では約 36％（農林水産省、2015）とやや高くなるものの、准組合員は、JA の総会での議決権や役員の選挙権などはない。また、農協の役員における女性の割合は 6.1％（農林水産省、2013）と、まだ 1

割に満たない状況だ。尚、漁協では0.4%（農林水産省、2011a）、森林組合0.3%（農林水産省、2011b）とさらに低くなっている。

　このように、各協同組合の役員や組織運営に女性の参画をもっと増やしていく必要があるが、実際に協同組合がモノやサービスを提供する活動においては、断然女性の活躍がめざましい。しかも、協同組合というと「組合員に対する活動をおこなう」ととらえられ、お互いのたすけあいと思われがちだが、実は組合員の枠にとどまらず、一般社会を対象に「暮らしやすいまちをつくりたい」という思いで様々な活動が展開されている。つまり「共益」を超えて「公益」の事業を創出している実態がある。そこに着目し、具体的な事例を紹介しながら今後を展望してみたい。

1. 生協活動からの起業

　生協の組合員である女性たちが、暮らしの中で発見した課題について取り組む事業を起こすことが全国的に広がっている。中でも生活クラブ生協がいち早く始めたワーカーズ・コレクティブについて紹介する。

(1) 『西暦2000年における協同組合〜レイドロー報告』の提言

　ワーカーズ・コレクティブは、必要な資金を出し合い、全員が運営して働く小規模な協同組合の事業体である。第1号のワーカーズ・コレクティブは1982年に横浜で設立した「にんじん」で、生活クラブ生協の店舗（デポー）の運営業務受託から始まった。その後、全国に拡がり1995年には全国で連携する組織であるワーカーズ・コレクティブネットワークジャパン（以下、WNJ）[1]が設立された。WNJの1号会員（北海道・埼玉・千葉・東京・神奈川・群馬・愛知・大阪・福岡・熊本の連携組織）に所属するワーカーズ・コレクティブの総数は395団体、正式メンバーとして働いている人は1万398人、総事業高159億3,100万円、総出資額5億870万円となっている。（WNJ、2013）

　この活動の契機となったのは、1980年の国際協同組合同盟（ICA）大会で発表された「西暦2000年における協同組合」、通称「レイドロー報告」である。カナダの研究者A・F・レイドローが中心となってまとめたこの報告は、

当時の世界情勢や協同組合の本質と現状の問題点などを分析したうえで、2000年に向けて優先して取り組むべき分野を4つあげた。1つは食糧「世界の飢えを満たす協同組合」。生産者と消費者を協同組合がつなぐことで食糧政策を確立し、第3世界の農業支援などを行うこと。2つ目は雇用「生産的労働のための協同組合」。労使紛争が増大する中で、所有者・経営者・労働者という区別がなく、信頼と協同に基づく働き方である労働者協同組合を再生し発展させること。3つ目は消費と流通「保全者社会のための協同組合」。消費者協同組合は消費欲に応えることより、倹約を強調し浪費を止めさせること。4つ目は地域づくり「協同組合地域社会の建設」。生活の様々な場面に対するサービスを提供する多くの異種の協同組合をつくり小さな経済圏をつくること。

　これらは35年前の提言であるが、4分野の問題は改善するどころか、ますます深刻になっていることに愕然とする。協同組合の取り組み姿勢も問われているわけだが、ワーカーズ・コレクティブは主に、第2分野である労働者協同組合の再生と発展及び第4分野の協同組合地域社会づくりの実践を担ってきたと言える。

(2)　ワーカーズ・コレクティブの概況

　生活クラブ生協の組合員が中心となって次々と設立されたワーカーズ・コレクティブの業種は、生協の受託事業にとどまらず、食・福祉・環境・情報などの分野に拡がった。一番多いのは、家事援助や介護を担う「たすけあいワーカーズ」で112団体（WNJ、2013）だが、介護保険制度ができる15年前の1985年に最初の「たすけあいワーカーズ」が神奈川で設立された。利用者からの料金が主な収入源であり、事業としては厳しい状況だったが、「いつか自分の親や自分が必要になる」との思いで拡がった。ようやく2000年に介護保険制度が始まり、公的資金が入ることで事務所を持つことや常勤の事務局を置くことができるようになった。次に多いのは、できるだけ添加物は使わず、地域の材料を使って弁当惣菜やパン・焼き菓子を作ったり、施設の食事作りをしたりしている食の分野で94団体ある。子育て支援については68団体あり、子どもの自宅でのケアや施設でのひととき保育、長時間保育、親子ひろばなど様々なパターンがある。その他、生協の業務委託93団体（配達・店舗経営・

事務など)、移動サービス 33 団体、編集・企画・事務等 29 団体、製品販売 9 団体、リサイクル関連 8 団体、住宅・清掃 8 団体、健康維持サービス 6 団体、衣類リフォーム等 4 団体となっている。

ワーカーズ・コレクティブのメンバーは生協の組合員がすすめてきたこともあり、男性 869 人、女性 9,529 人と 92％が女性である。(WNJ、2013) 10 年前の調査では男性が 292 人で 3％だったことと比べると、男性にも少しずつ広がってきているが、まだ女性中心の組織であり、この働き方を一般化して男性が選択しうる形にすることは課題の 1 つである。

(3) 働くメンバーの概況

2011 年に WNJ が行ったメンバーの意識調査の結果が図Ⅱ-4-1 である。

「そう思う」と「ややそう思う」の合計をみていくと、組織運営に関しては、「ワーカーズ・コレクティブの理念がいい」93.5％、「事業の社会的目的に意義を感じる」86.9％、「議論して決定して仲間と事業するのが面白い」86.3％と大半が協同して働き地域貢献するやり方に満足している。また、「働き方や内容や時間が選べる」82.9％、「自分を生かせて、達成感ややりがいがある」83.5％、「お互いを認め合う関係ができる」88.6％と、自分たちで決められることによる働きやすさを評価している。しかし、一方では「話し合って決めるために会議に時間がかかる」66.3％、「協同経営とは言っても働くだけの考えの人もいる」72.2％と運営上の問題点もあり、「仕事としての意識が中途半端で自分の働き方や考え方を優先させる甘えがある」と厳しくとらえる人も 54.6％と半数を超えている。その結果、「仲間を増やすために積極的に行動している」は 34.5％に止まり、「外部の人に働き方を説明するのは難しい」が 70.6％を占めている。協同経営の面白さと難しさは裏腹なのである。

また、事業の実施に関しては、「資格、技能を活かすために働いている」が 44.8％と半数以下で、逆に「専門性が必要でスキルアップが必要」は 86.6％と高い割合になっている。「社会参加のために働いている」74.6％、「マネジメント力がつく」59.0％と、ワーカーズ・コレクティブで働くことによって次第に技術力や経営力が培われていっている状況がみえる。しかし、「現在の事業に精一杯で新しい事業展開や継続性への意識が薄い」63.1％と事業上の課題もあ

第4章 協同組合と女性　153

図Ⅱ-4-1 ワーカーズ・コレクティブに対するあなたの考え方と生活について

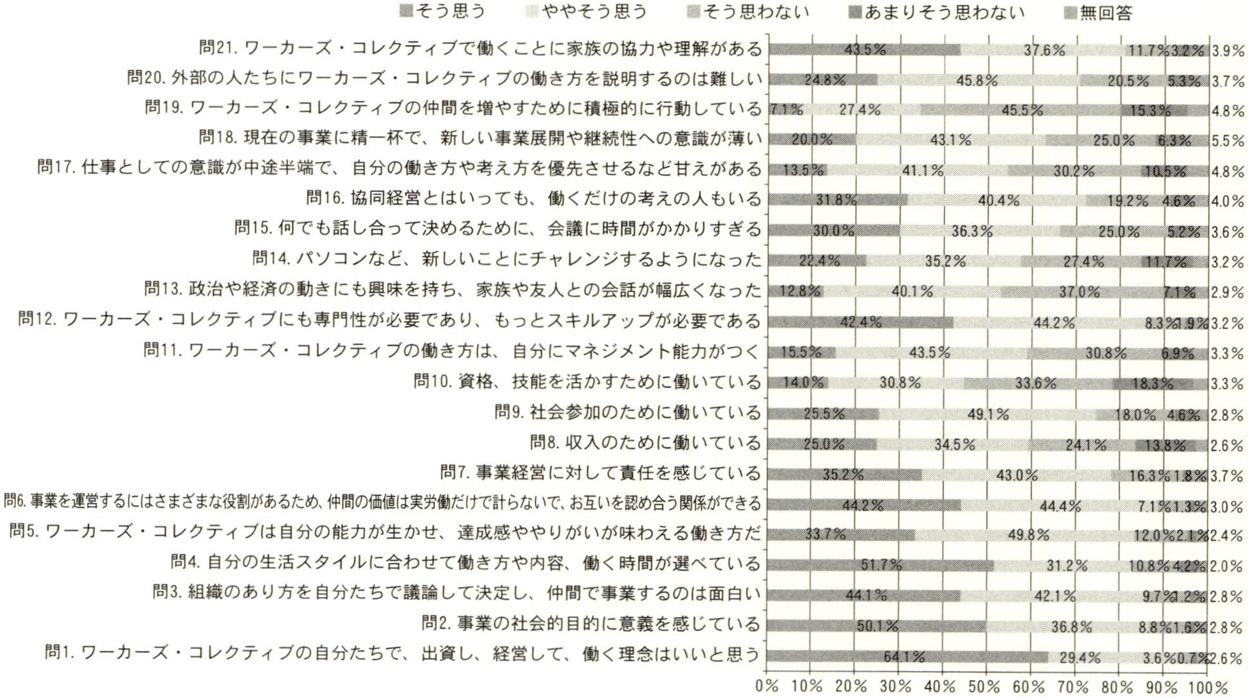

凡例: ■そう思う ■ややそう思う ■あまりそう思わない ■そう思わない ■無回答

設問	そう思う	ややそう思う	あまりそう思わない	そう思わない	無回答
問21. ワーカーズ・コレクティブで働くことに家族の協力や理解がある	43.5%	37.6%	11.7%	3.2%	3.9%
問20. 外部の人たちにワーカーズ・コレクティブの働き方を説明するのは難しい	24.8%	45.8%	20.5%	5.3%	3.7%
問19. ワーカーズ・コレクティブの仲間を増やすために積極的に行動している	7.1%	27.4%	45.5%	15.3%	4.8%
問18. 現在の事業に精一杯で、新しい事業展開や継続性への意識が薄い	20.0%	43.1%	25.0%	6.3%	5.5%
問17. 仕事としての意識が中途半端で、自分の働き方や考え方を優先させるなど甘えがある	13.5%	41.1%	30.2%	10.5%	4.8%
問16. 協同経営とはいっても、働くだけの考えの人もいる	31.8%	40.4%	19.2%	4.6%	4.0%
問15. 何でも話し合って決めるために、会議に時間がかかりすぎる	30.0%	36.3%	25.0%	5.2%	3.6%
問14. パソコンなど、新しいことにチャレンジするようになった	27.4%	35.2%	27.4%	11.7%	3.2%
問13. 政治や経済の動きにも興味を持ち、家族や友人との会話が幅広くなった	12.8%	40.1%	37.0%	7.1%	2.9%
問12. ワーカーズ・コレクティブにも専門性が必要であり、もっとスキルアップが必要である	42.4%	44.2%	8.3%	1.9%	3.2%
問11. ワーカーズ・コレクティブの働き方は、自分にマネジメント能力がつく	15.5%	43.5%	30.8%	6.9%	3.3%
問10. 資格、技能を活かすために働いている	14.0%	30.8%	33.6%	18.3%	3.3%
問9. 社会参加のために働いている	25.5%	49.1%	18.0%	4.6%	2.8%
問8. 収入のために働いている	25.0%	34.5%	24.1%	13.8%	2.6%
問7. 事業経営に対して責任を感じている	35.2%	43.0%	16.3%	1.8%	3.7%
問6. 事業を運営するにはさまざまな役割があるため、仲間の価値は実労働にだけ認められないで、お互いを認め合う関係ができる	44.2%	44.4%	7.1%	1.3%	3.0%
問5. ワーカーズコレクティブは自分の能力が生かせ、達成感ややりがいが味わえる働き方だ	33.7%	49.8%	12.0%	2.1%	2.4%
問4. 自分の生活スタイルに合わせて働き方や内容、働く時間が選べている	51.7%	31.2%	10.8%	4.2%	2.0%
問3. 組織のあり方を自分たちで議論して決定し、仲間で事業するのは面白い	44.1%	42.1%	9.7%	2.2%	2.8%
問2. 事業の社会的目的に意義を感じている	50.1%	36.8%	8.8%	1.6%	2.8%
問1. ワーカーズ・コレクティブの自分たちで、出資し、経営して、働く理念がいいと思う	64.1%	29.4%	3.6%	0.7%	2.6%

回答者は下記の地域のワーカーズ・コレクティブ・メンバー

北海道	埼玉	千葉	東京	神奈川	大阪	熊本	合計
343	400	143	1279	2779	163	505	5612

出所：WNJ 2011 年調査。

る。

　組織運営の課題と、事業として提供するモノやサービスの質や今後の事業展開についての課題に対して、支援機能の構築が求められている。どのような機能が必要か、それをどのようにして実践していくか、WNJ でも検討中である。レイドロー報告の第 2 分野の最後の部分に「しかしながら、労働者協同組合に関するいろいろな概念についての情熱だけでは、この種の協同組合は決してスムースに運営され得るものではないことを、組織者や推進者たろうとする人は充分認識しなければならない。つまり、あらゆる協同組合の中で、おそらく一番複雑でスムースかつ成功裡に運営することの難しい協同組合である。」[2] と書かれていることは、正にその通りである。

2. 農協における女性の起業

　農村女性の起業による事業体は 9,719 件（農林水産省、2014）で、個人経営が 4,808、グループ経営は 4,911 となっている。活動内容は食品加工が大半だが直売所等での流通・販売も増加している。グループ経営の場合は、ワーカーズ・コレクティブと同様に女性が数人で少しずつ資金を出し合い協同で経営しているところもある。法人形態をとっているのは全体の 8.5％（農林水産省、2014）で、ワーカーズ・コレクティブの 53％（WNJ、2011）と比べると少ない。

　しかし、共通の課題として年齢層の問題がある。ワーカーズ・コレクティブでは 30 歳以下の割合が微増しているが、50 歳代以上が 69％（WNJ、2013）となっている。農村女性のグループ経営も平均年齢 60 歳以上の経営体が 73.7％で、39 歳以下の人数が「なし」の経営体が全体の 76.3％（農林水産省、2014）を占めている。

　また、農村女性の事業体では、「拡大、新規展開していきたい」19.0％で、「現状維持でいきたい」が 54.8％と半数以上を占めるのは、ワーカーズ・コレクティブの「現在の事業に精一杯で新しい事業展開や継続性への意識が薄い」63.1％と重なる。また、農村女性たちが今後の課題として挙げている「人手の確保」「販売ルート・集客の確保」「労働負担の軽減」などはワーカーズ・コレ

クティブでもずっと抱えている課題である。女性の協同経営事業者として、農協関連の事業体とワーカーズ・コレクティブが連携し合う体制をつくることができたら、互いの課題解決と発展に向けて有効なのではと展望する。

3. 生協から発生した政治団体

ワーカーズ・コレクティブ運動の他に、生活クラブ生協から発生したもう1つの特徴的な運動が「代理人運動」である。各行政区の議員は、市民の代理で市政をチェックし提言する役割であるととらえ、組合員をはじめとする普通の市民、女性を議員として議会に送ろうという活動である。

(1) 「代理人運動」の始まり

生活クラブ生協は1965年に東京都世田谷区で牛乳の共同購入から始まり、生協としては1968年に創立総会が開かれ、設立が認可された。組合員活動として食品の安全性や環境問題、石けん運動に取り組むなかで、「政治のほうの汚染を正すためにも組合員代表を送り込んだほうがいいのではないか」[3]との議論から、練馬区で1977年に30歳代の組合員が都議会議員選挙に立候補した。「大人の責任で破壊した環境を自らの手で取り戻そう、政治を他人任せにしないで自らの手でつくりなおそう、政党にも、金権にも無縁な市民が、主婦が本気になれば政治は変わる」[4]と訴え、1万2,000票余を獲得するも、落選だった。しかし、政治に取り組もうとする活動は継続し、「生活者ネットワーク」の前身である「グループ生活者」が練馬区で結成され、1979年には初めての区議会議員が練馬区で誕生した。そして、1985年の都議会議員選挙で「政治を生活の道具に」をスローガンに掲げ、北多摩2区で池田敦子が立候補し当選した。「代理人運動」は都内の各行政区に拡がり、現在、東京都では都議会議員3人、35自治体の市・区議会議員あわせて51人となっている。

こうした活動は生活クラブ生協の各地で展開されている。神奈川では1980年に合成洗剤を追放する条例制定の直接請求で22万人の署名を提出したが、議会で否決されことをきっかけに「議会に自分たちの代表を送ろう」と「代理人運動」が始まった。1983年に川崎市の市議会議員選挙で最初の議員が当選

し、1984年「神奈川ネットワーク運動」を設立した。現在は県議会議員1人、市議会議委員15人である。この他、北海道・千葉・埼玉・茨城・長野・福岡・熊本で展開され、各団体が交流する「全国市民政治ネットワーク」[5]が形成され、情報交換や共同で政策提言活動を行っている。尚、各都道県や市区町ごとに形成されている「代理人運動」の政治団体は、その名称に「ネットワーク」があり、通称「ネット」と呼ばれている。

(2) 特徴的な3つの理念

「ネット」には、共通する理念がある。

1つは、議員は2期〜3期で交代する。議員を職業化、特権化しないという姿勢である。議員の1期は4年なので、最長でも12年ということになる。交代した議員経験者が市民活動など別のステージで活躍することで、市民の力をさらに高めていくことを目指している。

2つ目は議員の報酬を市民活動に生かす。つまり、議員は受け取る報酬を「ネット」に寄付し、約20万円(各「ネット」によって異なる)は本人が受け取る。一般の市民からの寄付もあり、集まった資金は多くの市民が参加する活動費や事務局経費にあてている。そういったお金の流れも公開し、個人に資金がなくても立候補し活動できる体制をつくっている。

3つ目は「地域政党」(ローカルパーティ)として、より身近な問題に取り組み、議員だけでなく市民参加型の活動を行うことである。政策は市民から集めた提案などからまとめている。日本の法律では国会議員が5人以上いる政治団体を「政党」としているため、国会議員のいない「ネット」は政治団体ではあるが政党ではない。選挙結果などでは「諸派」として表現されてきたが、最近では「ネット」(省略して「ネ」)と表記するマスコミも増えてきた。地域中心の政策実現が国政をも変え得るという考え方で取り組んでいる。

(3) 「代理人運動」の成果

1985年に当選し「代理人運動」で最初の都議会議員となる池田敦子は、生活クラブ生協の組合員として、トリハロメタンによる水質汚染問題などについて活動し環境問題に関心を持つようになっていたので、都議会でも水の問題や

食品安全などについて力を入れて取り組んだ。当時、女性の都議会議員は池田以外に11人いたが、政党に属し、職場の代表や、筋金入りの活動家である方たちばかりで、いわゆる普通の市民（女性）が都議会議員になったのは池田が初めてだった。議会質問で水や食べ物のことを言うと「議会に台所のことを持ちこむな」などのヤジが飛んできたという。

　1986年にチェルノブイリ原子力発電所の事故が起こり、添加物や農薬に加え放射能汚染など食に対する不安が大きくなり、1989年に生活クラブ生協が「生活者ネットワーク」（1988年に「グループ生活者」から改組）や他の生協、市民団体、労働組合などに呼びかけて東京都に食品安全条例制定を求める直接請求運動を行った結果、55万筆の署名が集まり、1989年3月、都知事に条例制定を請求した。池田は議会でその必要性をアピールし1年かけて議論したものの、1990年3月の議会で多数決により否決されてしまった。いわゆるバブル景気（1986年12月〜1991年2月）の真っただ中であり、生活に密着したことよりも建設や開発などの経済発展が優先される時代だった。

　しかし、15年後の2004年、国に食品安全基本法が制定され、東京都でも生活者ネットワークの議員が質問したのに対して、石原都知事（当時）が「食品安全条例」制定を受け入れ、全会一致で「食品安全条例」が可決。2004年3月31日に公布された。水に関しても、1999年4月に東京都が水循環マスタープランを策定し、さらに国も2014年に水循環基本法を制定するに至っている。30年以上前から、生活の身近な問題を取り上げ、先駆的に警鐘をならして訴えてきたことの重要性が、ようやく理解され制度化されたのである。

　この間に、池田は3期で交代し、同じ選挙区（北多摩2区の国立・国分寺）から大西ゆき子がやはり3回の当選を果たし、2004年の食品安全条例制定の時に力を発揮した。現在は山内れい子が2期目の都議会議員として、世田谷区の西崎光子、杉並区の小松久子と3人で会派を組んで活動し、水循環に関する取り組みの充実を都政に求めることも引き継いでいる。代理人運動の理念である「代わり合い」を基本としながら、市民力を高めて「地域での活動から国を変えていく」ことが、まさに実践されている。

4. 事例紹介

　生活クラブ生協から派生した2つの組織、働く場としてのワーカーズ・コレクティブと政治団体の「ネットワーク」を紹介したが、実際にどのように組合員が関わってきたのか、具体的に2人を紹介する。両名とも国分寺市の生活クラブ生協の組合員である。

(1) 生活クラブ生協理事～都議会議員～NPOの創設

　　　　　　　　　　　　　　　池田敦子（1941年生まれ　大牟田市出身）
　東京の美術大学を卒業して出版社に勤務した後、26歳で結婚し、退職。美大の仲間とグループをつくりデザインの仕事などを続けていた。28歳で長男、30歳で長女を出産。杉並区から小金井市に転居し、子どもの保育園の親どうしで子どもの本の読書会を始めた。そのメンバーの1人が熱心に石けんについて話し、合成洗剤を使わないようすすめられたが石けんを買える店は限られていた。ある時、マンションの自宅に加入をすすめる生活クラブ生協の職員Nが訪ねてきた。石けんが買えるとのことだったので、マンションに班を作って生活クラブ生協に加入した。まだ、組合員も少なく、生協としての組織が出来上がっていたわけではなかったが地区委員として活動した。しかし、義父が病気となり委員活動をやめることになった。
　1981年の都議会議員選挙のとき、「グループ生活者」として活動する熱心な近隣の組合員に頼まれて、東京都社会民主連合（東京社民連）の候補者の応援活動を行ったが、落選だった。応援を手伝うということについて、当時の委員からの理解を得られず、生協活動をやめて国分寺へ転居した。ところが、偶然、同じ職員Nが生活クラブ生協の加入拡大活動で訪問し、再会。やはり、食材と石けんが買いたくて、近隣の人を誘って班を作った。その後間もなく、生活クラブ生協の理事となり、国立市や昭島市方面で組合員を増やす活動などを行った。
　1985年の都議会議員選挙に「グループ生活者」が「代理人運動」として取り組むこととなり、池田は候補者となるよう生協関係者や東京社民連から強く

すすめられる。断り続けたが、夫の理解もあり、「生活クラブ活動で石けん運動をやってきたことを政策として訴えればいい」という生協職員の励ましもあり、次第に引き受ける気持ちになっていった。投票日の1年前の夏、43歳の時のことである。

選挙活動では「主婦が初めて…」「台所からの…」といったことで新しさをアピールし、「トリハロメタンの歌」などをつくって皆で歌ったりもした。うまくしゃべれるまでは選挙区外の地域で演説の練習をしたこともある。生活クラブの活動としてトリハロメタンの調査を行い、その結果を10万人の署名をつけて水道局に持って行ったことや、食品添加物、除草剤、石けん運動、野川の調査などについて取り組んできたことを、広く世間に話しアピールできるチャンスとしてとらえるように心境が変化していった。

選挙の公示日、無所属での立候補だが、出陣式には推薦をもらった社会党の土井たかこや東京社民連の菅直人ほか政党関係者が大勢駆けつけた。違和感もあったが、当選後は、より一層、「自分は生活者の代理人」として暮らし優先の姿勢で取り組みたいという思いが強くなっていった。

都議会議員となって1年にも満たない1986年4月26日にチェルノブイリ原発事故が起こった。放射能汚染に関して運動している人たちからの依頼で何度か質問を組み立てたり情報提供もしたりと、ていねいに対応して信頼を得た。1987年12月には食品安全条例制定を求める11万人の請願署名が出され、さらに食品安全条例の直接請求の署名が始まり、55万筆を集めて都に提出されたのは1989年3月、2期目の選挙の4ヵ月前だった。

議員として様々な体験をする中で、「もう辞めたい」と思うことは多々あったが、食品安全条例の実現に向けて努力したいという思いがあり、2期目も立候補し7月の選挙で当選を果たした。結局、食品安全条例案は直接請求提出の1年後、1990年3月30日に都議会で否決されてしまうが、その間に池田が尽力したことが生かされ、その後、「東京都における食品安全確保対策にかかる基本指針」や「東京都における輸入食品確保対策」が策定された。

1993年の都議会議員選挙では議席を3に増やして、生活者ネットワーク独自で会派を組むことを目指すことになり、池田はそのけん引役として3期目も立候補することを決意する。政治は団体でやるものであり、1人1人では言え

ないことを発信することが重要だという使命感があった。選挙の結果、池田の他に藤田愛子（杉並区）と大河原雅子（世田谷区）が当選し、既成政党とは別の会派となる。

　3期目の4年間の後半は、自分の後継者を探すことや、議員をやめたあとに何をするかを考えながら活動していた矢先、当時24歳の息子が病で急に倒れ重度の障がい者となった。それを機に、池田の関心の比重は環境から福祉へと移っていく。1997年の選挙では大西ゆき子が当選し、無事にバトンタッチを果たした。

　議員退職後、池田は直ちに研究者や行政職員によびかけて、生活者ネットワークの20周年事業としてシンクタンクを立ち上げる企画会議を開始した。市民が自ら調査したデータを持ち、それにもとづいて政策提案できる体制づくりが重要だと感じていたからだ。1998年に、任意団体として「市民シンクタンクひと・まち社」を設立し、生活者ネットワークの委託で政策づくりをサポートしたり、1999年には5年間の「介護保険制度検証のための基礎調査」を開始する。これは都内の高齢者約500人を毎年訪問して定点調査するもので、介護の実態や課題を明らかにしようというものだった。その後、「介護にかかる費用調査」や「市民相談員研修」にも取り組み、2002年にNPO法人となり、東京都福祉サービス評価推進機構の第三者評価機関の認証を取得した。

　この間、「ひとまち社」の基本的な運営費用は、池田が受け取る議員年金の半額を寄付することで賄っていた。当時の議員年金は10年以上勤続すると25年以上と同様の額の議員年金が55歳から支給されるというものだったが、池田が退職した翌年からちょうど受け取りが始まった。池田は自分が議員を務めたのと同じ期間ぐらいは、半額（約110万円）を寄付し続けることを取り決め、事業の安定化に尽力する。しかし、2005年、息子のような中途障害者は福祉制度に適応されない場合が多く、十分にケアが受けられない現実を何とかしたいという思いが募り、「ひとまち社」を1年間休職して社会事業大学大学院の1年コースに通う決心をする。制度について基本的なことを学び、居場所事業を始めたいと考えていた。論文と福祉に関する試験のあと面接を受け、64歳にして入学試験に合格するが、入学して間もなく、息子が末期の大腸ガンで余命3か月と宣告された。かかりつけの医師の提案で訪問ステーションとたす

けあいワーカーズや訪問介護事業所などで看取りの体制をつくることとし、「毎日世話をしている人でも死に目に会えないことはあるから」という医師の言葉に後押しされて、池田は通学を続けた。その夏休み、アルコール依存症のリハビリ施設での実習で池田が不在のうちに息子は自宅で逝去した。

　池田は1週間で大学に復帰し、実習を続けた。その施設では参加者がひとりずつ順番に自分の経験や思いなどについて話し、他の者は質問や感想は述べずに傾聴する、というピアカウンセリングが行われていた。池田も自分が話す機会をもらい、息子のことを語ることでショックを乗り切る力になったと振り返る。傾聴の重要性、何も言われずにただ聞いてもらえることがいかに有効かを実感した。息子のためにつくるはずだった居場所だが、断念せずに、2006年3月に大学内でチラシを配り説明会を開いた。その参加者のうち7名（看護師などの専門家）が池田と共に準備をすすめ、2007年3月に高次脳機能障害の当事者を支援するNPO法人VIVID（ヴィヴィ）を設立した。専門職の集まりとして高次脳機能障害に関する調査・研究活動、障害への理解の普及啓発、当事者や家族が気楽に集える居場所づくりと生活相談等の事業を行っている。2009年には新宿区との協働事業として「新宿けやき園」で高次脳機能障害者と家族が参加するミニデイを定期的に開催し、現在は新宿区からの委託事業として年24回（第2・第4土曜日）開催している。活動費は区からの委託料に池田が議員年金から寄付するものを加え、独自事業などとあわせて賄っている。

　「ひとまち社」は池田からの寄付が終了し、受託事業（福祉サービス第三者評価、有料老人ホームの自主評価設計、調査・研究、入力・集計、事務局受託、研修・講座開催など）と自主事業（介護保険検証調査、介護予防に関する調査、利用者による事業者評価、NPO立ち上げのための活動サポートなど）で自立して事業を展開している。

　議員となり、家族の壮絶な体験を踏まえながら、池田は常に前向きに必要な仕組みを創り出している。議員年金制度は2011年6月1日で廃止となったが、その恩恵が継続している池田はそれを、「代理人運動」の基本に沿って寄付等の方法を継続し有効利用している。いずれにしても、生協に入らなければ体験できなかったことだと、池田は自分のターニングポイントとして肯定的にとらえている。

(2) 生活クラブ生協支部委員長〜生活者ネットワーク代表〜NPO法人設立

OY（1961年生まれ　高松市出身）

　東京の音大でリトミックを専攻し、卒業後は音楽教室の講師としてピアノ・オルガン・幼児教育にやりがいを感じていた。1989年に28歳で結婚したが、音楽講師の仕事を続けるため、土日祭日に働くのを認めてくれることを夫に確認した。1991年の出産間際まで仕事をしたが、一たん休職した。

　子どものころからアレルギー体質で、アトピー・小児喘息・気管支炎・アレルギー性鼻炎・主婦疾患・皮膚病・喘息などすべて若いころに患った。1〜2歳の頃は包帯だらけで過ごしていたという。大学時代も横になると咳き込むので、テーブルに突っ伏して寝る毎日のため、体が痛くて動けなくなったこともある。だからこそ、音楽は癒しで楽しみだった。

　妊娠中に「親がアレルギー体質なら子どもへの影響を考えて、食べ物に気を付けるように」と保健師から言われたこともあり、蕨市でコープ埼玉の班に入っていた。娘を出産後、少し体質改善しアレルギーは収まった。1994年に国分寺市に転居したが、相談したり頼ったりできる人がいない中、「良い母親にならなくては」という気持ちがつのり、育児疲れしているときに声をかけてくれたのが、近隣の生活クラブ生協の組合員で、誘われるままに加入した。これがOYにとって転機となり、リトミックと生活クラブ生協が自分の支えになってきたと振り返る。「生活クラブのことを知りたければ班長や委員をやるといい」と班のメンバーに言われ、1995年から班長を皮切りに支部委員、共済委員、消費委員長、支部委員長と7年にわたり引き受けていくこととなった。娘は幼稚園に行っていたが、6時までの延長保育でいつも迎えが最後になるほど平日は組合員活動に取り組んだ。また、土日は以前の音楽教室の講師に復帰したが、娘を連れて蕨市まで通った。講習中は教室の社長の妻が娘を預かってくれた。自分は仕事を続けるのを助けてもらえたが、そういう支援のない人も多いのではという思いが、後にたすけあいワーカーズを設立する原点となっている。

　生活クラブ生協の活動は全体に楽しく勉強になり、社会のことがよくわかるようになった。OYが加入した班は、市内でも有数の熱心な班で、毎月開かれる班会で国会のことが話題なることに驚いたという。普通の人たちが政治のこ

とを平然と気軽に話しあう様子に感心したが、次第に慣れ、社会問題にも関心を持つようになった。様々な委員会活動も抵抗なくかかわることができ、国分寺支部の組合員活動の全体をまとめる支部委員長を引き受けたのも自然の流れだった。活動の中で印象に残っているのは、生活クラブ生協で企画した甘夏の学習会で聞いた水俣の生産者の話である。「被害者が加害者になってはいけない」という姿勢や未だに和解解決ができていないこと、さらに水俣学という研究体制があることに関心をもった。

子育てについても、20歳くらい年上の班のメンバーたちが「だいじょうぶ」と励まし、子どもをかわいがってくれたことでとても助けられた。生活クラブ生協のセンターに娘を連れて行き活動していたこともある。今思うと迷惑だったかもしれないが、職員は嫌がらずに娘の相手をしてくれたことに、感謝している。平日は生活クラブ生協、土日は音楽の仕事という毎日の中で、娘は小学校では学童保育に行きたがらず、近所の同級生と遊んでいた。隣近所の家に上り込んで過ごさせてくれる人たちもいて、子どもは地域に育てられたと感じている。

支部委員長を終えた後、地域での活動を続けたいと考え、2002年に国分寺・生活者ネットワークの代表を引き受けた。それまで、生活クラブ生協の委員としてネットの活動を手伝うなかで、都議会議員や市議会議員になっていくパワフルな女性たちの姿に感服し、一緒に活動したいという思いもあった。2003年には市議議員の議席を1つ増やし3人が当選するに至った。

その後、生活クラブ生協や市内のワーカーズ・コレクティブと協力して、たすけあいのワーカーズ・コレクティブを設立することになり、以前より子育て支援で何かできないかと考えていたため、準備会のメンバーとなり検討を重ねた。2003年、生活者ネットワークの代表を辞して、2004年に「たすけあいワーカーズ風ぐるま」を8人で設立した。最初の1～2年は経営の見通しがなくたいへんだった。当初のメンバーがそれぞれの都合により事業を継続できなくなり、再度メンバー募集をしながらなんとか続けることができた。2011年にはNPO法人となり、家事援助（掃除、洗濯、買い物、食事作り、話し相手、薬の受け取り、文書代筆や投函、産前・産後のお手伝い、保育、子どもの送迎など）や国分寺市の委託事業である「育児支援ヘルパー・ひとり親ヘルパー」、

親子ひろば、障がい者の日中預かり、講座企画開催などを行っている。

　OYは、自分の特技である音楽の仕事も続けながら、生協の活動を通して多くのことを学び、社会問題にも関心を持つようになり、政治団体にもかかわり、社会に必要なサービスを提供する事業を始めている。今後は、高齢者や子育て世代、障がい者も集える居場所事業や音楽を活かしたたすけあい事業を増やしていくという展望があり、実現に向けて少しずつ進めていこうとしている。

おわりに

　生活クラブ生協の組合員が創出してきた政治団体と事業体について紹介したが、いずれも生協の活動が背景にあり、設立に向けて生協の支援があったからこそのことである。特に初期段階では、人的支援や場所の提供がなければ、発展は難しかっただろう。共同購買事業や環境保全活動だけではなく、生協がひとつのまちづくり構想をもち、そこに人や資金を充てるという方針で、やる気のある組合員を支援することが重要である。農村の女性起業も農協の果たしている役割は大きい。店舗のスペースを貸し出したり、農家とつないだり、資金提供するなどの支援を行っている。

　また、生活クラブ生協の班活動は、組合員が様々なことに出会うのに大きな役割を果たしてきた。しかし、首都圏においては個別配送の組合員が多くなり、班活動を続けている組合員はわずかになっている。OYが取り組んだ委員会活動も、引き受け手がいないということもありだんだん少なくなっている。生協だけでなくPTA活動も同様である。「楽」なやり方により失われたコミュニティとのかかわりをどう取り戻すかが課題である。

　政治活動についての生協の役割は、池田が登場した頃のように自由ではなくなった。都道府県の指導が厳しくなり、10数年前から政治や選挙への関わりがチェックされるようになったため、生協としても自粛せざるを得ない状況である。それは消費生活協同組合法の第二条（組合基準）に「消費生活協同組合及び消費生活協同組合連合会は、これを特定の政党のために利用してはならない。」とあるからだ。他の協同組合法と比べてみると、同様の項目があるのは、

労働金庫法と中小企業等協同組合法だけで、農業協同組合法・水産業協同組合法・森林組合法・信用金庫法にはそういう条項はない。選挙間近になると「○○農協は△△候補の推薦を決めた」などと報道されるが、生協はそれを禁じられている。特定非営利活動促進法（NPO法）はもっとはっきりと「政治上の主義を推進し、支持し、又はこれに反対することを主たる目的とするものでないこと」「特定の公職若しくは公職にある者又は政党を推薦し、支持し、又はこれらに反対することを目的とするものでないこと」と規定している。しかし、協同組合の活動や地域のNPO活動から見えた問題について解決をはかろうとすると、政治や議会と無縁ではいられない。自分たちの主張に共感する議員を増やしたいと考えるのは当然のことである。なぜ、農協や漁協には許されていて、他はいけないのか、矛盾を感じずにはいられない。

　こういった社会状況や制約のある中で、個人が協同組合の公益的な地域活動を通してエンパワメントする機会を、今後、どのようにつくっていくかが問われている。

（藤木千草）

注
1) ワーカーズ・コレクティブネットワークジャパン（WNJ）は1995年に設立された。全国規模でまとまることで、ワーカーズ・コレクティブが抱える課題や事業の中で見えてきた課題の解決方法を発信し、働く人の協同組合を社会にアピールして定着させることが目的である。都道府県ごとの連合組織が第1号会員として活動に参画している。連合組織のない府県のワーカーズ・コレクティブは2号会員、そして活動に賛同する賛助会員がある。1号会員から有志が運営委員となり、互選で代表を選出する。
　　　現在の1号会員は次の11団体である。
　　　特定非営利活動法人北海道ワーカーズ・コレクティブ連絡協議会／神奈川ワーカーズ・コレクティブ連合会／特定非営利活動法人ワーカーズコレクティブ千葉県連合会／埼玉ワーカーズ・コレクティブ連合会／東京ワーカーズ・コレクティブ協同組合／特定非営利活動法人アビリティクラブたすけあい（ACT）／ワーカーズ・コレクティブネットワークぐんま／愛知ワーカーズ・コレクティブ連合会／関西ワーカーズ・コレクティブ連合会／グリーンコープ共同体ワーカーズ連絡会／ワーカーズ・コレクティブくまもと連絡協議会
2)　A・F・レイドロー著、日本協同組合学会訳編『西暦2000年における協同組合［レイドロー報告］』日本経済評論社、1989年。
3)　生活クラブ生活協同組合編『主婦の生協づくり』三一書房、1978年。

4) 同書。
5) 全国市民政治ネットワーク。
   参加団体
   市民ネットワーク北海道／東京・生活者ネットワーク／神奈川ネットワーク運動／市民ネットワーク千葉県／埼玉県市民ネットワーク／つくば・市民ネットワーク／信州・生活者ネットワーク／ふくおか市民政治ネットワーク／くまもと生活者ネットワーク

参考文献

風見正三・山口浩平編著『コミュニティビジネス入門─地域市民の社会的事業』学芸出版社、2009年。
厚生労働省「平成21年度雇用均等基本調査」、2009年。
日本生活協同組合連合会「2009年度～2010年度の男女共同参画委員会報告」、2011年。
日本生活協同組合連合会「2012年度全国生協組合員意識調査報告書」、2012年。
農林水産省「水産業協同組合統計表」、2011年 a。
農林水産省「森林組合一斉調査」、2011年 b。
農林水産省「総合農協一斉調査」、2013年、2015年。
農林水産省「農村女性による起業活動実態調査結果の概要」、2014年。
藤井敦史・原田晃樹・大高研道編著『闘う社会的企業─コミュニティ・エンパワーメントの担い手』勁草書房、2013年。
ワーカーズ・コレクティブネットワークジャパン（WNJ）定期調査、2011年、2013年。
WNJ共著『小さな起業で楽しく生きる』ほんの木、2014年。

第 5 章

貧困問題と協同組合

はじめに

　協同組合の発生は欧州のように思われているが、日本にも昔から庶民が助け合う協同の営みはたくさんみることができる。江戸時代の「二宮尊徳と報徳思想」や「大原幽学と先祖株組合」はよく知られているが、そこにはいつも貧しさがあった。近代日本の協同組合を創り上げたリーダーは賀川豊彦である。彼もまたキリスト者として「貧困」と戦った。賀川は初めスラム街で寝食を共にしながら救貧運動に身を投じたが、やがて救貧では貧困は無くならない、防貧のための仕組みが必要だと考えるようになった。彼はそのために労働運動、農民運動を組織したが、運動をする中でくらしの安定が第一であると思うようになり、人々が自らのくらしを守るためにお互いに協同する消費組合や庶民のための協同金融も創設した[1]。

　賀川の著書に『友愛の政治経済学　Brotherhood Economics』がある。本書は、1935年12月にニューディール政策を推進するルーズベルト政府に招かれてアメリカで行った講演の中でニューヨークの神学校で行われたラウンシェンブッシュ記念講演をまとめたものだが、以下の件がある。

> 「今日の貧困は物の欠乏によるのではなく、豊富さから生じている。物財や機械の過剰生産、過剰な労働や知識層の存在からくる苦しみである。私たちは欠乏のゆえではなく、過剰のゆえに苦しんでいるのである。富はごく一握りの人々の手に集積し、社会の一般大衆は失業、不安、従属、不信の世界に蹴落とされている。」

　「協同」は「貧困」に苦しむ人々がお互いに支え合うことで困難を乗り越え

る手段であり、協同組合はそうした人々のくらしと共にあった。今日の日本は、賀川が指し示したところから進化したのだろうか？

本章では日本の現状の中で貧困問題と共に社会的に困難を抱えた人々に対する協同組合の実践について、生活協同組合（以下、生協）が挑んだ多重債務者・生活困窮者の生活再生事業とその広がりを中心に報告する。

1. 日本の現状

貧困問題の第一人者である阿部彩首都大学東京教授によれば、日本では公式な「貧困」の定義が定められておらず、それを計測する指標について社会的合意も形成されていない状況があるとし、厚生省（当時）は1960年代に日本では貧困が解消されたとの認識から公的統計としての貧困率の公表を行ってこなかった、とも述べている。

しかし、実は第二次世界大戦敗戦後の日本が経済復興する過程で下支えをした日雇い労働者の問題はあった。また1990年代後半には、こうした日雇い労働者が集まっている寄せ場と言われた地域だけでなく全国の中核都市に寄せ場のような地域が広がっていった。ホームレス支援団体は彼らに粘り強く寄り添いながらネットワークし運動を広げていった。2002年には「ホームレスの自立の支援等に関する特別措置法」が制定された。厚生労働省の2005年度調査報告[2]によると、全国で25,296人のホームレスがいた。平均年齢は59.6歳、直前の職業は常勤職員・正社員が39.8％、日雇いが36.1％で、ほぼ同じ割合である。ホームレスになったのも5年間未満が76.0％、バブル崩壊後の景気後退の影響と考えられる。こうした生活弱者の問題を一挙に表面化させたのはリーマンショックである。2008年年末から2009年年始の年越し派遣村は、「一億総中流」と言われた日本人の下意識を根底から覆し、見ないようにしてきた「貧困問題」を明らかにした。

政府統計などによる貧困の実態は次の通りである。2014年7月に厚生労働省が発表した「平成25年度国民基礎調査」によると、子どもの貧困率が2012年に16.3％になり、初めて相対的貧困率（16.1％）を上回った。子どものいる現役世帯の貧困率は15.1％だが、一人親世帯の貧困率は54.6％である。現在、

子どもの 6 人に 1 人は貧困状態にあり、中でも一人親世帯の問題は大きい。阿部彩氏によれば、日本の貧困が他の国と異なるのは失業ではなくワーキングプア率が高いこと、特定世帯つまり単身世帯、高齢世帯、母子世帯の貧困率が突出して高く、特に一人親世帯の貧困率は OECD 諸国の中では最悪だという。子どもの貧困は生育環境や教育環境に直結し、子どもが夢見る将来への選択肢が狭められ貧困が固定化する、「貧困の連鎖」を生む。政府はようやく重い腰を上げて、「子どもの貧困対策の推進に関する法律」を 2013 年 6 月に公布、2014 年 8 月「子供の貧困対策に関する大綱」を閣議決定した。今後は超高齢社会を反映して、高齢者、特に女性の単身者の貧困問題が深刻になってくるであろう。また、憲法第 25 条「健康で文化的な最低限度の生活」(生存権) で保障する生活保護の受給者は 2014 年 2 月に約 217 万人で、過去最多となった。しかし、その捕捉率は最大で 20%に過ぎず、GDP における比率は 0.5%と OECD 加盟国平均の 1/7 にすぎないと日本弁護士連合会は論じている[3]。

「貧困」の深刻度が増す一方で、経済効率優先の現代社会から排除されがちな生活弱者やドロップアウトした人が社会復帰できる包摂的な制度はなかった。2015 年 4 月 1 日から施行された生活困窮者自立支援法は、さまざまな要因で生活困窮へ陥った人々へのセーフティネットとして考えられた法律である。生活困窮者の自立の促進を図ることを目的とする法の趣旨は、生活保護に至る前の段階で「現に経済的に困窮し、最低限の生活を維持することができなくなる恐れのある者＝生活保護に至っていない生活困窮者」に対する第 2 のセーフティネットを全国的に拡充し、包括的な支援体系を創設するものとされている。この法律には、生活保護やホームレス支援の公的予算が絡んだ激しい批判がある。しかし、現在の生活困窮者にはそれぞれ異なる要素が複合的に複雑に絡んでいる上に精神疾患を伴う場合も多く、その人ごとに適した伴走支援が必要になる。地域に求められているのはそのような支援を可能にする重層的なネットワーク作りである。このネットワークが実は、生活困窮と自分は関係ないと考えている人々にとっても、地域で安心していつまでもくらしていける土壌になるのだ、という理解と共感を得ることが何にも増して重要である。と同時に、この法律が謳った趣旨をどのような組織がどのような理念の基に実践するのか、が今試されているのである。

2. 多重債務者を救おう—生協の生活相談・貸付事業

　貧困は先ず第1にお金の問題と直結している。庶民が手持ち以上にお金が必要になった時、戦前から戦後にかけて利用したのが、質屋や公益質庫で1960年代まで主力だったという。諸外国では生協が預貯金業務を含む信用事業が認められているが、日本では戦後の生協法制定過程でGHQに反対されて、生協本体で預貯金を含む信用事業は、農協や漁協と異なり、認められていない。一方で組合員の共済を図る事業として、生協が出資金または銀行からの借入を原資として組合員に生活資金を貸付する事業（質庫共済事業）は、厚生省通達で容認された。1950年代に労働者福祉運動の高まりの中で、労働質庫（労働組合）、生協質庫、貸付事業専業の信用生協、信販業務を専門に行う信販生協等が全国各地で設立された。1953年に宮崎信用生協が設立され、九州を中心に10を超える信用生協があったというが、1970年代からサラ金の前身である無担保、無保証人で融資を行う団地金融が台頭して後、金融市場から淘汰されていった。その中で淘汰されなかったのが、未組織労働者のために1969年に設

表Ⅱ-5-1　個人信用取引の主な変遷

1967年	クレジットカードによるキャッシングサービスを開始
1972年	銀行がカードローン（庶民ローン、市民ローン）を開始
1977年	米国消費者金融企業がサービスの開始（外資系企業の参入）→1980年頃から「サラ金地獄」が社会問題化
1993年	消費者金融の自動契約機の導入→バブル崩壊後の1990年初頭から多重債務・自己破産が社会問題化
1995年	テレビのゴールデンタイムに消費者金融のCMを解禁
1997年	消費者金融大手（武富士、アコム、プロミス、三洋信販）で消費者金融連絡会（後に旧レイク参加）を結成、無計画な利用の啓発を行うが、2009年ホームページを閉鎖
2000年	個人信用情報機関（銀行と消費者金融）が情報交流、与信の厳格化、滞納者をブラックリスト化、銀行系消費者金融会社の設立（消費者金融専業大手/独立系はアイフルのみ）出資法の改正→以降、多重債務者の過払金返還請求による救済活発化/ヤミ金が社会問題化
2008年	リーマンショック
2010年	貸金業法の改正、完全施行→多重債務者からの相談減少、生活保護/生活困窮者からの相談激増

　参考＆引用：ウィキペディア、（社）日本クレジット産業協会HP、（独）産業経済研究所。
　出所：筆者作成。

立された岩手県消費者信用生協（現、消費者信用生協）である。[4]

　前述したように消費者金融が一般化したのは 1970 年頃からである。それ以前、1954 年に出資法が制定されたが、当時の規定金利は 109.5％、つまり 1 年間借入をすると金利は借りたお金以上の額になる。貸金の上限金利の推移は、1983 年 73％、1986 年 54.75％、1991 年 40.004％、現在は約 20％。改正貸金業法が 2006 年に成立、完全施行された 2010 年以降、貸付金額に総量規制も設けられた。これは多重債務者の自殺などの社会問題に対して、法律家や相談機関、労働者福祉団体などが連帯して、高金利反対、多重債務者救済運動を展開、戦った成果である。

　その運動の動きとは別に岩手県消費者信用生協（以下、岩手信用生協）では多重債務者救済事業を全国に先駆けて取り組んでいた。

(1) 岩手信用生協による多重債務者救済事業の確立

　1981 年朝日新聞が「サラ金」という言葉を使い社会的な問題としてスクープした。当時 10 兆円市場といわれ、サラ金による被害「サラ金地獄」が続出した。岩手信用生協にも被害者から相談が来るようになり、当時の課長、岩手弁護士会の若手弁護士とアルバイトのたった 3 人でサラ金問題の解決に向け、ノウハウもない中で一緒に歩みだした。[5] 1983 年に貸金業法の制定、出資法の 1 部改正（サラ金規制 2 法）があり、岩手信用生協と弁護士が協力し、県内主要自治体と共催でサラ金問題個別相談会と講演会を開催した。1985 年にはサラ金対策として組合員ローン事業を開始、多重債務救済事業へシフトしていったが、多重債務は「自己責任」「自業自得」「個人の不心得」という認識が一般的であり、岩手信用生協内でも理解を得るのは困難だった。

　そんな中で岩手県内の市町村を相談会などで回る中で、サラ金被害は高金利・無差別過剰融資・強引な取り立てという構造的な問題であることが明らかになった。1987 年春、宮古市で「山子金融詐欺事件」が発生した。20 代前半の若者、約 230 人がサラ金からお金を借りて出資、総額 3 億円を名義貸しした詐欺事件である。この頃の岩手信用生協は資金調達力が脆弱だったので、宮古市が 5,000 万円を東北銀行に預託、東北銀行が 2 倍の協調融資 1 億円を準備、岩手信用生協の資金を上乗せして救済活動を行った。これが同生協の消費者救

済貸付資金制度の原型になった。1989年には盛岡市が2,000万円を多重債務者救済資金として東北銀行へ預託、2倍の協調融資にして盛岡市消費者救済貸付金制度事業がスタートした。これは多重債務問題を解決するために、自治体、弁護士会、地方銀行、信用生協が協同することを議会が承認したもので、画期的な議決だった。翌年には盛岡市の広域圏7自治体へと拡大した。2010年に隣接県でも事業展開が可能になり、青森県八戸市に相談センターを開設した。2011年8月厚生労働省東北厚生局長から認可され、現在の消費者信用生活協同組合へ名称変更、事業領域も岩手県、青森県全域になった。現在、岩手県内33市町村、青森県と40市町村からの預託金が12の地元金融機関に預託され、金融機関は資金使途に応じて2倍又は4倍の額の貸付原資を消費者信用生協へ提供している。

　自治体が預託金を提供し、弁護士会、司法書士会、地元金融機関、信用生協が協同して、多重債務／生活困窮者に対応・救済する形態は他にない。また自治体やNPO法人いわて生活者サポートセンターと連携し、多重債務者／生活困窮者のさまざまな生活相談に対応する生活再生支援や自殺防止対策を行っているのも特徴である。

(2) 岩手方式を学び広げる
①パルシステムと生活クラブの実践

　高金利引き下げ・多重債務者救済運動が30年近く続いていた2004年、パルシステム生協連合会、生活クラブ生協・東京、司法書士などの有志がこの問題を解決するために集った。手本にしたのは岩手信用生協である。同生協への視察、交流を通じて岩手方式を学び、首都圏でも信用生協を設立することをめざした。東京都の見解は、信用生協の設立は認められない、生協で貸付が行えるのは共済事業の範囲（上限20万円程）、であった。しかし、多重債務者の借入総額で一番多いのは300万円〜500万円未満で34.5%を占めており[6]、共済事業の範囲では多重債務者を救済することは不可能だった。そこで相談を受ける「生活サポート生協・東京」と貸付を行う「生活サポート基金（貸金業登録）」を兄弟組織として設立した[7]。2つの組織は、パルシステム生協連合会と生活クラブ生協・東京が社会的な問題の解決に向け組織を超えて協同組合間協同し

たもので、貸付資金の原資も両生協が出し合った。素人の挑戦だったので、実務面では岩手信用生協の人材派遣も含めた全面支援を受けた。

設立にあたっては、組合員からの猛烈な反対があった。多重債務の自己責任・自業自得論、経営への大きな不安、「金貸し」に対する反発等。しかし、組合員の生協利用代金の未払い問題が深刻化していたこと、多重債務に陥ったのは自身のギャンブルや依存症などによる生活破たんというよりも病気や失業等予期していない事態で生活資金が急に不足し、消費者金融の借入から多重債務となる、そういう可能性が誰にでもあることが組合員討議や総代会での議論を通して共有されるようになった。

2008年に東京都の多重債務者生活再生事業を都や社会福祉協議会、中央労働金庫との提携で立ち上げ、相談と融資斡旋をサポート基金が行うことになった。サポート生協とサポート基金の連携が難しくなったので、2009年3月にパルシステム生協連合会理事会がサポート生協を支援することを決定、組合員と地域コミュニティの持続的な発展に寄与する相談と情報提供を専業とする日本で唯一の生協として整理し現在に至っている[8]。

②グリーンコープの実践

時を同じくして（2004年）、グリーンコープ生協ふくおかでも、「生活再生事業の立ち上げを考える会」を生協以外のメンバー（牧師、市議、弁護士、大学教授、社会福祉士等）の協力も得て発足させ、岩手信用生協に学びながら検討すると同時に、組合員との徹底的な議論と2回の総代会を経て、同事業に取り組むことになった。最初に、自己責任論、行政の解決課題であること、経営的な不安、利用事業（商品の値段を下げてほしい）優先など組合員からの強い反発、反対の声はあった。延べ1万人以上に及ぶ組合員討議の結果、多重債務や生活困窮の問題が自分自身のこととして共有されたのは、前述と同様であるが、参加型地域福祉を推進してきた経過も大きい。

グリーンコープでは参加型地域福祉を推進するために1996年に福祉活動組合員基金（組合員1月100円）を立ち上げた。地域の福祉団体との交流が進む中で1998年にNPO法人北九州ホームレス支援機構（現在、抱樸）と出会い、ホームレス発生の一因として多重債務問題があることを知った。その一方、2005年度調査では、組合員の0.5％が生協利用代金の支払いが滞りがちで、夜

逃げや自己破産で貸し倒れ処理をした人も含めると組合員の1%は生活困窮者であり、生協で働く人のアンケート（2005年度）では27.1%の人が消費者金融を利用した経験があり、その中で6.8%が自分自身を多重債務だと思ったと回答している。また、北九州ホームレス支援機構との交流でホームレスはさまざまな関係性の喪失であることを知ったことから、生活再生事業をトータルな地域福祉の取り組みの一環としてとらえ、経済的な問題を解決し、人としての誇りと自信を取り戻し、人間性を回復し、本当の意味での生活を再生する手助けをするものとしている。

　生活再生事業は4つの柱、① 生活再生相談、② 生活再生貸付、③ 金銭教育、④ 消費生活支援を立て、貸付を目的とはしていない。相談者の抱える問題の解決方法の1つとして生協の貸付事業があり、他に使える制度がある場合はそちらを優先する。相談と貸付は一体で、貸付前の家計診断や丁寧な状況把握・分析、貸付後に相談者が生活再生に向かえるよう定期的に面談や家計相談を行い、相談者に寄り添い伴走する。従って貸し倒れは非常に少ない。これは先に紹介した消費者信用生協、サポート基金、後ほど紹介するみやぎ生協とも同様であり、生協の行う生活相談・貸付事業の特徴でもある。また、時に所持金がなく食事もとっていないという相談者に5,000円から10,000円（無利子）を相談員の一存で貸せる「かさじぞう基金」も組合員と協賛者のカンパで創った。

　グリーンコープでは組合員対象の事業から広く県民に開かれた事業として、福岡県、熊本県では2008年から協働事業を進めている。特に福岡県とは出張相談会も含め多様な協働事業を進めている[9]。

(3) 東日本大震災とみやぎ生協モデル

　東日本大震災が地域社会、地域経済に与えたダメージは厳しい。みやぎ生協の小澤義春氏は、東北経済産業局のグループ化補助金受給企業への調査でも売上は震災前の63%が減少したままであり、その中で震災前の売り上げの5割未満の企業が28.4%を占め、企業の倒産件数も、阪神・淡路大震災と比較して3.8倍、人口減少も続いていると報告している。また、震災で親を亡くした遺児と孤児は宮城県内だけで約1,000人に上り、生活困窮家庭は相当数あり、親

のおかれた状況で子どもに貧困が連鎖することを懸念している[10]。小澤氏が書いているように、格差拡大、貧困、人間関係の希薄化、雇用不安、非正規雇用、ワーキングプア等は震災前から日本社会にあった問題だ。しかし、震災はよりリアルにより深く地域社会、地域経済に問題を突きつけたに違いない。

みやぎ生協の生活相談・貸付事業の検討は 2010 年 6 月から始まったという。2012 年 6 月総代会で同事業の検討開始を決議し、組合員へ説明と合意作りに入った。総代会後の話し合いにはコープ委員 2,900 人をはじめ、1 万 2,000 人以上の組合員が参加した。最初に出され意見、懸念、疑問は他の 4 生協と全く同じである。職員にはトップからの強いメッセージを伝えると共に、消費者信用生協相談員や厚生労働省担当官を講師にした学習会、総代会ではグリーンコープからのメッセージなど組合員の理解を得る取り組みが進められた。2013 年 6 月の総代会では総代の 85% の賛成を得て、同年 9 月 14 日から「くらしと家計の相談室」を開所させた。

開所から 2014 年 12 月までの状況では、1,355 件の電話相談があり、約 66% は面談相談まで行き、その内容はほぼ「生活資金」と「債務整理資金」の借入れ相談である。貸付までいくのは面談相談した人を分母とすると 41% で、相談員が相談者の抱える問題を丁寧に紐解き、優先順位に従って解決への選択肢を提案していく。貸付以外の解決法がある場合、他の公的支援が利用できる場合は、そちらへつないでいくなどきめ細かい対応をしているため、相談者の約 7 割が何らかの問題解決への道を見出しているという。

3. 生協が手掛ける生活相談と貸付事業とは何か

(1) 生活相談・貸付事業を全国の生協へ

岩手信用生協が地道に続けた多重債務者救済事業は、2006 年の貸金業法改正以降、生協の役割の 1 つ、庶民金融、貸付のセーフティネットとして期待されることになった。2007 年の改正生協法で「貸付事業」が共済事業の一環として正式に認められた。2009 年、多重債務・生活困窮相談や貸付事業を行っていた消費者信用生協、グリーンコープ、サポート生協が日本生活協同組合連合会（以下、日本生協連）に生活相談・貸付事業に取り組むよう申し入れた。

表Ⅱ-5-2 生活相談・貸付事業実施生協の状況（2014年4月度～12月度）

(単位：千円)

名称	相談件数	貸付件数	貸付金額	貸付残高	自治体等との連携など
消費者信用生協	1,666	595	631,590	3,430,030	16市町村にて月1回以上の出張相談会を開催
グリーンコープふくおか	1,630	81	33,470	139,267	県との協働事業 多重債務生活再生事業
グリーンコープくまもと	772	32	16,620	97,512	県との協働事業 多重債務生活再生事業
グリーンコープおおいた	113	13	4,430	19,536	
グリーンコープながさき	104	22	10,100	19,921	
グリーンコープやまぐち	163	12	8,760	17,602	
みやぎ生協	454	183	157,208	268,080	
サポート生協・東京	619				相談事業のみ実施
(社)サポート基金（都）	750		703,200	―	東京都生活再生事業受託
同（プロパー）	322		100,588	253,710	上記が利用できない人へ

出所：日本生活協同組合連合会2014年度総会議案書より。一部筆者追記。

　日本生協連からの研究委託を受け、生協総合研究所は2010年10月に「生協における多重債務相談・貸付事業研究会」を設置、2011年9月30日に「生協として多重債務・生活困窮相談・貸付事業に取り組むことを積極的に検討すべきである」と答申した。日本生協連では2012年度から2014年度にかけて国庫補助を受け、東日本大震災の被災地の1つであり県世帯の70%以上が組合員である「みやぎ生協」と協同の調査研究を行った。みやぎ生協は2013年9月に生活相談・家計再生支援貸付事業をスタートさせた。併せて日本生協連では全国生協が活用できる「コープ相談・貸付事業支援システム」を消費者信用生協の情報システムを参考にして開発した[11]。生活相談・貸付事業を全国生協へ広げるために、みやぎ生協のモデル事業の成果の共有と共にそれがどんな社会的価値をもっているのか、並びに、事業として継続できるのかどうかの評価を得ることは重要であった。生活クラブ生協・千葉が2015年4月より生活相談・貸付事業を開始、生活クラブ生協・東京も検討している。

　「岩手信用生協」の努力から40年を経て、ようやく庶民のための信用事業が庶民の資金で作れるようになったのである。近年は、消費者信用生協が岩手信

用生協時代に始めた多重債務者救済事業とは異なる様相を見せている。そこに生協が「生活相談と貸付事業」を手掛ける大きな意義がみえる。

(2) 生協が「生活相談と貸付事業」を手掛ける意義

多重債務問題を解決するために設立されたサポート生協[12]の相談事例を振り返ると、年度ごとに様相の変化が非常に顕著に現れている。リーマンショック後の2009年は総相談件数の25%が多重債務相談で、その内、平均所得が相対的に高い生協組合員からの相談が84%だった。経済環境の激変で給与カットやボーナスカットにあい、それまで返済できていた消費者金融からの借金やカードキャッシングの返済ができなくなったことが相談内容に現れていた。しかし、改正貸金業法の完全施行以降、こうした相談は激減しかわって増えたのが、外部相談者からの貧困と生活困窮、精神疾患を伴う相談である。消費者信用生協でも2010年度に生活資金貸付件数が債務整理貸付件数を上回ったという。多重債務が激減したのは、改正貸金業法による貸付の総量規制の効果であろうが、変わって顕著になってきたのが、働いても働いても収入が増えないワーキングプアや年金だけではくらせない低所得者層の増大である。金融広報中央委員会の2014年「家計の金融動向に関する世論調査」によると、約30%の人が金融資産を保有していないと回答している。年収300万円未満の人は40%、年収300万円〜500万円未満は約30%の人が金融資産を持っていない。厚生労働省「国民基礎調査」の所得金額分布を参考にすると、56.9%（2013年調査）が年収500万円以下である。生活資金にゆとりのない層が増加しているのがわかる。

くらしにゆとりがなくなってきている昨今、自分たちでお金を出し合い、自分たちを支える仕組みを作り、コントロールすることは非常に重要である。特に生協のような人のくらしに一番近いところの協同組合がこうした事業に取り組むことは、協同組合本体にも一組合員にもたくさんの意義がある。

① 組合員に事業の重要性が理解されれば、事業資金（貸付原資）を自己捻出できる。

みやぎ生協では貸付原資を調達するために組合員債を募集したところ、募集金額目標10億円を約1ヵ月で達成した。グリーンコープは組合員の出

178　第Ⅱ部　協同組合が取り組む現代的課題

図Ⅱ-5-1　生協の生活相談・貸付事業の取り組み

　消費者信用生協
　グリーンコープ生協
　みやぎ生協
　生活クラブ生協千葉（2015.4より実施予定）
　生活サポート生協・東京（相談事業のみ実施）

※一般社団法人サポート基金は、生活クラブ生協東京とパルシステム連合が支援し相談・貸付事業を実施中。

出所：日本生活協同組合連合会 2014 年度総会議案書。

資金をあてている。
② 利潤追求が目的ではないため、金利を低く設定できる。
　消費者金融が約 20％のところ、生協では 9％～9.5％である。グリーンコープでは生活再生事業の黒字が見込めると翌年度の貸付利息の 1.5％引き下げ等をしている（2011 年度）。無料相談を維持できる費用が捻出できて、持続可能な事業になれば良いので、過度な競争をする必要はない。
③ 組合員のガバナンスがしっかりとなされていれば、事業体として倒産や「会社の乗っ取り」のような心配はない。
④ 生活再生事業は、利用者にとって役立つだけでなく、協同組合自身の価値、信条が生かされる事業である。組合員は協同組合の原点を感じ、事業体は自らのミッションの振り返りなど双方向の学びの場となる。

(3)　生活困窮者自立支援法とグリーンコープモデル

　生活困窮者自立支援法の成立過程では、グリーンコープ生活再生事業が生活困窮者に対する伴走型支援「グリーンコープモデル」として大きな影響を与え

た。前述したが、改正貸金業法以前には多重債務の解決は自己破産や任意整理しかなく、自殺するなど痛ましい現実が多数あった。生協の生活相談・貸付事業は、そうしたところから、多重債務者自身が自己解決できる選択肢を提供した。また、信用情報でブラックリストに載った人でも生活資金を借りることの道筋も拓いた[13]。しかし貸付は多重債務者の生活再建のあくまでも手段なので、家計改善が見込まれる場合にのみ貸付を行うのであり、家計改善のための伴走支援も欠かせない。一緒に細かく家計相談に対応しながら生活できる力をつけて生活の自己再生を図っていくのが、生協の貸付制度の特徴であり、多重債務者自身が主体的に生活再生できるようになってこそ、問題は解決される。こうしたあり方は「グリーンコープモデル」として法の精神に活かされた。

また、生協の行う生活相談・貸付事業全体の特徴でもあるが、相談は無料対応、貸付ができない場合でも本人が望めば継続相談にのり、その人に適した問題の解決方法を一緒に考え、伴走することである。相談を受けていると、さまざまなことが必要になってくる。住まいの問題、働く場所の問題、多種多様なくらしの問題がでてくる。グリーンコープでは、NPO法人抱樸と連携して、抱樸館福岡を開設、ハウスレスの人を受け入れつつ生活保護から就労支援（ファイバーリサイクル事業）をする中で関係性の回復までの総合支援を行っている。

2015年4月から生活相談・貸付事業を始めた生活クラブ生協・千葉も、周辺に社会福祉法人である生活クラブ風の村その他関連するワーカーズ・コレクティブがあり、相談者の総合支援ができる体制にある。生活クラブ風の村は生活困難者に対する就労、ユニバーサル就労にも早くから取り組んでおり、地域の中で誰もが安心してくらせるよう、重層的な取り組みが続いている。

生活困窮者自立支援法の下、どのように地域社会を支えていくかが、生協に問われているといえよう。

おわりに

賀川豊彦が説いた協同組合の中心思想は、以下である（コープこうべホームページ）。

> 【利益共楽】生活を向上させる利益を分かち合い、ともに豊かになろうとする。
> 【人格経済】お金持ちが支配する社会ではなく、人間を尊重した経済社会へ。
> 【資本協同】労働で得たお金を出資し合い、生活を豊かにする資本として活かす。
> 【非搾取】みんなが自由と平等で利益を分かち合う、共存同栄の社会をつくる。
> 【権力分散】全ての人が人間としての権利を保障され、自立して行動する。
> 【超政党】特定な政党にかたよらず、生活者や消費者の立場で考え主張する。
> 【教育中心】豊かな生活には、一人ひとりの教養とそれを高めるための教育が重要。

現代日本人はともすると「お金」の問題を敬遠しがちである。しかし、生活の基盤にお金がある。このお金は人を活かすために使われるべきで、そのためには自分たちでコントロールできることが必須である。コントロールした温かいお金の在り方では、日本では「頼母子講」などが古来よりあった。顔と顔の見える関係では、人を裏切れない。人と人が信頼し合い、少しずつお金を出し合って積立て、順番に役立てていった。そこには金利は必要ない。分かち合うこと、助け合うこと、そういう事を貴重だと思える教育。「貧困」の問題を考える際、お金に支配されないために、人間生活の基本を再度自ら問い直すことは、どんな社会を形成したいのかにつながる最も重要なことであろう。生活に困難をかかえた人々が生きやすい社会は、どんな人でも生きやすい社会である。そういう社会をめざす時、協同組合とは第7原則をもち出すまでもなく、共と公が重なり合い、つながり合っているものだと私は考えている。

(志波早苗)

　本章執筆にあたっては、日本生協連の上田正氏、NPO法人抱樸の奥田知志氏、ワーカーズコープの木下史郎氏にヒアリングさせていただいた。お忙しい中、丁寧にご対応いただいたことに心から感謝申し上げる。就労支援まで書きたかったが、紙面の都合上、書くことがかなわなかった。奥田氏と木下氏にはお詫び申し上げる。しかし、「人」の回復と自立の過程を生活再生に関わる協同組合の実践事例でいつか報告したいと考えている。

注
1) 消費組合は1921年に「神戸購買組合や灘購買組合」(現在、コープこうべ)、協同金融は1928年に「中郷質庫信用組合」(現在、中ノ郷信用組合)を設立した。
2) 厚生労働省『平成15年度ホームレスの実態に関する全国調査報告書』。
3) 日本弁護士連合会「Q&A　今、ニッポンの生活保護制度はどうなっているの?」2014年4月(2版)。

4) 日本生活協同組合連合会『平成24年度地域購買生協における「生活相談・貸付事業」の事業モデル構築調査・研究事業報告書』10頁より。
5) 金融ビジネス研究会報告書『第3のセーフティネット』21世紀コープ研究センター、2002年3月。21世紀コープ研究センターはパルシステム連合会が設立したDo & Think Tank。2008年連合会が吸収、改組。
6) 独立行政法人国民生活センター『多重債務問題の現状と対応に関する調査研究報告書』2006年3月。
7) 2005年12月に有限責任中間法人生活サポート基金（現在、一般社団法人）設立、2006年2月に貸金業登録、同年9月より貸付事業を開始、個人再生ファンドの募集も開始した。2006年12月生活サポート生協・東京が東京都から認可された。
8) 志波早苗「生協組合員のくらしと貧困の関係」『生活協同組合研究』vol.460、2014年5月。
9) 行岡みち子「今なぜ生活支援が必要なのか〜グリーンコープ生活再生事業の経過と実践〜」パルシステム生協連合会＆サポート生協共催学習会資料、2012年11月。
「グリーンコープ生活再生事業の取り組みと近況」『生活協同組合研究』vol.460、2014年5月。
10) 小澤義春「誰もが安心して暮らせる"みやぎ"をめざして」『生活協同組合研究』vol.460、2014年5月。
11) 公益財団法人生協総合研究所『2010年度〜2011年度　生協における多重債務相談貸付事業研究会　報告書』2011年9月。
日本生活協同組合連合会『地域購買生協における「生活相談・貸付事業」の事業モデル構築調査・研究事業　報告書』2014年3月／2015年3月。
12) サポート生協は生活総合相談窓口として、①生活（貧困、生活困窮含む）、②悩み、③消費者被害、④その他で、くらしていく上で生じる問題、疑問、悩みなどすべてに対応している。貸付はしていない。
13) グリーンコープの初年度における貸付実績の内容を参照すると、多重債務で任意整理中、あるいは自己破産した家庭で、融資を希望する理由は子どもたちの教育資金が42件中25件である。進学資金（高校、大学）が多いが、中には小学校の入学資金と滞納した給食費などもある。

参考文献
厚生労働省「国民基礎調査」平成5年度、平成15年度、平成25年度。
コープこうべ　ホームページ　賀川豊彦物語。http://www.kobe.coop.or.jp/about/toyohiko/index.php（2015年8月23日アクセス）
賀川豊彦『友愛の政治経済学（Brotherhood Economics 1937年著）』コープ出版㈱、2009年6月。
貧困統計ホームページ。http://www.hinkonstat.net/　（阿部彩首都大学東京教授　作成サイト、2015年8月23日アクセス）

第6章

佐久総合病院の医療・福祉事業による地域づくり

はじめに

　地域経済・社会の衰退を背景に「地方創生」がなかば流行語になり、全国レベルで本格的な実践に移されているが、「地方」をひとくくりにせず、ひとまず都市と農山漁村（以下、農村と略称する）に区分すれば、いわゆる現場の方々の間に異なるスタンスがみられて然るべきである。というのも、多くの農村は超長期にわたる人口減少や少子高齢化あるいはコミュニティの縮小を経験しており、これまで程度の違いはあれ、地域の活性化のために様々な対策を講じているので、「地方創生」に対して期待と不安、例えば対策の充実という期待感と対策の限界という諦め感の両方が混在しているのではないだろうか。
　農村における地域の衰退を直視すれば、その最大の要因の1つに地域医療が慢性的に乏しいことがあげられる。これは（地域）医療に関する研究論文や諸統計などから説明することができるが、首長や住民などに対する地域活性化に関するアンケートにおいて地域医療の充実が最優先課題にあげられることも暗示している。地域医療は「いのち」に直結することから、ある意味で当然であるものの、その問題を問い、課題を見出そうとすれば、とりわけ農村では民間医療機関が脆弱であるために、公的医療機関がきわめて重要になる。また、広域でみれば、初期、1次と呼ばれる医療に加えて、高度、2次・3次といった医療、それぞれの連携が不可欠である。
　公的医療機関と言っても、少なくとも自治体病院とそれ以外で小さくない違いがあり、筆者はこれまで前者に焦点を当てた研究論文をいくらか発表してきたが、本論では後者、具体的には長野県佐久市に所在する長野県厚生農業協同組合連合会佐久総合病院を研究対象とし、その成果を歴史的な文脈から整理す

ることを通して、地域活性化あるいは「地方創生」のための課題を明らかにする[1]。これにより本書のタイトルにある公益の課題に直接間接に向き合ってみたい。

1. 若月イズムと地域医療の展開

(1)「農民とともに」の精神と実践

　日本の農村医療（研究）の確立・発展に欠かせず、アジア諸国のモデルにもなっている、佐久総合病院の元院長・若月俊一（1910-2006）の言葉を借りると、地域医療とは、「医療の立場からいうならば、それは当然『地域社会』になろうし、また患者の立場からいうならば、『地域住民』でなければならぬ。そこで、医者としては、まず患者を『地域住民』としてみることから始まる。そして、さらにこれを『地域社会』の生活全体に結びつけて論ずるということになるべきであろう。」[2]

　佐久総合病院と若月俊一の功績をあげると、第1の特徴は、彼が1945年に佐久病院に赴任後（46年院長就就任）、手術・入院患者の受け入れとともに、無医村・地区への出張診療に力を入れたことである。「予防は治療にまさる」との考えのもと、病院で待つだけでなく、地域住民の（心の）中に積極的に入り込み、衛生講話と自ら脚本を書いた演劇とのセットで診療を行い、また「農民とともに」の精神で、住民（組織）と一体となった運動としての医療実践に尽くし、昼夜かまわず、様々な手法で幅広い衛生活動の啓発に努めた。

　第2に、(旧)八千穂村では現在の健診のモデルとなった全村一斉健診（集団検診）を早くから行い、健康管理にまで発展させた（「全村健康管理方式」）。その特徴は、① 全員が健康手帳を持ち、かつ病院に健康台帳を備えること、② 年1回の健康診断と事後指導としての結果報告会を行うこと、③ 住民の中から地域の保健リーダーとしての衛生指導員を置くことにある。これが村民1人当たりの老人医療費、国保医療費の超低水準（とくに全国平均比）につながっている。

　第3に、農民の生活に密着した調査や研究を行い、医療の民主化を掲げて、地域での医療実践に活かした。気づかず型とがまん型の潜在疾病の概念を提起

するとともに、「手遅れ」を抑制し、また「農夫症」を統計化するとともに、健康管理を徹底させた。外科医として先駆的な脊椎カリエスの手術を行い、また「こう手」(農繁期に頻発する過労性腱鞘炎)、寄生虫、「冷え」、農薬の問題などに取り組み、諸成果を精力的に発表していったことも特筆に値する。

　第4に、日本農村医学会の設立をはじめ農村医学の確立・発展において優れたリーダーシップを発揮したことである。農村医学のテーマとして、社会的要因から発症する病気、つまり農業、農家生活、農村環境などが原因となる病気の増大を抑制するために、いわば包括的医療(「第一線医学」)を原点とし、治療医学というよりも予防医学に役立てなければならないことを高らかに掲げ、佐久総合病院内外において研究環境も整備した。

　第5に、院長として佐久総合病院を、創立期を除いて一貫して黒字経営に導いてきた点から言えば、類まれな経営者であった。多くの僻地を抱える佐久南部の医療を各町村と協力しながら包括的に担い、その内容も年を追うごとに充実させていき、他方で、1,000超の病床数や高度医療の推進にみるように、東信地方の基幹病院としての地位を確固たるものにした(「二足のわらじ」)。人材育成や研修医教育においても先駆的存在であり、農村医科大学の設立を目指したことを特記しておかなければならない。なお、文化・スポーツ活動や国際的な医療貢献を促進してきたことも付言しておきたい。

　このように整理すると、若月と親交が深く、1988年の著書で佐久総合病院のビジョンとして「メディコ・ポリス構想」を提起した川上武(医師)の言葉を借りれば、「佐久地域は医療システムとして、すでに一応理想的な状態に達している」と言っても過言ではない[3]。元院長の夏川周介いわく、「困窮劣悪な諸条件の農村地域に依拠し、戦後の工業社会の実現と生産優先の工業化政策から取り残され、そのひずみをさまざまな形で受けた農村環境と、農民の生活と健康を守るため、若月を先頭に職員一丸となって取り組んできた地道な地域包括的医療活動の結果」である[4]。

(2) 農村医療の豊富化

　若月(2007)から若月の(農村)地域医療を豊富化するためのスタンスのいくつかを、同書の編集委員長であり、彼を最もよく知る佐久総合病院名誉院長

の松島松翠によるその解題を踏まえて列挙すると、第1に、健康管理と言っても、住民自身が健康を「人間らしい生活」の実現にとって最も基本的なものと考え、それに対する自覚を持って、工夫して行うようになるべきで、他人任せではいけない(「与えられる健康から獲得する健康へ」)。

この点で積極的に評価すべき事例として、八千穂村があげられる。村の衛生指導員(主として男性)や保健補導員(女性)は健康管理活動の領域を広げ、時には長野県農村医学会で報告も行い、他方で、演劇(健康劇)や調査・研究は伝統となり、地区ブロック会ごとの独自性もあらわれ、町村合併で佐久穂町となっても精力的な活動がみられる。

第2に、住民を主役にしながら、保健・医療従事者は農村生活や住民(農民)の意識をよく理解し、保健・医療に対する住民のニーズ(必要性)を見つけ出し、それを住民自身のデザイア(要望)あるいはデマンド(要求)にまで発展させる(農民のための医療・医学)。

第3に、患者を「人間的」に取り扱うことであり、そのためには医者にも人間的な感情・判断や人間に対する洞察力、社会・自然に対する豊かな知識を備えていなければならず、それには社会学や文学などに触れる必要がある(「病気をみて、病人もみる」)。常に社会科学的観点を失わないことが示唆される。

第4に、農村・地方では病院でも「第一線医学」を十分に実践、習得できるように、国の医療費(負担)政策や医師養成政策(医学生や研修医等)、医療スタッフの専門主義・技術主義(分科化)、器械・設備の高度化・高額化(大資本の独占化)を見直すべきである。常に運動的精神を持つことが重要である。

広大な農村を持つ佐久地域における佐久総合病院の軌跡は全てを説明できないにしても若月の医療精神や経営戦略とともにあったと言えようが、日本の病院で際立っており、「奇跡」と評されてしかるべきである[5]。というのも、類似のストーリーをもった(厚生連)病院は皆無に等しいことによる。そう評される理由として、①農村地域という条件下での病院拡大の歩み、②患者視点に立った包括的な医療施設の実現、③農村医学研究の「メッカ」(臨床研究環境整備)などが考えられる。

これに対して地域に要請されるのは住民主体を実現する社会の「協働力」で

あり、八千穂村の健康管理活動においてみられたように、3段階にわたることが重要になる。第1段階は組織内部における住民間の連帯・協力およびネットワークの形成（衛生指導員会、保健推進委員など）、第2段階は社会的な立場や権力がほぼ同じ主体間の関係の構築（衛生指導員や同OB会、保健推進委員、栄養グループ、佐久地域保健福祉大学同窓会など）、第3段階は従属関係やヒエラルキー（位階制）を含む異なる権力間の関係の構築（村当局、病院などと住民グループ）である[6]。補足すれば、理論的には「協働力」は地域内にとどまらず、地域外にも広げて発展的に展開することができる。

佐久総合病院が1989年度から地域住民を対象にして、農閑期に開催している佐久地域保健セミナー（1期10回）は保健・医療・福祉の学習および活動理念と実践方法の学習を通して地域リーダーを育成しており、その卒業生で組織する同窓会は機関誌班、高齢化社会班、演劇班、食と環境班からなり、支部活動も市町村単位で積極的に行われている。同窓会の成果として、① 地域に対する情報発信や問題提起といった教育的役割、② ボランティア活動の他分野への拡大、③ 地域住民と病院のパイプ役の確立、④ 地域に開かれた医療機関としての信頼の強化と職員への刺激などがあげられる[7]。

2. 佐久総合病院と地域づくり

(1) 地域包括ケアの展開

佐久総合病院の医師であった長純一の指摘にみるように、「メディコ・ポリス構想」（後述）の下で医療・福祉による地域づくりが提起され、小海町を中心にその整備が進められているものの、医療における佐久病院・分院・国保診療所の優れた連携に対して、「介護施設において小海町に特養と老健、南牧村に特養があるのみで各村に入居施設がなく、やや生活の場からは遠いというのが実感である。医療における各国保診療所に該当するような、地域密着型の融通が利きやすい、介護施設らしくない住める場所が必要である」ということが課題としてあげられる[8]。

では、若月は介護のインフラ整備に関してどのような認識を持っていたのだろうか。若月（2007）における小論文等をみるように、施設整備とその程度に

ついてはあまり議論しておらず、後輩医師等に託されている[9]。ただし、国のモデル事業とは言え、いち早く手を挙げて老人保健施設を開設した。これに対して、若月は超高齢化による寝たきり・認知症・独居の増加に伴う老人の重症化に対する介護（ケア）を想定して、家庭介護の限界を背景にした地域介護（コミュニティ・ケア）を重視し、さらに彼ら・彼女らの「くらし」の支援まで射程に入れているように思われる。

地域介護システムに関して市町村および民間組織による多様な施設の整備・運営とともに、住民自身による「ボランティア活動」が想定され、むしろ、後者の量・質が地域介護のあり方を大きく規定するかのようなスタンスをとっている。その意義は相手の困難の立場をともに共有し、「自分たちの地域生活を守る運動」とし、「住民の社会的『実践』の中から『国民の声』として発展させる」重要性が備わっている点にある[10]。農協が高齢者介護事業に本格的に取り組めるようになったのは、1992年の農業協同組合法改正であるが、これを若月が見通していたとすれば、「非営利・協同」の枠組みとして重視することができよう。

過疎町村の大半は広大な面積を特徴とするが、とくに公的介護保険制度スタートの2000年以前であれば、多くで福祉・介護施設の整備は非常に遅れており、都市的地域（主に市）の施設に依存していた。他方で、非過疎地域に比して在宅福祉サービスの利用状況はホームヘルパーの利用日数にみるように高い数値を示している。しかし、後者に関して、地域内におけるホームヘルパーのような人的資源の充実の困難を想定した場合、住民自身による「ボランティア活動」が問われることになる。また、「超高齢社会の先進地」であることから言えば、とくに後期高齢者（要介護者）の生活や心身の状況に応じた居住スタイル（介護機能型施設）の整備も考えられる。

若月の主張にノーマライゼーションとして、自分の町や家に帰す「自由」を与える一方で、「在宅ケア」を正当化し、推進することがあげられる。「在宅ケア」は医療と福祉、保健を包括しており、その原点は無医村・地区への出張診療に見出すことができるが、その供給体制の充実・強化として、1988年の在宅ケア実行委員会による24時間体制のケア活動スタートを経て、94年に地域ケア科（地域医療部）が設立された。そして、1995年以降に在宅介護支援セ

ンターや訪問看護ステーションなどが都市、農村のいずれにおいても次々に開所され、量、質ともに非常に優れた実績を収めている[11]。

　医療施設外のハード・ソフトの整備と言う場合、主体が問われるが、「ボランティア」を敷衍した「非営利・協同セクター」とともに、「公的セクター」が保健・医療・福祉理念を明確にし、その共通理解に立ったうえで、諸政策を立案し、実践、評価していくことが国レベルにおける諸制度の再構築とともに不可欠になる。これを国・地方・住民の関係からみて責任・役割や財源負担の「依存」あるいは「放棄」と捉える向きもあり、大きな論点になりうるが、何よりもいずれにおいても「人間（住民）の生活」を切れ目なく、しっかりみていく必要がある。「在宅ケア」はその量・質を追求すれば、安上がりでなく、何よりもコストを要するかもしれない。

　高齢者介護は高齢者の生活全般にかかわる支援であって、何よりも彼ら・彼女らが「人間らしい」生活を実現でき、さらに自己実現の機会を創造できるような地域づくりでもあることが求められる。その視点が単に介護サービスを供給するためだけの狭小なものであれば、地域での高齢者の生活を改善、支援し、住民とともに地域福祉を充実するという視点が抜け落ちることになる。また、それは地域において、住民が高齢者介護に対する理解を深め、ボランティア的に介護支援に参画したり、高齢者相互が支え合ったりする動きを軽視してしまうことにもつながる[12]。

(2)　メディコ・ポリス構想

　医療・福祉等のニーズの増大を背景とする医療・福祉システムの整備は教育施設の充実および住民の生計を確保できる産業振興と関わらせることで、「メディコ・ポリス（医療・福祉都市）構想」、つまり地方・農村再生に向けた基本条件になるということである[13]。この構想が提唱された背景にはいくつかあるが、その中心は国や地方の地域開発・産業政策（外来型開発や土建型産業）に対するアンチテーゼであり、「メディコ・エコ・ポリス」あるいは「メディコ・アグロ・ポリス」にまで敷衍した宮本憲一が積極的に展開した「内発的発展論」に通じる[14]。それが佐久総合病院、さらに佐久市のまちづくりにパラダイム転換を促すことになっていく。

川上はメディコ・ポリス構想を実現するための必要条件について、「第1は、佐久地域への医療技術短大や看護大学の誘致ではないかと思われる。」「第2は、佐久地域への大規模な『シルバービレッジ』、『高齢者の村』の誘致である。」「第3は、医薬品・医療機器企業、関連研究所の誘致の検討である」とし、同時に、農山村本来の農業・林業についても「商品性の高い農業として、高原野菜や花ばかりでなく、薬用植物の栽培なども1つの試みになるかもしれない」と述べている[15]。ここでの誘致は必ずしも大都市の大資本に依存することを意味しないと思われるが、重要なのは「機械・化学ありき」でなく「人間ありき」で、「健康ギセイ」でなく「健康ありき」である。

医療は産業振興の側面からみると、裾野が広い産業として知られており、地域の「産業コンプレックス（複合体）」を形成することができる。医療関連産業は今や多くの地域の基幹産業である。夏川周介も人集約型、地域密着型の空洞化のない産業であるがゆえに、人口減少に悩む地方における有力な雇用創出・確保につながるとともに、地域社会の発展性・継続性に欠くべからざる要素となるので、佐久総合病院には健全な経営を守ると同時に、新たな地域づくりの核としての役割・機能を持つことが社会的使命・責任であり、実践することが重要であると理解している[16]。

メディコ・ポリス構想は1990年代後半に病院のアクションに加えて、行政、議会、商工会、JA、住民の協力により、「街づくり研究委員会」や議員との懇談会などを組織し、具体化に向け協議が始まった。1997年には「長期構想プロジェクト委員会」が院内で正式に発足し、1年余の議論を経て、99年には構想を実現していくための具体的な方針案が策定された[17]。すなわち、院是ともいうべき病院の基本理念と行動目標が改訂され、とくに注目すべき点として、前者について「地域と一体となった病院づくりをめざします」という文言を「地域づくりと、…への貢献を目ざします」としたうえで、後者について5項目のうち「農業と農村を守り地域文化活動を発展させ、地域と連携した『メディコ・ポリス』の実現に努めます」という項目を設定したのである。

清水茂文等によれば、メディコ・ポリス構想実現の第一弾は、本院を2つに機能分化させ再構築する基本計画の決定（2002年）、つまり、急性期専門医療を担う基幹医療センターを佐久地域（旧佐久市）中心部で、保健・慢性期医

療・介護を担う地域医療センター（本院）を従来の場所（旧臼田町）で整備することである[18]。老朽化・狭隘化の著しい本院もリニューアルし、また、環境問題に配慮したエネルギー棟も建設される。ただし、それまでにも様々な動きがあげられる。例えば、小海町において小海診療所（佐久病院附属）が2000年にJR小海駅舎内に移転し、JA長野八ヶ岳の支所、ショッピングセンターとの同居というあまり例のない駅舎となり、「小さなメディコ・ポリス」の実現と評される[19]。

3. 持続可能な地域づくり

最後に、メディコ・ポリス構想を念頭に置きながら、持続可能な地域づくりの課題について検討する。

佐久総合病院は佐久中南部を主たる対象にし、住民ニーズに応えていくことで発展してきたが、それ自体が安心して暮らせる地域づくりであったと言える。全国の公的医療機関が軒並み赤字に陥るなかで、2003年の小海赤十字病院の閉院に伴って、小海分院を開院し、その後、南部の5ヵ町村とJA長野八ヶ岳の支援を受け、リニューアルしたことは圧巻である。他方、病院の理念に文化活動が掲げられているが、「人間らしい生き方を獲得する活動」をさす[20]。院内の文化部と体育部はいずれも盛んであり、野球部のように全国レベルの部もある。病院祭は60年以上、農村医学夏季大学講座は50年以上続いており、前者と同様に後者も住民にとって敷居が低い。こうした住民の健康・医療等に対する意識を啓発、醸成する取り組みは、生死がある限り、止める性格のものではない。

ただし、これまで佐久総合病院（本院）を中心とするネットワークが広がってきたなかで、「専門分科を続ける本院が失いつつある『農民とともに』の精神は診療所レベルで維持されている」という評価があるが[21]、それで十分であろうか。後に院長となる清水茂文からプライマリケア・レベルの仕事として健康管理活動、在宅ケア活動などがあるが、専門（高度）医療との結合がゆるみ始めていると指摘され、若月も認めていることを取り上げても[22]、根本的な問いかけは続いていると言える。まず病院スタッフが協同組合の基本的性格

である、協力や互助・共助を第1に考えて欲しいものである。

　これに対して、近年、全国で地域包括ケアが盛んに取り組まれ、厚生連病院も同様であるが[23]、佐久総合病院では早くから実践され、リーダー的な存在である。地域ケア科は設立から20年を迎えたが、在宅療養する患者を支えるために、訪問診療、訪問看護、訪問リハビリ、ケアマネジメント、宅老所の仕事を中心に活動している。地域の関係者との積極的な交流・連携もみられる。遺族との交流も行われ、特筆に値する。また、佐久市からの業務委託により臼田地域包括支援センターを運営し、厚労省のモデル事業をきっかけとする在宅医療連携拠点事業も継続している。2014年11月には地域包括ケア病棟が開設されており、広域にわたる地域包括ケアネットワークも充実している。

　今や佐久総合病院の存在は、入院・外来患者数が県内トップクラスを誇り、スタッフが2,000名超に及ぶことだけをあげても、非常に多くの交流人口を生み、大規模な雇用の受け皿となっている。見舞客や家族の居住等をあわせると、経済波及効果は加速度的に増す。労働環境の改善を継続すれば、若者のU・Iターンも増加するであろう。ただし、経済効果（産業振興）についてはいくつかの注意を要する。厚生連の病院である限り、その運営に関わる食材や設備等は全てJAを通すために、JAの地域内所得循環に対する姿勢が非常に重要になる。本院そばの商店街をみれば、衰退が著しく、おカネが落ちるのは薬局くらいである。他方、2014年に「佐久医療センター」が工業団地に開設されたので、このことを機に商工業との連携を広域で進めていくことが考えられる。

　では、メディコ・ポリス構想の点からみればどうであろうか。川上武は『佐久病院史』（1999年）において、医療・看護・福祉系大学の新設および医療・福祉機器産業や医薬品産業の誘致は積極的に着手することが困難になっていると評価していた。それらについては時間を要するであろうが、2008年4月に佐久市の信州短期大学（学校法人佐久学園）を発展させる形で、JA長野厚生連、県、市の支援を受け、4年制である佐久大学が看護学部の設置を伴って開校し、佐久病院で基礎看護実習受け入れが開始したことは非常に大きな成果である。また、2012年4月には同大学院看護学研究科修士課程が開設されている。

　佐久総合病院の再構築にあたっては、様々な施設に置かれている病院広報誌

や病院祭などできめ細かく情報発信し、地区説明会も複数地区に分け、開催時間にも配慮して実施しており、「農民(住民)とともに」の精神が随所にみられる。他方、地域住民にとっても病院・医師を当然の存在とせず、(地域)医療に向き合う重要な機会となった。再構築がもたらす地域経済・社会に対する影響あるいは効果がどの程度調査・研究されたかは定かでないものの、病院完結型医療ではなく地域完結型医療の重要性が増す昨今、地域住民が自ら医療や福祉を創っていく気概を持てるよう、様々な主体・業界と連携しながら住民参加、地域協働を追求していけば、メディコ・ポリス構想の具体化を通した持続可能な地域づくりの可能性は高まっていくであろう。

(莱田但馬)

注
1) 本論は佐久総合病院や元院長の若月俊一の成果を踏まえたうえで農村地域医療の課題を提起した莱田但馬「佐久総合病院・若月俊一と農村地域医療の課題—人間発達の地方行財政に向けて—」『立命館経済学』第59巻第6号、立命館大学経済学会、2011年、を大幅加筆・修正したものである。
2) 若月俊一『若月俊一の遺言—農村医療の原点—』家の光協会、2007年、16-17頁。
3) 川上武「農村再生と『メディコ・ポリス』構想—今なぜ若月俊一か—」川上武・小坂富美子『農村医学からメディコ・ポリス構想へ—若月俊一の精神史—』勁草書房、1988年。
4) 夏川周介「地域医療における総合病院の役割—佐久総合病院の実践事例—」『月刊自治フォーラム』vol.598、第一法規、2009年。
5) 小坂富美子「佐久総合病院の奇跡—若月俊一の経営戦略—」川上武・小坂富美子『農村医学からメディコ・ポリス構想へ』勁草書房、1988年。
6) 松島松翠「若月俊一の思想を現代に生かす—地域医療の再構築をめざして—」佐久総合病院・信州宮本塾合同研究会編『地域医療とまちづくり—佐久病院の再構築から—』JA長野厚生連佐久総合病院・信州宮本塾、2009年。
7) 飯嶋郁夫「住民の保健・福祉リーダーづくり」『農村医療の原点』JA長野厚生連佐久総合病院、2005年。
8) 長純一「『母なる農村』をどう守るか—若月俊一のラストメッセージを継承する—」『農村医療の原点Ⅴ—地域医療の未来に向けて—』JA長野厚生連佐久総合病院、2008年。
9) 若月・前掲注2)の小論文「健康を地域の中で—住民の自主的運動に期待する—」(初出:農村医療第52号、1985年8月)、「寝たきり老人はどこへ行く」(初出:同第38号、1983年6月) 他。
10) 若月・前掲注2)、52頁。
11) 佐久総合病院の訪問看護・介護の供給体制 (24時間365日体制) として、訪問看護ステーションこうみ、うすだ在宅介護支援センター、訪問看護ステーションうすだ、訪問

看護ステーションのざわ、のざわ居宅介護支援事業所、やちほ在宅介護支援センター、訪問看護ステーションやちほ、訪問看護ステーションあさしななどがあげられる。訪問看護の体制が充実していることは全国的に有名である。なお、宅老所「やちほの家」も経営していることを付記しておきたい。

12) 本城昇「農村の高齢化と地域福祉―介護の社会化の必要性と農協の課題―」日本村落研究学会編『高齢化時代を拓く農村福祉』農山漁村文化協会、1999年。
13) 川上・前掲注3)。
14) 宮本憲一・遠藤宏一編著『地域経営と内発的発展―農村と都市の共生をもとめて―』農山漁村文化協会、1998年、宮本憲一「地域再生と病院の役割―メディコ・ポリス構想の現代的意義―」『農村医療の原点Ⅴ』JA長野厚生連佐久総合病院、2008年、同「若月俊一さんの思想と事業を今日どのように発展させるか」佐久総合病院・信州宮本塾合同研究会編『地域医療とまちづくり』JA長野厚生連佐久総合病院・信州宮本塾、2009年。
15) 元院長の清水茂文のように、メディコ・ポリス構想にとって（農村）医大誘致が不可欠であると提唱する動きも注目に値する。なお、農協の全国的な資金力・組織力や佐久総合病院の拡大を背景とする農村医大設立構想は政府の医療政策や全国農協の方針などの煽りを受けて1972年に断念された経緯がある（その後、1977年に規模を縮小したうえで「全国農村保健研修センター」が附属施設として臼田町に設立され、農山村で働く医師、保健婦、生活指導員、栄養士等の再教育機関の役割を担っている）。
16) 夏川周介「地域医療における総合病院の役割」『月刊自治フォーラム』vol.598、第一法規、2009年。
17) 清水茂文「メディコ・ポリス構想の発展をめざして―保健・医療・福祉の町づくりと農村医科大学―」ヘルスケア総合政策研究所『医療白書2010年度版』日本医療企画、2010年。
18) 再構築に伴う諸問題や病院スタッフ等の動向については油井博一「佐久病院の概況と再構築計画について」『いのちとくらし』第33号、いのちとくらし非営利・協同総合研究所、2010年、等を参照していただきたい。
19) 後述する小海分院の開院に伴い、小海診療所は無床化され、併設の訪問看護ステーションこうみとともに、訪問診療・看護に重点を置いているが、他方で、小海駅舎には2006年に社会福祉法人ジェイエー長野会が知的障害児（者）の多機能型事業所（就労継続支援B型等）を開設しており、新たなスタイルがみられる。
20) 松島松翠「医療と文化活動―文化活動の再構築によせて―」『農村医療の原点』JA長野厚生連佐久総合病院、2005年。
21) 南木佳士『信州に上医あり―若月俊一と佐久病院―』岩波書店、1994年、184頁。
22) 若月俊一と清水茂文の対談（若月俊一・清水茂文『医師のみた農村の変貌―八ヶ岳山麓50年―』勁草書房、1992年、193頁。
23) 川合真「地域医療と協同組合―現代農村社会におけるヘルスケア・インフラストラクチャーに関する一考察―」『共済総研レポート』No.107、JA共済総合研究所、2010年。この論文で取り上げられた「農山村地域の保健医療基盤に関するアンケート」（全国102の厚生連病院からの回答）は興味深い結果を示すことを付記しておく。

参考資料

[協同組合について]

　協同組合は、19世紀にヨーロッパで始まり世界各地に広がりました。現在では日本を含め世界の多くの国々で多くの協同組合が活動を展開しています。世界の協同組合の連合組織である国際協同組合同盟（ICA）には、2012年3月現在で96カ国が加盟しており、関連する組合員数は世界全体で約10億人にものぼります。

　ICAは、1895年ロンドンに設立された世界の協同組合の連合組織であり（現在の本部：ブリュッセル）、世界各国の農業、消費者、信用、保険、保健、漁業、林業、労働者、旅行、住宅、エネルギー等あらゆる分野の協同組合の全国組織が加盟しています。2013年12月現在、ICAの加盟組織は94カ国271団体、傘下の組合員は世界全体で10億人を超え、世界各国に協同組合運動を広げ、協同組合の価値・原則の普及と協同組合間の国際協力の促進、世界の平和と安全保障への貢献等を目的として、情報発信、国際会議・セミナー等の開催、国連機関等への提言・意思反映活動等に取り組んでいます。

　また、世界最大の非政府組織（NGO）として、国連経済社会理事会（ECOSOC）の諮問機関第1グループに登録され、また2002年には国際労働機関（ILO）が「経済社会の発展において、協同組合は世界のどの地域においても極めて重要である。（193号勧告）」とその役割の重要性を認める勧告を発表しました。このように、協同組合組織であるICAは国際機関からの高い評価を受けています。

[協同組合は、株式会社やNPOとどこが違うの？]

＊協同組合は営利企業のように利益を目的としていません。
＊協同組合は「一人一票」の原則に基づいて、平等な議決権が与えられる中で民主的に運営されています。
＊協同組合の組合員は、事業の利用者であると同時に出資者・経営参画者でも

あります。

	協同組合	株式会社	NPO
目的	組合員の生産・生活の向上など	利潤の追求・株主への配当	公益の増進
根拠法	〇〇協同組合法	会社法	NPO法
組織者	組合員	株主	会員
事業	根拠法で限定	限定なし	根拠法で限定
出資者	組合員	株主	会員
利用者	組合員	不特定	不特定
運営参画者	組合員（代表する理事）	株主または株主代理人としての専門経営者	原則として会員
運営方法	一人一票	一株一票	格差設定も可能

出所：［協同組合について］［協同組合は、株式会社やNPOとどこが違うの？］は、国際協同組合年記念全国協議会ホームページより抜粋。

協同組合の定義・価値・原則
「協同組合のアイデンティティに関するICA声明（1995年）」

定義
協同組合は、共同で所有し民主的に管理する事業体を通じ、共通の経済的・社会的・文化的ニーズと願いを満たすために自発的に手を結んだ人々の自治的な組織である。

価値
協同組合は、自助、自己責任、民主主義、平等、公正、そして連帯の価値を基礎とする。それぞれの創設者の伝統を受け継ぎ、協同組合の組合員は、正直、公開、社会的責任、そして他人への配慮という倫理的価値を信条とする。

原則
協同組合原則は、協同組合がその価値を実践に移すための指針である。

（第1原則）自発的で開かれた組合員制
協同組合は、自発的な組織である。協同組合は、性別による、あるいは社会的・人種的・政治的・宗教的な差別を行わない。協同組合は、そのサービスを利用することができ、組合員としての責任を受け入れる意思のある全ての人々に対して開かれている。

（第2原則）組合員による民主的管理
協同組合は、その組合員により管理される民主的な組織である。組合員はその政策決定、意思決定に積極的に参加する。選出された代表として活動する男女は、組合員に責任を負う。
単位協同組合では、組合員は（一人一票という）平等の議決権をもっている。他の段階の協同組合も、民主的方法によって組織される。

（第3原則）組合員の経済的参加
組合員は、協同組合の資本に公平に拠出し、それを民主的に管理する。その資本の少なくとも一部は通常協同組合の共同の財産とする。組合員は、組合員と

して払い込んだ出資金に対して、配当がある場合でも通常制限された率で受け取る。組合員は、剰余金を次の目的の何れか、または全てのために配分する。
・準備金を積み立てることにより、協同組合の発展のため、その準備金の少なくとも一部は分割不可能なものとする
・協同組合の利用高に応じた組合員への還元のため
・組合員の承認により他の活動を支援するため

　（第4原則）**自治と自立**
協同組合は、組合員が管理する自治的な自助組織である。協同組合は、政府を含む他の組織と取り決めを行ったり、外部から資本を調達する際には、組合員による民主的管理を保証し、協同組合の自主性を保持する条件において行う。

　（第5原則）**教育、訓練および広報**
協同組合は、組合員、選出された代表、マネジャー、職員がその発展に効果的に貢献できるように、教育訓練を実施する。協同組合は、一般の人々、特に若い人々やオピニオンリーダーに、協同組合運動の特質と利点について知らせる。

　（第6原則）**協同組合間協同**
協同組合は、ローカル、ナショナル、リージョナル、インターナショナルな組織を通じて協同することにより、組合員に最も効果的にサービスを提供し、協同組合運動を強化する。

　（第7原則）**コミュニティへの関与**
協同組合は、組合員によって承認された政策を通じてコミュニティの持続可能な発展のために活動する。

出所：日本生活協同組合連合会ホームページ。

日本の協同組合運動の現状

農業協同組合（農林水産省統計他） （2012 年 3 月 31 日現在）

組合員数（個人・団体）（2011 年 3 月末現在） 正組合員	4,720,274 人
准組合員	4,973,581 人
計	9,693,855 人
単位組合数（総合農協のみ）	711 組合
年間販売事業高（2011 年 3 月末現在）	42,262 億円
年間購買事業高（2011 年 3 月末現在）	29,849 億円
年度末貯金残高	881,963 億円
年度末長期共済保有高	3,037,308 億円
年間短期共済契約高（掛金）	4,506 億円
月刊「家の光」年間平均発行部数（2012 年 7～12 月期）	59.8 万部
「日本農業新聞」発行部数（2011 年 4 月現在）	36 万部
農協観光事業高（H22 年度）	819 億円
全厚連病院　114 施設　年間外来患者数　18,909,619 人　年間入院患者数　10,432,038 人	

漁業協同組合（全漁連調べ） （2009 年 3 月 31 日現在）

組合員数（個人・団体） 正組合員	197,705 人
准組合員	152,819 人
計	350,524 人
単位組合数（沿岸出資組合）	984 組合
年間販売事業高	13,116 億円
年間購買事業高	2,350 億円
年度末貯金残高（2009 年 3 月末現在）	8,494 億円
年度末長期共済保有高（共水連データによる）	29,231 億円
年間短期共済契約高（共水連データによる）	28,372 億円
連合会数（都道府県知事認可）	82 連合会
連合会販売高	4,977 億円
連合会購買高	1,495 億円

森林組合（林野庁・全森連統計） （2010 年 3 月 31 日現在）

組合員数	1,566,729 人
単位組合数	676 組合
年間販売事業高	673 億円
年間購買事業高	329 億円
年間森林整備事業高	1,681 億円
連合会数	46 連合会
連合会販売事業高	513 億円
連合会購買事業高	86 億円

生活協同組合（日本生協連会員統計）　(2012年3月現在)

組合員数　（購買 2,306 万人、医療 278 万人、共済・住宅 79 万人）	2,665 万人
単位組合数　（購買 457 組合、医療 111 組合、共済・住宅 8 組合）	576 組合
連合会数　（都道府県生協連、共済・住宅・医療・大学生協の各連合会、事業連合）	65 連合会
年間総事業高	33,452 億円

全労済（全労済調べ）　(2012年5月31日現在)

加盟組織数	58 会員
契約高	6,914,070 億円
共済掛金収入	5,907 億円
支払共済金	3,879 億円

日本労協連（日本労協連調べ）　(2012年3月31日現在)

組合員数	55,008 人
就労組合員数	12,765 人
加盟組織数	59 団体
年間事業高	305 億円

ワーカーズ・コレクティブ ネットワーク ジャパン　(2013年3月31日現在)

組合員数	12,677 人
単位組合数	436 団体
連合会数	12 連合会
年間事業高	140 億円

大学生活協同組合（大学生協連統計）　(2012年9月現在)

組合員数	1,570,476 万人
単位組合数	222 会員

(2013.3月現在)

年間総事業高（会員生協総事業高）	1,845 億円
学生総合共済	64 万人

労働金庫（全国労働金庫協会調べ）　(2012年3月31日現在)

金庫数	13 金庫
団体会員数	56,636 会員
間接構成員数	10,039,661 人
店舗数	642 店舗
預金残高（譲渡性預金を含む）	174,379 億円
貸出金残高	115,708 億円
自己資本比率	11.24 %

中小企業組合（全国中小企業団体中央会調べ）　(2012年3月31日現在)

事業協同組合数	30,566 組合
事業協同小組合数	5 組合
火災共済協同組合数	42 組合
信用協同組合数	158 組合
協同組合連合会数	686 連合会

企業組合数	1,908 組合
協業組合数	866 組合
商工組合数	1,240 組合
商工組合連合会数	52 連合会
商店街振興組合数	2,557 組合
商店街振興組合連合会数	115 連合会
生活衛生同業組合数	573 組合
生活衛生同業組合連合会数	16 連合会
生活衛生同業小組合数	3 組合

信用組合（全国信用組合中央協会調べ） （2012 年 3 月 31 日現在）

信用組合数	158 組合
店舗数	1,737 店舗
組合員数	3,805,548 人
預金積金	177,765 億円
貸出金	94,760 億円
自己資本比率	11.14 %

信用金庫（全国信用金庫協会調べ） （2012 年 3 月 31 日現在）

信用金庫数	271 金庫
店舗数	7,535 店舗
会員数	9,318,366 人
預金積金	1,225,884 億円
貸出金	637,886 億円
自己資本比率	12.85 %

出所：日本協同組合連絡協議会（JJC）資料より。

第Ⅲ部
現代における公益

第1章
特定秘密保護法に公益性はあるか

はじめに

　公益に資するべき法律が、国家秘密を拡大し、官僚の支配力を強める手段に使われる―。2014年末に施行された特定秘密保護法は、国民の知る権利を侵害する戦後最悪の部類の法律と言える。国家の秘密を官僚の裁量で増やし、民主国家の情報公開の流れに逆行する情報統制への道を開くからだ。この法律の限りない危険性を、福島第一原発事故、沖縄密約事件、「たちかぜ」自衛官自殺事件の3事例をベースに検証する。

1. 秘密法の危険な特性

　特定秘密保護法（正式名称「特定秘密の保護に関する法律」）が2014年12月10日に施行された。安倍政権はこの1年前に盛り上がった批判と反対を押し切り、法案を強行採決して2013年12月6日に成立させた。同法は運用の仕方で憲法で保障された「言論・表現の自由」を封じ、行政の不正を隠蔽する危険性を秘める。最も懸念される運用ケースを考察してみよう。
　はじめに法律と公益性について取り上げる。法律は本来、憲法の下、国民の自由、利益、福祉に資するべきものである。すなわち国民の「公益」に適うべきものだ。
　特定秘密保護法に関して言えば、そもそもこの法の仕組み自体が憲法に照らして妥当か否かが問われる。国の安全保障に関し特定の情報を秘匿する必要は認められるが、問題はその範囲、「特定秘密」の指定法、管理運用法の妥当性である。さらに運用の仕方を国民の側から検証・監視する監視機能の実効性が

問われる。

　国家の特定秘密を取り扱う法律が、国民の基本的権利である「知る権利」や「表現の自由」を侵さないかが、究極的に問われる。この法が知る権利や表現の自由を侵すことが明らかなら、公益性に反すると言わざるを得ない。

　歴史上、国家権力が暴走して公益性に反する法律が現れることがある。戦前の治安維持法や国家総動員法はその典型例と言える。

　その「反公益性」の特性は、国民の思想・言論・表現の自由をことごとく奪うところにある。これらの悪法の眼目は、国家の支配を強化するための情報統制にあり、国民から知る権利を奪い、盲目にさせてしまう結果を招く。

　"反公益法"に共通する理念として、国家至上主義が挙げられる。これは「国民主権」の国民主義とは相容れない。この国家主義が自己拡張を目指して「ウルトラ国家主義」と化して暴走する時、戦争の危険が現実化する。

　この視点から、特定秘密保護法は治安維持法の21世紀改訂版と見ることができよう。「特定秘密」の恣意的な指定による行政情報の隠蔽と情報統制、罰則の強化とあいまって公務員の内部告発や記者、市民らの取材活動の委縮・抑制を必然的にもたらすからである。

　情報は「お上」が認める範囲でしか伝えられない。報道機関は政・官の発表情報をそのまま報道する発表ジャーナリズムに染まっていき、政権に不都合な調査報道は排斥されるか自己規制してしまう。そうなった時、政治と行政に関する国民の知る権利は抹消され、秘密を増やす政府を前に国民は真相を知ることができない。こうして政府権力の際限ない暴走への歯止めが外される。

　ここで特定秘密保護法の骨格部分を吟味してみよう。それは防衛、外交、スパイ（特定有害）活動、テロ防止の4分野において国の安全保障に関する情報のうち特に秘匿することが必要な情報の漏洩防止を図ることが目的、とある。

　次に、誰が「特定秘密」を指名し、管理するのか。

　もっぱら行政機関の長である。すなわち省庁の大臣や警察などの長官である。行政から独立した第三者機関が関与することはない。府省庁の国家官僚が事実上、特定秘密の指定、管理と法の運用、秘密取扱い者の適性評価と選定といった全権限を握る。

　安全保障上の理由から、何が「特定秘密」に指定されるのか。行政機関の長

が「指定相当」とみなせば指定が決まる。官僚トップの一存で特定秘密情報とされ、国民の目から遮断される。「何が特定秘密か。それは秘密だ」となり、国民は秘密の内容を一切知らされない。こうして官僚が法律を恣意的に運用し、秘密を果てしなく増やす恐れが強まる。

　特定秘密に指定する期間は、原則5年。ただし5年ごとに延長できる。上限で30年まで延長可能だ。これは米国の25年、英国の20年より、5年から10年長い。しかし、内閣の承認があれば30年を超えて最長60年まで指定できる。さらに人的情報源のような7項目の秘密については例外的に60年を超えても延長できる。

　その例外規定には「政令で定める重要情報」も含まれる。政令は官僚が作り、国会の審議にかけなくてもいい。内閣の承認さえあれば通る。つまり、行政機関が重要情報だとして政令で定めさえすれば、これを閣議決定して秘密を永久に公開しないこともできる。国民はこの秘密の中身を未来永劫知ることがない。

　増え続ける不都合な特定秘密をどんどん廃棄してしまう危険もある。不都合な真実を隠すための廃棄による情報隠蔽だ。法が定めた指定要件を欠いた場合の「解除」を飛び越して「面倒を起こさないよう」廃棄してしまう恐れだ。

　法律に反して情報漏洩した場合の刑罰は、どうなっているか。

　考え方は重罰主義による漏洩防止である。秘密を漏らした公務員や民間業者は最大10年の刑罰が科せられる。現在、一般公務員が守秘義務に違反した場合「1年以下の懲役」だから、これに比べ10倍に重い罰となる。自衛隊法の軍事秘密漏洩規定による「懲役5年以下の罰則」に比べても、その倍の重さだ。

　見逃せないのは、特定秘密とされる情報を手に入れようとしたとみなされた者は、共謀、教唆（そそのかし）、煽動（あおり立て）などの罪で各「最大5年」の重罰を科される可能性である。

　「特定秘密」の内容は指定した行政機関しか知らないから、知らずに特定秘密に近づいたジャーナリストや市民も危険にさらされる。公務員などの情報源と「共謀」して秘密情報を盗んだとか、「その情報を教えてくれ」とそそのかした（教唆）、あるいは「さあ、この情報を公開しろ」と迫ってあおり立て

（煽動）と公安当局がみなせば、逮捕の危険が迫る。
　こんな状況下で、取材する方もされる側も身の危険を感じ、萎縮してしまう恐れが強まる。ジャーナリズムの側からすると、秘密を知ろうとあの手この手で迫ったり、言うべきだと煽ったりすると危ない。記事にする場合は、ニュースソースの公務員や業者が秘密漏洩の罪に問われる恐れが出てくる。
　あれやこれやを考えると、記者もデスクも気が重くなる。調査報道に及び腰となり、権力の横暴に対して自己規制し、報道を控えたり、遠慮がちのトーンとなる可能性が高まる。
　公務員は、行政の不正や失態、予算のムダ遣いを目の当たりにしても、内部告発（通報）をためらうケースが増えるのは必至だ。内部告発は必然的に抑制され、行政の自浄能力は低下していく。
　結果、政府は自らを閉ざしていき、国民の知る権利は閉ざされていく。これまで国民が手に入れた情報公開制度は、国家の秘密主義の前に形がい化する恐れが濃厚となる。
　特定秘密を取り扱う公務員らは、どんな基準で選ばれるのか。
　役所の「適性基準」によってである。ところが、この評価基準に大きな問題がある。精神疾患の有無、通院歴、睡眠薬を含めどんな薬物を使っているか、とか、飲酒の節度（酒グセ）、財産や借金状況といった信用・経済調査がなされる。さらに自分の配偶者や父母、子、兄弟姉妹、同居人の国籍までも過去にさかのぼって調べられる。
　いずれの調査もスパイ活動およびテロ防止対策が名目だ。配偶者の家族にまで国籍調査を広げているのが目を引く。この過激なまでの身辺調査は、所管の公安警察の特定秘密保護法への異常な肩入れぶりを物語る。同法はもともと内閣に置かれた情報機関「内閣情報調査室（内調）」が立案・作成したのである。
　この適性評価も、特定秘密取り扱い者の公務員に相当なプレッシャーを掛けることは必至だ。プライバシーにこれほど立ち入られ、しかも公的記録に残されるとなると、逃げ出したくなる気持ちにもなろう。
　適性評価は特定秘密を扱う民間業者の社員とか独立行政法人や公益法人のような外郭団体職員にも実施されるから、中には配置換えを希望したり、依願退職する人も出るかもしれない。そうなると困るから、上司が勝手にウソを書い

て役所に提出する、ということもありうる。評価の実効性は疑わしいのだ。

　秘密法は、秘密漏洩の厳しい罰則規定とあいまって、公務員とジャーナリスト双方を萎縮させ、自己抑制させることで、国民の知る権利を侵す。

2. 監視機能も形だけ

　この重大な欠陥を持つ法律に対する監視機能は、形ばかりで実質ないに等しい。

　安倍政権は国会内外での猛烈な批判を受け、法律の運用を監視する機関を数多くこしらえた。だが、法的強制力で特定秘密の内容を行政機関から提示させ、誤った「特定秘密」指定を取り消すような強制力を持つ独立した第三者機関は1つもない。

　秘密法の運用に関し、法律は次の監視機関を設けた。
・情報保全諮問会議（民間有識者で構成。内閣官房に設置）→法律の適正な運用のため統一的な運用基準をまとめる。
・情報監視審査会（国会議員で構成。国会に設置）→監視活動は行うが、会議は非公開。運用改善を勧告できるが、強制力はない。
・独立公文書管理監（部長級の元検事が担当。内閣府に設置）→特定秘密の指定や管理が適切かどうかチェック。
・情報保全監察室（20人規模の官僚で構成。独立公文書管理監の下部組織）
・内閣保全監視委員会（法相をトップに各省庁次官級で構成。内閣官房に設置。事務局は内調（内閣情報調査室）→内調自らが企画立案した秘密法の監視役を務める最悪級ケース。

　以上のように、監視機関の中枢部分を官僚が占める。役人が身内の役人の決める秘密を監査する形だから、「どだい効果は上がりっこない」との見方が広がる。

3. 原発の真実を知らせない

　特定秘密保護法のもたらす影響について、近年に発生した行政機関の情報隠

蔽のケースから推し測ってみよう。

　「特定秘密」の指定を盾に、施設や事業内容に関して情報公開をことごとく拒む懸念の強い分野が、原子力発電だ。原発推進に舵を切った安倍政権が、特定秘密保護法を利用して、国民に「原発の恐るべき実態」をますます知らせなくなる可能性が高まる。国策としての原発推進をテロ対策の面から支援する役割は秘密法制定を推進した公安警察が担う。

　東電は元来、秘密主義に凝り固まっている。福島第一原発事故の発生直後、東京電力は必死で注水作業を急ぐ東京消防庁に対し、テロ行為に利用される恐れを理由に施設の構造図面の提供を拒否した。免震重要棟の場所すら教えなかった。

　これは秘密至上主義の東電が行ったあまたの「情報封鎖」の象徴的な例である。

　この東電の秘密主義が、政府の「由らしむべし、知らしむべからず」の統治理念と結び付くと、重大事故ですら国民は何も知らされない危険が生じる。

　現に福島原発事故で、周辺地域住民は刻々と広がる放射能汚染状況を伝えるSPEEDI（緊急時迅速放射能影響予測ネットワークシステム）の情報を知らされなかった。住民の避難は遅れ、この間、高濃度放射能汚染に無防備でさらされた。

　全電源を喪失した2011年3月11日の夜から原子炉が次々にメルトダウン（炉心溶融）を起こすが、政府・東電は国民に重大事故と覚られぬよう、「メルトダウン」を「炉心損傷」と呼び変え、官房長官が「（放射能汚染が）人体に直ちに影響することはない」などと説明した。メルトダウンが公表されたのは後日、事故調査に入ってからだ。

　東電の隠蔽体質は、事故から4年経つ今も変わらない。原子炉建屋の屋上などにたまった高濃度の放射性物質が雨に流され排水路を伝って、「ない」とされていた外洋にも流れ出ていた実態を隠していたことが、2015年2月末になって発覚している。

　政府と電力会社は、そもそもこういう真実を隠す秘密主義で長い間「原発は安全」の神話を国民に繰り返し刷り込み、54基（福島第一原発事故前）に上る原発を全国に配備することができたのである。

未曽有の福島原発事故にもかかわらず、安倍政権は2012年12月の衆院選挙時に掲げた「脱原発依存」を政権を握るやなし崩しに「原発復活」に舵を切った。しかし、この重大な路線変更について国民に十分な説明はない。

政府の原発再稼働方針を受け、原子力規制委員会は2014年3月に九州電力川内原発1、2号機を優先審査することを決定。合格認定され、同1号機は2015年8月に再稼働した。

2014年4月には政府は原子力発電を「重要なベースロード（安価で安定供給できる）電源」と位置付ける新たなエネルギー基本計画を経済産業省案をベースに閣議決定した。重要なのは、これまで10兆円を超える国費を注ぎ込みながら依然、実用化の見通しが得られていない核燃料サイクル政策の推進を明記したことだ。安倍政権は名実ともに、民主党前政権が事故後に打ち出した「2030年代に原発ゼロ」から転換した。これを受け、自民党 原子力政策・需給問題等調査会は2015年4月、政府が検討している2030年の電源構成（エネルギーミックス）について原子力、石炭火力、水力、地熱から成る「ベースロード電源」の割合を現在の約4割から6割を目指すよう求める提言を行った。これを実現するためには、原発の比率が20%以上必要（事故前は29%）とみられ、原発回帰が鮮明になった。風力や太陽光を活用する再生可能エネルギーについて環境省は2030年に「最大約35%の導入が可能」との試算を発表していたが、「20%台前半」へと後退した。

結果、政府は2015年7月、2030年の電源構成比率を原発が「20～22%」、再生可能エネルギーが「22～24%」とすることを正式決定した。

4. 核燃料サイクルの「不都合な真実」

核燃料サイクルとは、使用済み核燃料の燃え残りのウランや発電中にウランから生まれるプルトニウムを取り出し、再処理して再び燃料として利用するサイクルを指す。この循環プロセスを稼働させていけば、小さな核燃料から限りなくエネルギーを得られる、という。

政・官・業・学から成る「原発ムラ」が夢想する、原子力エネルギーの開発・解放計画の頂点に、この核燃料サイクルが位置する。

サイクル計画の中核施設とみなされている高速増殖炉の原型炉「もんじゅ」（福井県敦賀市）。これが原子力崇拝者から「夢の原子炉」と呼ばれたのには、理由があった。

核の高速増殖が成功すれば、エネルギー資源に乏しいとされるエネルギー問題は、核燃料サイクルによって難なく乗り切れると、原発ムラは期待したのだ。この一連のサイクル計画を推進するため、国が「特定秘密」のヴェールで「危険な真実」を覆っていく可能性が極めて高い。

国が進めた核燃料サイクル計画によると、使用済み核燃料からのプルトニウムの取り出しは、青森県六ヶ所村の再処理工場で行う。取り出したプルトニウムをウランと混ぜたMOX燃料として原発で燃やす「プルサーマル」も推進する。

津軽海峡に面した青森県大間町で建設中の大間原発は、このMOX燃料を100％使える世界初の原発として計画され、2008年に着工した。プルサーマル推進のシンボルだが、周辺住民から「ノー」を突きつけられる。

海峡を挟んで対岸の函館市は2014年4月、事業者のJパワー（電源開発）を相手取り、大間原発の建設差し止め訴訟を東京地裁に起こした。

函館市の一部は、原発事故に備えて避難計画の策定が義務付けられている原発30キロ圏内に入る。同市は「大間で過酷事故が起これば、27万人超の市民の迅速な避難は不可能」と訴える。

高速増殖炉「もんじゅ」
出所：日本原子力研究開発機構ホームページ。

工藤壽樹・函館市長は、原発建設問題についてこう語る──「廃棄物の処理もできない原発をこれ以上どんどん増やすのではなくて、反省も込めて30年、40年凍結して、もう一度冷静に原子力というものを考えてみよう。アメリカだって1979年のスリーマイル島の事故以来、原発はつくっていない。それぐらいの考える期間が、日本にだって必要だと考えました[1]」

　このように核燃料サイクル政策の一翼を担う「プルサーマル」計画は、福島第一原発事故の衝撃を受けてたちまち動揺した。周辺自治体による史上初の原発建設差し止め訴訟が立ち塞がった。

　国としては何としても住民との摩擦を回避してサイクル政策を推進したいところだ。

　このような国の推進政策と地元・周辺住民、市民との間の対立・抗争に際し、最重要の争点となるのは原発の情報公開だが、国は「特定秘密」を開示を拒む盾として使う恐れが強い。

　その法的根拠に、テロによる安全保障上の脅威が挙げられよう。テロ対策上、原発の内容を極力外部に知らせてはならない、ことごとく「特定秘密」に指定しておかなければならない、となり、そのように法が運用されていくのは必至だ。

5.「特定秘密」で原発リスクを覆う

　国が国民に真相を隠さなければならない理由は、ほかにもある。その１つは、国策事業の失敗である。莫大な国費を投入しながら、成果が得られないケースである。

　「もんじゅ」が、まさにその典型例だ。

　20年以上も昔の1992年に試運転を始めて以来、トラブルが絶えず、今なお運転停止が続く。この運転停止中も、毎年200億円規模の予算が維持管理費の名目で主に人件費に使われている。

　もんじゅの失敗続きの歴史は、もんじゅを運営する独立行政法人の日本原子力研究開発機構の安全に対する取り組みに緊張感がまるで欠けていることを物語る。1995年のナトリウム漏れ事故で約14年間も運転を停止した。2012年9

月には約1万点にも上る機器点検漏れ、さらに2014年1月に点検計画見直しの虚偽報告、4月には新たな未点検機器と点検記録の100か所以上に及ぶ不正処理が見つかった。

　2015年3月には、原子炉を発火の危険のある液体ナトリウムで冷やす一時冷却系などで、重大な点検漏れが見つかった。原子力規制委員会の田中俊一委員長はこれについて「一番、安全上重要な配管で点検の抜けがあったのは重症だ。…根本から姿勢を改められなければ、原子力事業をやっていく資格はない」とまで記者会見で批判した。

　危険この上ない核エネルギーを扱いながら、当然行うべき日常の安全管理点検ができていない。規律は乱れ放題、勤労モラルはマヒ状態が依然として続く。

　財務省は多額なもんじゅ予算の積算根拠も不透明で疑わしいと見た。2011年11月の事業仕分けでもんじゅを運営する日本原子力研究開発機構と監督官庁・文部科学省に対し「説得力ある形で国民に積算根拠を説明する必要がある」と異例の要求を行ったが、実現していない。

　核開発先進国の米国、英国、フランスはすでに制御などの技術的困難と費用面から高速増殖炉の実用化を断念し、開発から撤退している。安倍政権はこうした「破綻同然のカネ食い虫」サイクル事業を反省することなく、莫大な国費を使う事業の継続にお墨付きを与えたのである。

　もんじゅに対しても、看板を掛け替えて延命させた。「増殖炉」の看板を下ろし、国際的な研究機関として、新たに「核のゴミ専用の焼却炉」に取り組む、などとした。しかし、具体的な計画が出来上がっているわけではない。事業の延命を狙って急ごしらえした苦肉の策と見られている。

　かつて原発ムラが世間に刷り込んできた「原発の安全神話」が、民衆の間で信じられてきた。「安全だから」、「安価でCO_2（二酸化炭素）を出さないクリーン・エネルギーだから」と、原発の新増設すら当たり前のように受け容れられてきたのだ。

　福島第一原発事故は、原発の恐ろしい真実を"水面下"から一挙に浮上させた。

　事故の教訓は測り知れない。そもそも二度と起こしてはならない、と根本的

に反省してかからなければならない。ドイツのメルケル首相が福島の事故を見て決断したように、当然「原発全廃」も選択肢として考えなければならなかったはずだ。

事故調査が政府、国会、民間でそれぞれに行われ、貴重なヒントや新たな発見も相次いだ。

にもかかわらず、安倍政権は事故を忘れたかのように、エネルギー政策の舵を切り替えた。そしてエネルギー基本計画の閣議決定後に国民各層の強い反対を押し切り、強行採決して成立させた特定秘密保護法が続く。

この一連の流れから秘密法が福島第一原発事故後の原発復帰政策と連動していることが、看て取れる。原発が首尾よく再稼働し、核燃料サイクル計画を軌道に乗せるためには、原発は「特定秘密」にすっぽりと覆われていなければならない―。政府中枢がそう考えても不思議でない。

6．フクシマが見せた原発の地獄

「もんじゅ」が試運転を開始して2年後の1993年5月。国策の核燃料サイクル計画の問題点を指摘したNHK報道「プルトニウム大国・日本」に、原子力所管の科学技術庁（現在は文部科学省に統合）の原子力局長と動燃（動力炉・核燃料開発事業団＝現・日本原子力研究開発機構）幹部（いずれも当時）らが猛烈な番組批判と抗議を行った。動燃は「核燃料サイクル」の研究開発などを行うため、1967年に国が設立した科学技術庁所管の特殊法人だ。

科学技術庁は抗議活動の一環として、動燃の管理職にNHKへの投稿や電話による「やらせ抗議」まで行わせた。「抗議」の例文マニュアルまで作ったが、その中には「30年かけて研究開発に取り組んでいることへの非難がおかしい」とか「日本がエネルギーを確保するために研究開発をすることがなぜいけない」、「他の国がやめたから、日本もやめるという理論はあまりに稚拙だ」、「料金不払いも考える」などの文言もあった[2]。

こうした過去の事例を見れば、政府は「特定秘密」をむやみに増やし、ことごとく秘密のヴェールで覆うのではないか、という懸念が深まるのは当然だ。

原発再稼働と核燃料サイクル政策の推進を決めた政府が「特定秘密」を格別

に重視すると見られる理由は、福島第一原発事故が原発のあまりに「恐ろしい真実」を予兆もなしに開示してしまったからである。結果、どの世論調査でも国民の大半は「原発への不安」を示すようになった。

　フクシマが示したのは、地獄の黙示録であった。それは、次の様相を浮かび上がらせた。

・巨大な地震・津波で原発の苛酷事故はある日突然、起こりうる。
・事故は地球規模の広範な放射能汚染を拡散する。
・周辺地域は人の住めない"死の土地"となり、避難民の多くは住む家と生活を奪われ、帰るべき故郷を失う。
・事故に伴う汚染水処理が長引き、今なお解決の見通しが得られない。
・最終的な廃炉処理までに30〜40年もかかる。その間、放射能汚染の影響が続く。
・原発稼働で増え続ける使用済み核燃料が無害になるまでに10万年もの歳月を要するが、その間どのように安全に貯蔵・管理し、最終処分したらよいか、この解決法が世界的にもまだ見つかっていない。
・原発コストは安く経済性に優れていると政府は説明しているが、それは燃料費の比較の話であり、安全対策費や廃炉費用を加えると石炭火力や液化天然ガス（LNG）火力以上にコストがかさむ。

　「原発は安全で安価」どころか、このような鳥肌の立つ「恐ろしい真実」が、突然出現したのである。

　福島第一原発事故の結果、国と原発ムラは、原発を推進するために新たな「安全神話」を構築するほかない事情が突如として生じた。それには、せめて原発の真実を「特定秘密」で覆うに限る——これまでの隠蔽の歴史から国と原発ムラはこのように考えた、と見ることができるだろう。

　ここから、特定秘密保護法の「反公益性」が明らかに読み取れる。

7. 沖縄密約事件

　本来の本丸とされる外交と防衛の分野では、所管省の情報秘匿は「特定秘密」を用いて、さらに存分に補強されていく可能性が高い。両省はこれまでに保有するはずの行政文書を公判で「ない」と否認して波紋を投げた"前歴"がある。
　「ない」と証言するからには、「文書を廃棄してしまった」か「ウソをついているか」のいずれかである。廃棄にせよ虚偽証言にせよ国民としては政府の隠蔽工作を許すわけにはいかない。
　国民の知る権利は、こうした役所の情報隠しで侵害され、国民は「国の不都合な真実」を知らされない。この「情報隠蔽」こそが、「お上」が国民を盲目的に服従させるための、国威宣伝と並ぶ重要な操作術となる。
　特定秘密保護法の危険性を、元毎日新聞記者の西山太吉氏を巻き込んだ外務省沖縄密約事件からあぶり出してみよう[3]。
　1972 年の沖縄返還に際し、日本側の巨額の財政負担を巡って日米間で交わされた「密約」。国権の最高機関とされる国会の承認を得ることなく、いや密約の事実すら隠して、極秘のうちに米国側に裏金が供与されていた。
　沖縄返還に伴う対米支払いの密約は、1998 年、2000 年に我部政明・琉球大学教授が明らかにした米公文書によって裏付けられる。これ以後、「密約」の存在を否認していた外務省のウソが暴かれ出す。
　国会の承認案件である条約、協約の密約は、違憲・違法行為のはずだ。外交上、密約を秘匿しなければならない事情があったとしても、一定期間を経て密約の事実とそれに至った理由を国民に説明する必要がある。政府は密約の説明責任を果たさなければならない。
　ところが、外務省はウソをつき通した。違憲・違法行為を続けて、国会でもシラを切ったのだ。のちにウソが判明したが、外務省は何一つ責任を取っていない。
　米公文書により密約が発覚し、2006 年 2 月にはとうとう密約に関わった吉野文六・元外務省アメリカ局長が、密約の存在を認めた。

にもかかわらず、1か月後の3月8日の参議院予算委員会で外務省は次のようにシラを切った。

　　福島みずほ（社民党）委員　…アメリカ側があるといって認めている。当時の日本の担当者も認めている、それが違うというのなら、どういう調査をしたんですか。
　　政府参考人（河相周夫・北米局長）　…沖縄返還国会当時から一貫して申し上げているとおり、沖縄返還に際する支払いに関連する日米の合意というのは沖縄返還協定がすべてであるという立場でございます。それ以外のいわゆる密約というものはございません。

　西山氏らが起こした情報公開訴訟の一審東京地裁（2010年4月）は「行政文書の開示決定をせよ」との判決を下し、原告側の完全勝利となった。この密約開示命令に対し毎日新聞は「革命起こった」との見出しで報じた。
　このように、外務省は動かぬ証拠を突きつけられたにもかかわらずウソを押し通した。先の裁判では結局、国の控訴を受けた高裁は密約の存在を認めながら「文書は存在しない」として請求を棄却、最高裁もこれを支持して、西山氏ら原告側の逆転敗訴が決まる。
　文書が存在しないことには、理由があった。2001年4月から施行される情報公開法（正式名称は「行政機関の保有する情報の公開に関する法律」）を前に、外務省は情報開示請求を避けるため密約関連文書を廃棄してしまったとみられるのだ。外務省の文書廃棄量は2000年度には他省庁より遥かに多い1,283トンにも上った。NPO法人「情報公開クリアリングハウス」が情報公開請求により得たデータによると、外務省の文書廃棄量は1998年度520トン、1999年度1,033トンだから2000年度は2年前に比べるとほぼ2.5倍に上る[4]。
　このような経緯を見ると、特定秘密保護法は、「国民の知る権利」にお構いなく無闇に情報を隠す行政機関にとっては、"まことに頼もしくありがたい法律"に違いない。「特定秘密」に指定さえすれば、国民から情報公開を請求されても合法的に拒否できるからである。
　秘密法が、国民の知る権利を侵す行政の情報隠しを法律面から一層強化する

反公益性が、この沖縄密約事件からも浮かび上がる。

8.「たちかぜ」自衛官自殺事件

　もう1つ、行政情報の隠蔽を合法化するという点で、秘密法の危険な反公益性をあぶり出した事件を示そう。
　「たちかぜ」自衛官自殺事件である[5]。海上自衛隊横須賀基地所属のミサイル搭載護衛艦「たちかぜ」の一等海士（当時21歳）が、2004年10月に上職の二等海曹によるいじめを苦に鉄道駅から飛び込み自殺し、その調査結果を海上自衛隊が隠蔽した事件である。
　自殺した一等海士が残した遺書には、家族への感謝の言葉と共に、二曹を名指しでいじめを受けた内容が書かれてあった。
　海自は事件後、「たちかぜ」の全乗員に対し、暴行や恐喝の有無を尋ねるアンケートを実施した。翌05年、遺族はアンケートの公開を要求したが、海自側は「アンケートは破棄した」と回答した。
　ところが実際は破棄されておらず、アンケートは残っていた。
　海自の対応に疑問を抱いた三等海佐が、2008年からアンケートの公開を海自に働きかける。だが、海自は「破棄した」との立場を変えなかった。
　他方、いじめの張本人とされた二曹は2005年1月、別の自衛官らに対する暴行罪・恐喝罪で有罪判決を受け、海上自衛隊を懲戒免職処分される。裁判で二曹はエアガンなどを艦内に不法に持ち込み、上司が黙認する中、暴行を働いていたことが発覚。判決は「艦内の暴行は日常的」と認定した。
　遺族の両親は2006年4月、「自殺したのは先輩隊員のいじめが原因。上官の艦長、分隊長らも黙認していた」として国と元二曹を相手取り計1億3,000万円余に上る損害賠償請求訴訟を起こした。
　横浜地裁は2011年4月、訴えの一部を認め、国と元二曹に計440万円の支払いを命じる。しかし「元二曹や分隊長らが自殺するまで予見できたとは認められない」とし、暴行・恐喝による損害の範囲でしか損害賠償を命じなかった。
　遺族側は、この地裁判決を不服として東京高裁に控訴。「上官らが元二曹が

繰り返した暴行・恐喝を放置して自殺に追いやった。自殺の予見は可能であった。適切な指導が行われていれば、自殺は回避できた」と訴えた。

2014年4月、控訴審は遺族のこの主張を全面的に認め、国と元二曹に対する賠償額も7,350万円に大幅に増額した。防衛相は上告を断念したために決着した。

控訴審判決は同時に、国による行政文書の隠蔽とその違法性を認定して衝撃波を広げた。

前出のアンケート（「艦内生活実態アンケート」）の存在を内部告発したのが、一審で国の指定代理人を務めた三等海佐だ。この三佐が2012年4月、東京高裁に「アンケートを持っている」との意見陳述書を提出。海自は同年6月、アンケートが存在していたことを認め、2012年6月の記者会見で杉本正彦海上幕僚長が謝罪した。

防衛省海上幕僚監部は高裁判決から5か月後の2014年9月、アンケートの原本を破棄するように指示した男性事務官ら4人を停職や減給の懲戒処分、上司ら30人を口頭注意などの処分にしたと発表した。

控訴審判決はさらにアンケートばかりか、「たちかぜ」艦長が2005年当時、遺族側から開示請求されたのに、保管していた乗員からの事情聴取メモを出さずに隠蔽した、と認定した。

岡田尚原告弁護団長は「国側（海上自衛隊）による証拠隠し、根強い隠蔽体質をどう突破していくか、という戦いでした」と裁判を振り返る。ある防衛事務官は高裁への陳述書で、海自の組織ぐるみの情報隠しをこう証言した――「アンケート原本について海幕法務室に意見を求めたら『破棄するのが適当だろう』と回答され、同室の訴訟専門官から『隠密裏に（破棄を）実施して下さい』との業務メールが届いた」

こんな隠蔽体質を勇敢にも内部告発して真実を暴いた三佐は、その後どうなったか――。

2013年6月、海自は東京高裁に意見陳述した三佐に対し、調査の関連資料を自宅に保管していたことを「規律違反」として懲戒処分手続きの開始を通告した。しかし、2014年4月、小野寺五典防衛相（当時）は、海自が検討する三佐の処分問題について「基本的には公益通報に当たると思っている。通報者

に不利な取り扱いすることはあってはならない」との見解を明らかにした。防衛省は処分を見送り、前述の同年9月に実施した関係者の処分対象から外した。

　この事件は特定秘密保護法に関連して重要な示唆を与える。行政組織の情報隠蔽体質の根深さは想像以上であり、三等海佐の内部告発がなければ、真実は決して明るみに出なかっただろう。そうなれば、アンケートなど事件の調査資料は永久に闇に葬られ、正義は悪のヴェールに包み隠されて顕現しない。

　仮に当時、秘密法が施行されていたらどのような展開になったか─。そもそも調査関連の行政文書は隠すまでもなく、「特定秘密」に指定されていて表に出てこない、となる可能性が高い。三佐が内部告発しようにも特定秘密漏洩への懲役最大10年という厳罰の脅威が立ち塞がる。秘密法が、正義を挫き、悪を助ける図が垣間見える。

「たちかぜ」自衛官自殺事件で原告側完全勝利判決
出所：武蔵小杉合同法律事務所ホームページ。

おわりに

　原子力発電にまつわる連綿とした情報隠し、沖縄密約を巡る秘密文書「不存在」と情報開示拒否、「たちかぜ」自衛艦内の悪質ないじめと調査文書の開示拒否─。この3つの事例は、現代の民主主義社会とは相容れない官僚の組織的な情報隠蔽と、そのためには偽計と虚偽証言さえ用いる無法ぶりを示した。

憲法が謳う「国民主権」とはまさしく正反対の、閉ざされた官僚の本能的な「自己保身」「組織防衛」の衝動で事は運ばれた。

沖縄密約事件の第一審判決（2010年4月9日）が、これらの事件に共通する「本質」を抉った。杉原則彦裁判長は、判決で民主主義の基本的な権利と言うべき国民の知る権利を無視する国の対応を正面から指弾した。

「…原告らが求めていたのは、本件各文書の内容を知ることではなく、これまで密約の存在を否定し続けていた我が国の政府あるいは外務省の姿勢の変更であり、民主主義国家における国民の知る権利の実現であったことが明らかである。

ところが、外務大臣は、…密約は存在せず、密約を記載した文書も存在しないという従来の姿勢を全く変えることなく、本件各文書について、存否の確認に通常求められる作業をしないまま本件処分をし、原告らの前記期待を裏切ったものである。このような、国民の知る権利をないがしろにする外務省の対応は、不誠実なものといわざるを得ず、(以下略)」

特定秘密保護法が、このように国民の知る権利を侵す官僚組織の秘密作りに加担し、秘密を一段と増やし、場合によっては秘密を永久化したり、不都合な情報を廃棄してしまう恐れが強い。この法律の根本的な欠陥ゆえに、施行以降、民主主義とは逆方向の公安警察が市民の動きを監視する、息苦しい「公安警察国家」に化する恐れさえある。その方向性は「閉ざされる社会」だ。この法律がまさしく「公益の反対側」に位置することが分かる。

だが、民主主義にとって「いま、そこにある危機」は、国民の知る権利を支える2つの法律—情報公開法と公文書管理法が空洞化してしまうことだ。行政文書・記録を公開させる仕組みの情報公開法と歴史的な公文書・記録を保存・公開させる仕組みの公文書管理法。この2つが、情報公開制度を支える主柱になっている。

秘密法の運用とこの2つの「知る権利」法の空洞化で、国民は情報から締め出され、盲目にさせられる危険が現実化する。

秘密法は秘密指定後5年ごとに「延長」か「解除」を定めているが、解除後、不都合な文書は法律に従って公文書館に移管されずに、廃棄されてしまう恐れもある。重要文書がひとたび廃棄されれば、歴史を検証するすべはなくな

り、歴史のその部分は空白となる。われわれも子孫も歴史の真相を知ることができなくなる。

　秘密法により特定秘密の開示請求は拒否できるから、市民の情報請求も機能しなくなる。情報公開法の例外範囲は広がり、空洞化が進む。

　情報公開法と公文書管理法により、行政情報の公開と保存の制度が欧米より大きく遅れながらもようやく整えられた矢先、特定秘密保護法が現れ、正面から立ち塞がったのである。秘密法の本質が「官僚の官僚による官僚のための法律」と言われる所以である。

　行政情報が官僚の一手に握られ、特定秘密化され、操作されるところに、民主主義を締め上げる秘密法の怖さがあるのだ。

　官僚の抵抗から難産の末、2001年4月に施行された情報公開法に続き、福田康夫首相（当時）の主導で公文書管理法（正式名称は「公文書等の管理に関する法律」）が2011年4月に施行される。この法案の審議を重ねた有識者会議は2008年11月、その最終報告で「公文書の意義」について次のように示した。

　　　民主主義の根幹は、国民が正確な情報に自由にアクセスし、それに基づき正確な判断を行い、主権を行使することにある。国の活動や歴史的事実の正確な記録である「公文書」は、この根幹を支える基本的インフラであり、過去・歴史から教訓を学ぶとともに、未来に生きる国民に対する説明責任を果たすために必要不可欠な国民の貴重な共有財産である。

　　　こうした公文書を十全に管理・保存し、後世に伝えることは、過去・現在・未来をつなぐ国の重要な責務である。これにより、後世における歴史検証や学術研究等に役立てるとともに、国民のアイデンティティ意識を高め、独自の文化を育むことにもなる。この意味で、公文書は「知恵の宝庫」であり、国民の知的資源でもある。

　「公文書」が民主主義の根幹を支える情報公開制度の「基本インフラ」である、というまっとうな認識である。そして、それは「国民の共有財産でもある」と。

　いま喫緊に必要なのは、特定秘密保護法の廃棄であり、同時に国民の知る権利をさらに広く確保するための情報公開法および公文書管理法の改正ではない

か。政府の情報をむやみに秘密にしてはならず、公文書をむやみに廃棄してはならない。改正に向けた国民的論議と、これに並行した国会論議の盛り上がりが求められる。

（北沢　栄）

注
1）　後藤・安田記念東京都市研究所編『都市問題』2015 年 3 月号。
2）　今西憲之『原子力ムラの陰謀』朝日新聞出版、2013 年。
3）　西山太吉『決定版　機密を開示せよ―裁かれた沖縄密約』岩波書店、2015 年、および裁判資料、国会質疑資料。
4）　久保亨・瀬畑源『国家と秘密―隠される公文書』集英社新書、2014 年。
5）　護衛艦「たちかぜ」いじめ自殺事件弁護団　岡田尚団長による「護衛艦『たちかぜ』いじめ自殺事件提訴の御報告」。http://homepage1.nifty.com/heiwasendan/yokosukaheiwasendan/tatikazekeika.htm（2015 年 6 月参照）
　　　武蔵小杉合同法律事務所ホームページ「護衛艦『たちかぜ』イジメ自殺事件　完全勝利判決！」。http://www.mklo.org/cgi-bin/mklo/mklo.cgi?no=112&continue=on（2015 年 6 月参照）

第 2 章

再生可能エネルギーと公益

はじめに

　今日、地球温暖化対策や東日本大震災による東京電力福島第一原子力発電所事故の経験をとおして、原子力発電や化石燃料に基づく火力発電から、自然資源から生産される再生可能エネルギーへの転換がエネルギー政策の国際的潮流になっている。再生可能エネルギーとは、太陽光や風力、地熱、水力、バイオマスなどの自然資源から生産されるエネルギーを指す。

　この再生可能エネルギーは、ドイツ、デンマークなど欧州諸国が世界を牽引している。しかし、総エネルギーに占める再生可能エネルギーの割合をみると、中国が第1位で、次いで米国、ドイツ、スペイン、イタリア、インドと続く。これは再生可能エネルギーに取組む国の中で国土の広い国ほど総エネルギー量が多くなる傾向にあるためと考えられる[1]。

　このように再生可能エネルギーがおしすすめられる理由は、主にエネルギー自給率の向上、地球温暖化対策、安全なエネルギー供給、更に農林産業振興による地方再生があげられる。農林産業振興による地方再生とは、作物や農業残渣からエネルギーを生産し、農林業の新たな事業の創出を意味する。火力発電や原子力発電は、雇用をうみだすことはできても、地方の産業振興に直接貢献することはできなかった。この地方再生という目的が、再生可能エネルギーの最大の特徴の1つであるといえる。

　更に、再生可能エネルギーには、技術を社会に展開するうえで、従来の公共事業としての大規模集中型エネルギー事業とは大きく異なる特徴がある。再生可能エネルギー事業を推進するには、地方自治体や農業者、一般市民といった、従来のエネルギー事業では単に受容する側であった人々が事業に参加し、

テクノロジーの担い手とならなければならないからである。すなわち、再生可能エネルギーは、官主導で推進される事業ではなく、民間や市民が主体となる事業であるといえよう。官は民間や市民を下支えする位置づけにすぎない。

小松は、この官主導、市民や民間主導の事業の差異について、公共と公益の違いとして次のように述べている。

「公益は、原則として民間の活動・事業なので、まず足下の特定の集落から、特定の地域から、限られた対象から公益のサービスが実施・実行されるのが普通であった。他方、公共は、公のため、公を介したみんなのためのものである。この点で公益とほぼ同義で使われたが、戦後になると、主に官・行政の介在するものを言い、市民・民間による市民・民間のためだけのものは、公共とは言わないのが一般的である。」(小松、2013)

この小松の論に従えば、再生可能エネルギーは、公共事業というよりはむしろ公益事業であり、エネルギー事業の構造を根本的に変革する技術であるといえる。

また、再生可能エネルギーの場合、その目的や事業に関する検討の他に、技術開発のプロセスにおいても、科学的専門家の視点だけで評価および開発を行うのでは、立地地域が積極的に向き合う技術に成熟させることはできない。地域の農林水産関係者や市民の下支えなくしては実現することはできないのである。たとえば、デンマークで1970年代に開始された風力発電の技術開発に関する技術評価 (Technology Assessment) において、更なる技術のイノベーションのためには市民による評価、具体的には市民運動から起業した小規模会社の開発者の評価が不可欠であった (Grin & van de Graaf, 1996)。

このように、再生可能エネルギーは、地域住民や、農林水産業の関係者、自治体関係者といったローカルナレッジをもつ人々が主体的に関わり実現される事業なのである。このような人々 (以下、市民・民間) は、従来の大規模集中型のエネルギー事業においては、サービスを受容する受け身の立場でしかなく、技術開発がある程度固められた後に、技術の社会的受容 (Technology Acceptance) の受け入れ先として受容の可否が問われるにすぎなかった。しかし、再生可能エネルギーを推進するためには、市民は単に受容先として事業に関わるのではなく、能動的に積極的に事業に参加しなければならない。

そこで、本章は、市民・民間による再生可能エネルギーの能動的、積極的な取組みに注目し、このような社会の構成員を、技術の受容者ととらえるのではなく、技術を活用改善、社会に浸透普及するために参加する主体としてとらえる。そして、市民の再生可能エネルギーへの参加を、能動的、積極的なアクティブな参加（active participation）ととらえ、今日、市民による再生可能エネルギーへのアクティブな参加が事業の推進にどのように下支えしているのかを論じたい。

このような再生可能エネルギー事業と市民の関わりについては、丸山（2014）や英国のディバインライトら（Devine-Wright et al., 2011）が論じてきた。丸山は著書『再生可能エネルギーの社会化』の中で技術の利点と弱点を総合的に理解した社会的受容のあり方を論じている。その中では、技術は既に存在し、その技術を社会はどのように受け入れるかが論じられ、社会は技術に対してあくまでも受け身の主体として位置づけられている。

また、ディバインライトは、再生可能エネルギーと公衆との関係を、著書『Renewable Energy and the Public : NIMBY to Participation』の中で多角的に論じている。NIMBYとは"not in my backyard"の略で、ごみ処理施設や騒音のあるバイオ燃料工場が自分の裏庭や近隣に建設されるのはお断りであるといった意味で、市民の当事者意識を表している。この著書の副題に、「NIMBY to Participation（NIMBYから参加へ）」とあり、筆者は市民の否定的な意識が自ら事業に参加するに至るまでのプロセスが論じられることを期待したが、ディバインライトらは、技術を受容する市民の意識の分析を行うにとどめている。本章が、このような丸山やディバインライトらの研究に対して、市民と再生可能エネルギーとの関わりを、技術を開発あるいは活用する市民のアクティブな参加ととらえることで、エネルギー事業が公共事業から公益事業に転換するパラダイムの過程にあることを示すことができると考えられる。

以上を受けて、本章は、公益事業としての再生可能エネルギー、主に風力発電とバイオ燃料の取組み事例に関する文献を調査し、市民・民間のアクティブな参加において、事業を成功へ導く要因と課題はなにかを探る。

1. 再生可能エネルギーと市民の関わり

　小規模分散型の再生可能エネルギーは、地方自治体や小規模事業者に運営されていることが多い。その中で、市民・民間による再生可能エネルギーの取組みは、市民ファンドによる風力発電、農林業の協同組合経営によるバイオマスなどがあげられる。
　市民の参加という意味では、家庭の太陽光パネルの設置による自家発電やマイクロジェネレーション（小規模発電）(Gaird & Roy, 2011) も市民の取組みととらえることができるが、本節では、事業体としての市民の取組みをとりあげ、市民ファンドによる風力発電および農林業の協同組合経営によるバイオマスの事例を概観する。

(1) 市民ファンドによる風力発電経営

　風力発電は、デンマーク、オランダ、ドイツなど欧州諸国が世界を牽引してきた。今日では欧州を列車で旅行すると都市を少し離れた農村地帯に風車が点在する景色に遭遇するだろう。日本においても、東日本大震災による東京電力福島第一原子力発電所事故後の安全なエネルギー供給への志向から、再生可能エネルギーの1つの選択肢として風力発電が促進されている。
　しかし、風力発電は、常に自然に依存することから一定の時間帯や気候に発電量が左右される。このためエネルギー源として風力への単独依存は難しく、他のエネルギー資源と組み合わせて活用されるのが一般的である。欧州諸国、とりわけ再生可能エネルギーの総合的な先進国とされるドイツでは、自治体が、地域一体の様々な再生可能エネルギーを組み合わせた、燃料、熱、電気の自給自足のエネルギーを生み出している。
　たとえばドイツのリュウヒョウ・ダンネンベルク郡では、風力発電は、2005年より2015年に向けて目標とした「再生可能エネルギー100％実現」の一環として、エネルギー源の1つに位置づけられている。ダンネンベルク郡のヴェラントン市において、風力発電の風車は市民ファンドによって運営されている（和田、2008）。

他方、日本では、風力発電は、欧米諸国のように地域のエネルギー自給自足を目的として運営されているのではない。風力発電事業の多くは市民ファンドによって運営されており、そのファンドの出資が必ずしも立地地域の住民によるものではないからである。日本の場合、全国からファンドの出資は寄せられている。

　日本の市民ファンドの基本的な資金構成は、自己資金である資本金（株式会社など）や基本金（NPO法人など）と、第三者からの借り入れや出資である（丸山、2014）。開始後も各地の風力発電事業が継続されている。したがって、市民ファンドによる風力発電事業が、それなりの収益構造のある事業であるといえよう。

　また、この風力発電の設立経緯をみると、単に収益のある事業としてスタートしているわけではなく、資金を出資している人々の動機はさまざまである。日本の風力発電の出資ファンドの動機を分類すると、環境、経済、地域貢献、自己実現となる（丸山、2014）。主要な動機は、地球環境や社会貢献であり、出資を寄付の延長ととらえている出資者もおり（丸山、2014）、事業収益のみが目的ではないのが実態である。このように、風力発電の市民ファンドの資金調達は、出資者が事業に公益的な付加価値を見出すことから生まれる多様な動機から成立しているものと考えられる。

(2) 農林業者による共同組合経営

　次に、市民・民間のアクティブな参加の事例として、農林業者による再生可能エネルギーの協同組合経営を観ていく。再生可能エネルギー協同組合の先進事例は、バイエルン州グロースバールドルフ村などドイツにある。その上、ドイツでは、協同組合の数は2006年以降急増している。図Ⅲ-2-1は、協同組合設立数の経年の累積数を示している。ドイツ協同組合協会とライファイゼン連合によるナショナルレベルの協同組合組織であるDGRVがまとめたものである[2]。

　DGRVのホームページ冒頭には、ドイツの再生可能エネルギー協同組合は現在800にのぼり、約20万人の人が再生可能エネルギー協同組合のプロジェクトに関与しているとある[3]。まさに再生可能エネルギー協同組合の設立は、

図Ⅲ-2-1　ドイツにおける再生可能エネルギー協同組合設立の累積

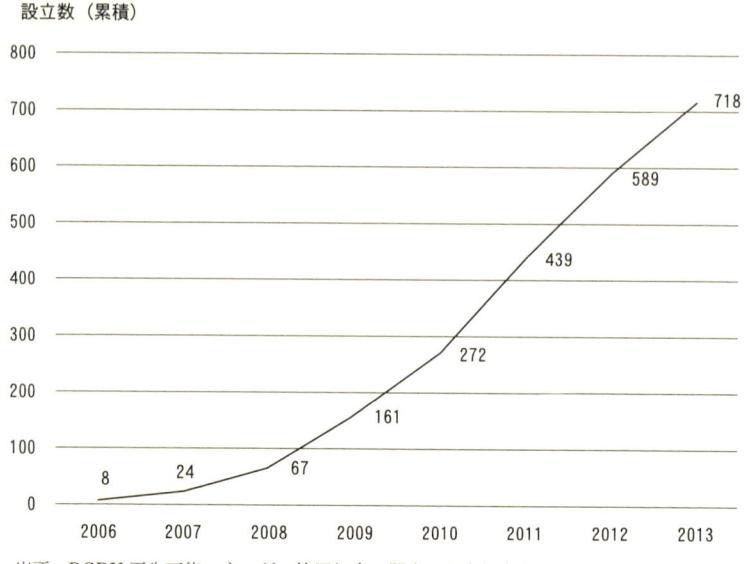

設立数（累積）

年	設立数
2006	8
2007	24
2008	67
2009	161
2010	272
2011	439
2012	589
2013	718

出所：DGRV 再生可能エネルギー協同組合に関する調査報告書。

ドイツにおいてブームを迎えたといってよいだろう。

　しかし、ドイツの農業協同組合の歴史を追ってきた村田によれば、このようなエネルギー協同組合のブームの現象は、20世紀初頭にもあったという。バイエルン州では 1909 年以降に 42 の電力協同組合が設立され、組合員総数は 1 万人余り、職員は 281 人を数えた。第一次世界大戦直後の 1919 年には第二次設立ブームを迎え全国で 1,030 組合を数えた（村田、2013）。したがって、ドイツには、今日の再生可能エネルギー協同組合の下地になる土壌がすでに農村にあったといえよう。

　更に、1950 年代にバイエルン州において小規模な家族農業経営がすすめられ、農業機械を共同で利用するための仕組みとして、1958 年にはじまったマシーネンリンク（Maschinenring, MR）と呼ばれる機械利用の経営間相互援助があった（村田、2013）。このような共同経営の仕組みが農村に根付いていることがまた、再生可能エネルギー事業の協同組合経営の成功につながったものと考えられる。このドイツの再生可能エネルギー協同組合は、世界にも影響

を与えており、米国では、ドイツの協同組合経営を参考に、今日約30,000の再生可能エネルギー協同組合が設立され、総額5兆ドルの収益をあげている(Bilek, 2012)。

　このように急速に拡大する協同組合の活動について、本章はバイオマスの取組みを中心に観ていく。農村におけるバイオマス関連の協同組合に関する海外の先進事例が出てきているからである。バイオマス事業は、トウモロコシやサトウキビなどの作物や農業残渣、木材チップ、藁、廃棄物を原料としてエタノールやディーゼルなどのバイオ燃料を生産する事業である。この事業は作物栽培や森林管理の延長にあり、その担い手は農林業の専門家である農業者である。農作物や森林の新しい需要先としてエネルギー利用に期待が高まっている。しかし、農作物に関しては、本来食品としていた農作物をエネルギー生産にまわすとなると、食品供給が減少する恐れがある。このため最近は、食品にはならない作物の茎や藁、農業残渣を利用したセルロース系のバイオ燃料の生産を増加していくことが国際的に義務付けられるようになっている。

　このバイオマス事業の協同組合経営についても、ドイツが先陣を切っている。表Ⅲ-2-1は、バイオマス関連の協同組合の概要とメリットをまとめたものである。ドイツの農業協同組合の他に、フィンランド、スウェーデン、オランダにおける取組みもまた参照している。表Ⅲ-2-1から、ドイツの協同組合は小規模経営であるのに対し、フィンランドやスウェーデンなどの北欧諸国、オランダの協同組合はグローバルな事業を展開する大規模経営であることがわかる。ドイツが他国と違って小規模経営であるのは、1970年代のマンスホルト計画（ECの農業政策改善のための計画）に適応しない地域、たとえばバイエルン州などの大型経営批判から、小規模経営が模索された歴史的背景によるものと考えられる。

表Ⅲ-2-1 バイオマス事業

協同組合	国	概要	メリット
MWバイオマス㈱	ドイツ	・バイオマス熱エネルギー工場（地域暖房の温水供給循環センター）13施設。 ・最大のグロン工場では、原料の木材チップが15km圏内の約100戸の農家から供給される。	・チップ製造機を所有しない農家はマシーネンリンクの機械利用仲介業務を利用することができる。 ・出資者には6％の配当があり、この配当が工場へのチップ販売収益に加えて収入源になっている。
オーバーバイエルン酪農地帯の複数経営協業事業によるバイオガス発電	ドイツ	・戸別の酪農経営農家をマシーネンリンクが仲介する協業事業。 ・バイオガス発電を、牛糞に穀物を補充して行う。 ・メタンガス発生後の消化液は、液肥として農地に散布。発生した熱は、畜舎や住居の暖房に使用。	・収入増（例として所得の35％）と肥料や暖房費の節約につながる。 ・バイオガス発電は、固定価格での買い上げが保証されるため安定収入につながる。
モーザー農場バイオガス発電	ドイツ	・大規模七面鳥協同農場がバイオガス発電事業を2005年に開始。 ・七面鳥糞のメタンガス発生量（1トン当たり82㎥）が牛糞などより高い。 ・七面鳥糞にデントコーンを加えメタンガスを生産。	・発生した熱を利用した温水が住宅や七面鳥舎の暖房と、穀物や木材チップの乾燥に利用される。 ・バイオガス売電が所得の半分を占める。
グロスバールドルフ村再生可能エネルギー	ドイツ	・村営の太陽光発電事業が始まり。 ・村営サッカー場観客席太陽光発電事業 ・村倉庫太陽光発電事業 ・バイオガス発電事業 ・バイオガス発電施設屋根利用太陽光発電事業 ・地域暖房システム事業	・事業への参加を村民に開放するために村民が自由に出資できる協同組合方式は有利。 ・当初設立組合員は40名、出資金は1人100ユーロ、出資総額は4,000ユーロで、出資者は村民250戸の16％であったのが、3年後には、組合員は154名、出資金総額は62万1,600ユーロになった。
メッツァ・グループ	フィンランド	・生産物の主原料は木材の林業グループ。 ・1947年に協同組合となっており、再生可能エネルギー事業は2009年から木質バイオマス事業を展開。 ・Kyro製材工場でのバイオ燃料プラント ・Kerto製材工場でのバイオエネルギー熱供給プラント ・Joutseno製材工場でのガス化プラント	・グループの化石燃料からの二酸化炭素排出量を年間約20万トン削減。 ・各工場で使用されてきた燃料（天然ガス、石炭、石油など）が再生可能エネルギーに換えられた。 ・グループの費用対効果を高めることにも貢献。

協同組合	国	概要	メリット
ラントメネン・グループ	スウェーデン	・22ヵ国にわたる食料、農業、バイオエネルギーなどの国際的事業を展開。 ・バイオエネルギーは、ラントメネン・エネルギーが生産。穀物からエタノール燃料を製造しているラントメネン・アグロエタノール社を含む。	・ラントメネン・アグロエタノール社で使われるエネルギーは自給自足構造にある。 ・自動車用エタノールを製造しており、温室効果ガス削減に貢献している。
ロイヤル・フリースランド・カンピーナ	オランダ	・28ヵ国に事務所をもつ酪農協同組合。 ・組合員の再生可能エネルギー100%を目指す。 ・2013年に組合員80人を対象に太陽光パネル・パイロット・プロジェクトを実施。 ・2011年からオランダのBorgman-Roeterdinkにおける「農業者による光子（フォトン）プロジェクト」は、太陽光パネルなどによってエネルギーを生産。 ・Etten-LeurにあるVan Gogh風力発電農場によるエネルギー供給。	・2020年に100%再生可能エネルギー利用を目標としている。

出所：一般社団法人JC総研（2014）、村田（2013）、Caird & Roy（2011）より筆者作成。

2. アクティブな参加による経営の成功要因

　以上の市民・民間のアクティブな参加による再生可能エネルギー事業の実態から、次にこのような事業経営を可能とした成功要因について述べる。本節は、成功要因として固定価格買取制度、コンサルタントの介在、立地地域住民のインセンティブの3つをあげる。

(1) 固定価格買取制度の導入

　ドイツが再生可能エネルギーの最先端を走るのは、2000年に「再生可能エネルギー法（Erneuerbare-Energien-Gesetz, EEG）」が制定し、固定価格買

取制度の運用を開始したことが決定的であるとされる(村田、2013)。日本において固定価格買取制度は、2013年7月から開始され運用されている。

　固定価格買取制度が再生可能エネルギー普及の要因とされるのは、コストを吸収する売電のモデルにある。このモデルを支えるのは、電力料金の値上げである。一般市民や民間事業者が地球環境や安全な電力供給の目的を共有することで可能となる社会システムである。再生可能エネルギーの市民ファンド経営や協同組合経営による事業が今日成立するのは、この固定価格買取制度があってのことである。また、このような制度の下支えは、社会の公益の理念である。したがって、再生可能エネルギーを運営する事業者が、この制度を営利目的から活用し、社会に還元することを忘れるならば、いずれ社会の中で異を唱えるところがでてくる。そうなれば再生可能エネルギー事業は成り立たなくなるだろう。

(2) 立地地域住民のインセンティブ

　第2に、立地地域住民のインセンティブが事業内容にあることが重要である。再生可能エネルギー事業の先進事例では、立地地域住民のエネルギー自給自足に加えて、その事業が新たな利益を生むことから、事業が発展し拡大しているからである。風力発電の市民ファンドの場合は、立地地域以外の出資者が大半を占める場合、地元の理解をどのように得るかが課題となる。立地地域住民が風車の風きり音が単なる騒音になるか、収入源として受容されるかは、住民が事業に参画して利益を享受しているか否かにかかるからである。

(3) コンサルタントの介在

　バイオマスなどの再生可能エネルギーを市民・民間によって事業化するには、市民や農業者に再生可能エネルギーをつなぐコンサルタントの介在が重要である。これらの人々が技術的な事業である再生可能エネルギーに携わるのは容易ではないからである。経営面の他に、技術面のノウハウを学ぶ必要がある。ドイツにおいて、農村に再生可能エネルギー協同組合を設立するためには、事業の立ち上げに関わるコンサルタント業務ができる組織が不可欠であったという。たとえば、バイエルン州では、農業者同盟(Bayerischer

Bauernverband）レーン・グラブフェルト郡のトップのM・ディーステイル氏とM・クレッフェルト氏の2人の先導で、バイエルン州農業者同盟郡支部と同郡のマシーネンリンクが、2006年に、50％ずつの出資で有限会社アグロクラフト社を設立し、このアグロクラフト社が、農村の再生可能エネルギープロジェクトの構想・提案、事業の具体化・改善に関わるコンサルタント業務を担った（村田、2013）。このように、市民や農林業者など、専門的な知識やノウハウがない人たちが再生可能エネルギー事業にアクティブに参加するには、事業を具体化するコンサルタントの介在が不可欠となる。

3. 課題

では、再生可能エネルギー事業の発展にはどのような課題があるのだろうか。バイオマスなど資源が必要な事業の場合、事業の普及にともない原材料のコストが高騰する問題がでてくる。たとえば、バイオガス発電事業では、バイオガス原料のデントコーン栽培の確保競争が激化し、栽培のための借地料も上昇する傾向にあるという（村田、2013）。また、エネルギー効率のよい原材料は食糧と競合するため、規制の対象として制限される方向にある。これらの課題をクリアしながら事業を展開する必要もあり、成功要因の1つにあげた、先述の技術面の他に制度面の動向にも明るいコンサルタントの介在が重要な鍵となる。

　また、本節は再生可能エネルギーに関する研究課題についても触れておきたい。再生可能エネルギー事業に関する社会科学の研究は、経済学、経営学、環境社会学などの研究者によるものが多く、その内容は主に事業の歴史や制度、経営内容に関するものである。したがって、技術をどのように農村に移転したのかを調査した研究は少ない。すなわち、技術開発と農村とのつながりが見落とされているのである。したがって、本節は技術を開発および活用する市民・民間のアクティブな参加の実態をとりあげることを試みたが、資料とした文献の多くは、事業経営に関するもので、技術を開発・活用するアクティブな参加の実態を十分にとりあげることはできなかった。今後、そのような研究がでてくることを期待したい。

おわりに―協同組合への期待と役割

　本章は、先進的な再生可能エネルギー事業を概観した。市民・民間によるアクティブな参加は、エネルギーの自給自足から開始し、更に利益を生む事業に展開、社会に利益を還元することで持続することが可能となる。その事業の動機は公益目的であり、事業が生む公益的な付加価値から持続可能な社会システムをつくりだすことができる他に類を見ない事業である。

　小松は、「公益とは、自分や身内を超えて、みんなの益、地域や社会全体のために、考えたり活動したりすることであり、原点は他人を思う思いやりである。」（小松、2013）と述べている。環境エネルギーは、まさにこの公益的な精神が下支えするものであるが、これまでは大規模事業である性格上、公共事業として発展してきたため、この精神が表面化してこなかった。今日社会がかか

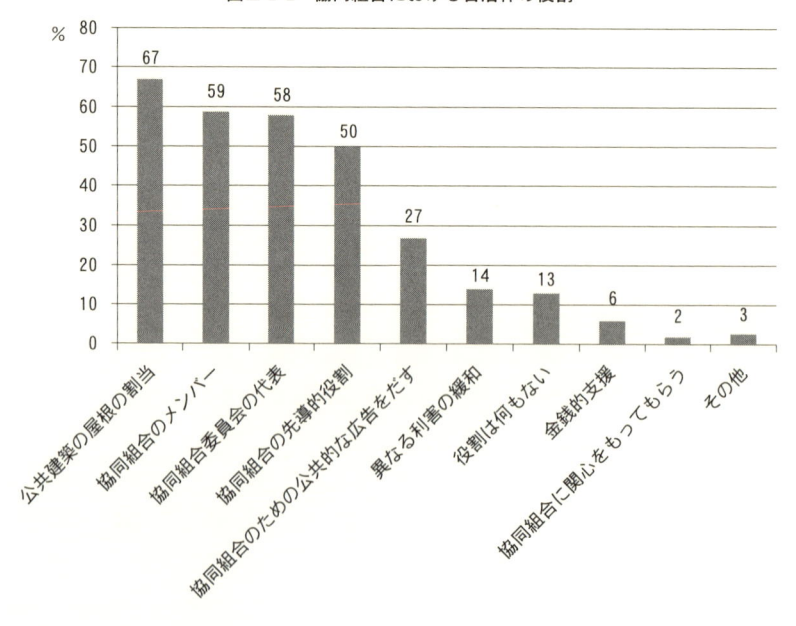

図Ⅲ-2-2　協同組合における自治体の役割

項目	%
公共建築の屋根の割当	67
協同組合のメンバー	59
協同組合委員会の代表	58
協同組合の先導的役割	50
協同組合のための公共的な広告をだす	27
異なる利害の緩和	14
役割は何もない	13
金銭的支援	6
協同組合に関心をもってもらう	2
その他	3

出所：DGRV 再生可能エネルギー協同組合に関する調査報告書。

える環境問題、安全性の課題をクリアしていくためには、環境エネルギー事業が公益事業として展開されることが重要である。

図Ⅲ-2-2は、ドイツの先述のDGRVによるアンケート調査[4]による、再生可能エネルギー出資者と共同組合会員の自治体への要望を示している。出資者や再生可能エネルギー協同組合会員は、自治体に対して金銭的な支援は期待していないことがわかる。彼らは、自治体に対して協同組合が事業展開するための協働体としての支援の役割を要請しているのである。再生可能エネルギー事業には、ドイツやその他の欧米諸国から学ぶことがまだまだあるように思う。多角的な調査研究をふまえ、日本で公益事業として展開していくためにはどのようにしていけばよいのかを十分に検討する必要があるだろう。

(上野伸子)

注
1) REN21, *RENEWABLES* 2014 *GLOBAL STATUS REPORT*, 2014. ホームページ http://www.ren21.net/Portals/0/documents/Resources/GSR/2014/GSR2014_full%20report_low%20res.pdf (最新参照2015年8月)
2) The DGRV‐Deutscher Genossenschafts‐und Raiffeisenverband e. V. (German Cooperative and Raiffeisen Confederation‐reg. assoc.) ホームページ https://www.dgrv.de/en/cooperatives/newcooperatives/energycooperatives.html (最新参照2015年3月)
3) 同上。
4) Wieg, A., Veßhoff, J., Boenigk, N., Dannemann, D. & Thiem, D., "Energy Cooperatives: Citizens, communities and local economy in good company," DGRV‐Deutscher Genossenschafts‐und Raiffeisenverband e. V. & Agentur für Erneuerbare Energien e. V. http://www.dgrv.de/en/home.html (最新参照2015年3月)

参考文献（引用文献）
一般社団法人JC総研『ヨーロッパの協同組合と再生可能エネルギー：農業協同組合による取組の事例から』2014年10月。
小松隆二「東日本大震災後の公益と公共、そして公益学—『公益の日常化』と『公益法人の市民化』に向けて」公益研究センター編『公益叢書第一輯　東日本大震災後の公益法人・NPO・公益学』文眞堂、2013年。
丸山康司『再生可能エネルギーの社会化：社会的受容性から問いなおす』有斐閣、2014年。
村田武『ドイツ農業と「エネルギー転換」：バイオガス発電と家族農業経営』筑波書房ブックレット、2013年。

和田武『飛躍するドイツの再生可能エネルギー：地球温暖化防止と持続可能性社会構築をめざして』世界思想社、2008年。

Bilek, A., "Revitalizing Rural Communities through the Renewable Energy Cooperative," Heinrich Böll Foundation, *Series on the German Energy Transition* (*3 of 6*), 2012.

Caird, S. & Roy, R. "Yes in my back yard: UK hoseholders pioneering microjeneration technologies," Devine-Wright, P. ed., *Renewable Energy and the Public: From NIMBY to Participation*, Earthscan, 2011.

Devine-Wright, P. ed., *Renewable Energy and the Public: From NIMBY to Participation*, Earthscan, 2011.

Grin, J. & van de Graaf, H., "Technology Assessment as Learning," *Science, Technology, & Human Values*, Vol.21, No.1, Winter 1996, pp.72-99.

あとがき：協同組合学と公益学の連携

　現在、わが国では社会的課題が様々な分野で顕在化している。例えば、高齢者・障害者の介護・福祉、安全安心の下での共働き実現、青少年・生涯教育、地方再生、まちづくり・まちおこし、環境保護、貧困問題など枚挙にいとまがない。また、東日本大震災をはじめとする自然災害・事故を契機に、地域社会・コミュニティの絆の希薄化が指摘され、人々がつながり助け合うことの大切さや地域社会を豊かに育むことの重要性が再認識されている。こうした背景のもとに、協同組合の新たな社会的役割とその公益性の問題に対する関心が高まっている。

　このような状況を踏まえて、本書では、転機にたつ協同組合の課題について公益の視座から検証している。具体的には、協同組合学と公益学の連携のもと、協同組合における参加と民主主義、共益性と公益性、社会的企業など、市民・地域を中心に据えた議論を展開している。各論として震災復興、地域再生、高齢者福祉、女性、貧困、地域医療を検討し、その成果を共有する新たな協同組合の可能性を提起するものである。本書の構成は、序「協同組合と公益法人・NPO法人」、および、第Ⅰ部「協同組合にとっての公益」、第Ⅱ部「協同組合が取り組む現代的課題」、第Ⅲ部「現代における公益」の3部からなる。

　本書は完成に至るまでに2年間という時間を要した。経緯は2005年に遡る。同年に本郷靖子氏（元パルシステム千葉・理事長）とお目にかかったことが縁となり、私はパルシステム連合会、生活協同組合（生協）という組織に初めてかかわることになった。その後、パルシステム千葉の理事（有識者）を2006年〜2009年までの3年間つとめさせていただいた。次に、本郷氏より同志である志波早苗氏（パルシステム連合会・運営室。生協の理事等を多数歴任。本学会理事）をご紹介いただく機会を得た。協同組合は、会社とは組織運営が異

なり、生産者に代わって消費者の目線、株主・営利に代わる会員・共益の理念のもとで、相互扶助や連帯を重視し、生活の課題解決を図る点に特徴をもち、私は、この組織のもつ可能性や新たな課題に注目した。

そして 2013 年、最初となる公益叢書第一輯の刊行後より本書企画の検討を開始し、2014 年秋に志波氏より松岡公明氏（農林年金・理事長）をお引き合わせいただいたことが最大の契機となった。志波氏、松岡氏には本書の趣旨と協同組合と公益との連携の意義についてご理解・ご協力を得て、両氏が副会長もつとめる日本協同組合学会・会員の中から適任の方を多数推薦いただき、ここに刊行が可能となった。本書は日本協同組合学会のお力添えなしには、完成しえなかったことは勿論、新設で規模も小さい本学会にとって想定以上に実りの多い成果を得たといって過言ではないであろう。

ただ今回、協同組合と公益の課題、その主要なものをとりあげることはできたものの、他に検討すべき課題も少なからず残されており、今後とも研究の継続的な展開を期待したい。

最後に、執筆いただいた諸先生ならびに文眞堂の皆様に心より深く感謝申し上げるとともに、本書が、協同組合と公益の課題を多様な側面から考察し、日本協同組合学会と現代公益学会、その双方が学び得るものを通して、東日本大震災後のよき社会を展望・展開する理論と実践の一助になることを切に願う次第である。

境　新一

資料 1

現代公益学会　活動報告

◎創立総会　2014 年 7 月 12 日（土）　成城大学

◎第 1 回　研究会（創立総会後、同じ会場において開催）
　　　「公益法人制度改革の現状と課題」
　　　　　雨宮孝子氏（内閣府公益認定等委員会・委員長代理）

◎第 2 回　研究会　2014 年 9 月 20 日（土）　成城大学
　　　「公益の理解を深める討論シリーズ（その 1）」
　　　　　問題提起：小松隆二氏
　　　「『働く文化』の振興をもとめて―NPO 法人働く文化ネットの設立経緯と活動内容」
　　　　　鈴木不二一氏（NPO 法人働く文化ネット・理事）

◎第 3 回　研究会　2015 年 1 月 24 日（土）　早稲田大学（早稲田キャンパス）
　　　「公益の理解を深める討論シリーズ（その 2）」
　　　　　問題提起：小松隆二氏
　　　「貧困・教育と協同組合」
　　　　　志波早苗氏（パルシステム連合会運営室、協同組合学会副会長）
　　　「コミュニティ論から始める公益／共益」
　　　　　松岡公明氏（農林年金理事長、協同組合学会副会長）

◎第 4 回　研究会　2015 年 6 月 6 日（土）　成城大学
　　　「現代公益学会と協同組合学会の交流・連帯の意味」
　　　　　問題提起：小松隆二氏
　　　「協同組合と女性―ワーカーズコレクティブの実践」
　　　　　藤木千草氏（ワーカーズ・コレクティブぷろぼの工房）

　なお、理事会は、第 2～4 回研究会の終了後、理事でない研究会参加者も出席できる拡大理事会として、それぞれ開催した。

資料 2

現代公益学会　会則

2014 年 7 月 12 日制定
2014 年 9 月 20 日改訂

第 1 章　総　則
（名称）
　第 1 条　本会は、現代公益学会と称する。
（事務局）
　第 2 条　本会の事務局は、会員の総会の合議により決定する。

第 2 章　目的及び事業
（目的）
　第 3 条　本会は、公益法人、NPO 法人、ボランティアなどの諸制度、諸活動、および公益学に関する調査・研究の促進と向上をはかる。とりわけ、先端的・創造的研究活動につとめるとともに、後進の育成をはかる教育的・啓蒙的活動を推進する。あわせて他分野や他領域との学際的な相互交流を深めることにより、公益学の研究ならびに公益活動の普及・啓発に資することを目的とする。
（事業）
　第 4 条　本会は、前条の目的を達成するために、次の事業を行う。
　　1）公益叢書の刊行
　　2）研究会等の開催
　　3）他研究会、学会等との連絡及び協力
　　4）後進の育成、市民への普及・啓発活動

第 3 章　会　員
（会員の資格）
　第 5 条　本会が目的とする公益学の研究及び発展に賛同し、理事会の承認を得た者は、本会の会員となることができる。
　　2　本会の会員は、事業に参加し、総会に出席することができる。
（会員の区分）
　第 6 条　本会の会員は、正会員、学生会員（大学院生）に区分される。
（入会）
　第 7 条　入会を希望する者は、本会所定の入会申込書を事務局に提出し、理事会

の承認を得なければならない。
　　2　入会を希望する者は、本会会員2名による推薦を受けなければならない。
（会費）
　第8条　会員は、理事会及び総会の定めるところに従い、叢書を購入しなければならない。
　　2　年会費は、正会員4,000円、学生会員3,000円（いずれも叢書代金を含む）。ただし、研究会の参加者は参加費を支払うものとする。
　　3　寄附等は受け入れる。
（会員資格の喪失）
　第9条　会員は、下記の事由により、その資格を失う。
　　1）会員本人が退会届を提出したとき。
　　2）本会の名誉を著しく阻害した等の事由により、理事会が退会を決定したとき。

第4章　機　関
（役員）
　第10条　本会の会務を遂行するため、次の役員を置く。
　　1）会長　1名
　　2）副会長　2名以上
　　3）理事　会長および副会長を含め10名以上
　　4）監事　2名
（役員の選任）
　第11条　役員は、総会において会員の互選により選出する。
　　2　理事より会長および副会長を選出する。
（役員の任期）
　第12条　役員の任期は、以下の通りとする。
　　1）会長および副会長の任期は、2年とし2期までとする。
　　2）理事の任期は、2年とし、再任を妨げない。
　　3）監事の任期は、2年とし、再任を妨げない。
（役員の役割）
　第13条　役員の役割は、以下の通りとする。
　　1）会長は、本会を代表し、会務を統括し、理事会を組織し、総会を招集する。
　　2）副会長は、会長を補佐する。
　　3）理事は、本会の事業を遂行し、会長および副会長を補佐する。
　　4）監事は、本会の会計及び会務の執行を監査する。

(理事会)
　第 14 条　理事会は、会長、副会長および理事により構成される。
　　2　理事会は、会長が招集する。
　　3　監事は、理事会に出席する。
(公益叢書編集委員会)
　第 15 条　本会に公益叢書編集委員会を置き、委員は 3 名以上とする。
　　2　編集委員長には理事があたる。
(事務局長)
　第 16 条　本会に、事務を統括し、処理する事務局長を 1 名置く。任期は、2 年とし、再任を妨げない。

第 5 章　総　会
(総会の開催)
　第 17 条　本会は、毎年 1 回以上、会員総会を開催する。
　　2　総会は、会長がこれを召集し、次の事項を審議し、決定又は承認する。
　　　1）本会の活動
　　　2）役員の選出
　　　3）決算
　　　4）本会会則の改正
　　　5）その他理事会の提案事項
(総会の議事)
　第 18 条　総会の議事は、事務局長が進行し、会長及びその他の役員が必要に応じて事項について説明を行い、質疑に応じる。
(議決)
　第 19 条　総会の議事は、総会における出席会員の過半数の賛成をもって決する。
　　2　本会会則の改正は、総会における出席会員の 3 分の 2 以上の賛成をもって決する。

第 6 章　会　計
(経費)
　第 20 条　本会の経費は、年会費、研究会参加費、寄附金、その他の収入をもってあてる。
(会計年度)
　第 21 条　本会の会計年度は、毎年 5 月 1 日をもって始まり、翌年 4 月 30 日をもって終わる。

(決算の承認)
　第 22 条　事務局長は、監事の監査を経た決算書を総会に報告し、その承認を得なければならない。

第 7 章　事務局
(事務の統括と運営)
　第 23 条　事務局は、事務局長がこれを統括し、事務を遂行し、会員に便宜を供する。
(事務局所在地)
　2　本会の事務局を、以下の所在地に置く。
　〒157-8511
　　東京都世田谷区成城　6-1-20　成城大学経済学部　境　新一研究室内

附　則
　本会則は、2014 年 7 月 12 日から施行する。

資料3

公益叢書発刊の辞

（第一輯）

　阪神・淡路大震災および東日本大震災という2つの大震災を機に、公益および公益学は、その目的や理念、活動のあり方や方法、さらにその研究をめぐって再検証・再検討の必要に迫られている。

　資本主義社会にあっては、私益と公益、市場原理と公益原理の調和が不可欠である。競争原理を基本とする市場原理と私益のみでは、経済活動も市民生活も真の豊かさも、安定・安全・安心も得られない。社会の相互扶助・連帯・調和も容易には進まない。

　それほどに、全ての人が、経済活動のみか、公益活動にも意識はしなくても日頃から関わっている。豊かで調和のとれた社会ほど、公益の理念と活動が行きわたり、公益を主たる目的にする公益法人、NPO（法人）、ボランティアなど公益の諸団体も社会的に大きな役割を演じている。いわば「公益の日常化」「公益法人（NPOなども含む）の市民化」が進んでいるといえよう。

　東日本大震災の勃発は、改めて公益をめぐる日本的状況を浮き彫りにすることになった。甚大な被災・被害や混乱・混迷に直面するときこそ、公益の発露・実行が期待され、その実情が浮き彫りにされるからである。そこでは、市民の間には公益への関心が意外に強い状況、にもかかわらず、それが十分に活用されていない状況、さらに公益を本務とする公益の諸団体も、被災地や被災民に継続的に深く関わるには財政や人材面で力不足である状況が改めて確認された。また、公益を主たる研究対象とする団体の動きも鈍かった。公益研究を本格的にすすめるには、研究者の新しいつながりや新しい場の必要も認識させられた。

　それらを受けとめ、私どもは公益に関する新しい研究集団をつくること、それも形式だけを整えた旧来の学会方式ではなく、目的を共有し、それに向けて日頃から研究を深めあうことを共通の認識とする研究集団をつくることを考え

た。その議論のなかで、形式的な大会の開催などよりも、実際に研究の深化・水準の向上を図れる日頃の研究会活動を重視する研究集団の出発を確認しあったのである。

　その目標への第一歩として、まず研究センターを設立し、公益叢書を定期的に発行することにした。その第一冊目が本書である。この方式と研究センターで公益研究を深めあい、しかる後に新しい理念と目的をもつ学会を発足させることを予定している。

　このような対応・あり方こそ、公益をめぐる現在の状況に応えるものであり、また真に「公益の日常化」「公益法人の市民化」、そして「公益研究の本格化・高度化」をすすめるものと確信する。

　2013年3月27日
　　　　　　　　　　　　公益（公益法人・NPO・公益学）研究センター

執筆者紹介
(執筆順)

小松　隆二（こまつ・りゅうじ）　序章
　現在：白梅学園理事長・慶應義塾大学名誉教授。慶應義塾大学経済学部卒、経済学博士。主著『企業別組合の生成』お茶の水書房、『理想郷の子供たち―ニュージーランドの児童福祉』論創社、『大正自由人物語』岩波書店、『ニュージーランド社会誌』『現代社会政策論』『公益とは何か』論創社、『公益学のすすめ』慶大出版会、その他。

松岡　公明（まつおか・こうめい）　第Ⅰ部第1章、第Ⅱ部参考資料
　現在：農林年金理事長。日本協同組合学会副会長、千葉大学非常勤講師。全国農協中央会、財団法人協同組合経営研究所、一般社団法人JC総研を経て現職。早稲田大学政治経済学部卒業。主な著書として『現場からのJA運動―JA運動のダイナミズムを再生するために』（単著・家の光協会）、『支店協同活動で元気なJAづくり―「次代へつなぐ協同」のすすめ方』（共著・家の光協会）、『JAのフードシステム戦略』（斎藤修共編著・農山漁村文化協会）、『協同組合は「未来の創造者」になれるか』（中川雄一郎・JC総研編著・家の光協会）、『フードシステム学会叢書・フードチェーンと地域再生』（共著・農林統計協会）など。

北川　太一（きたがわ・たいち）　第Ⅰ部第2章
　現在：福井県立大学経済学部教授。京都大学大学院農学研究科（農林経済学専攻）博士課程単位取得退学。鳥取大学農学部助手、京都府立大学農学部講師・助教授、福井県立大学経済学部准教授などを経て現職。主な著書として、『農業・むら・くらしの再生をめざす集落型農業法人』（編著）、『新時代の地域協同組合』、『いまJAの存在価値を考える「農協批判」を問う』など。

杉本　貴志（すぎもと・たかし）　第Ⅰ部第3章
　現在：関西大学商学部教授。慶応義塾大学大学院経済学研究科博士課程満期退学。日本学術振興会特別研究員、生協総合研究所客員研究員などを経て現職。主要業績『社会連帯組織としての非営利・協同組織（協同組合）の再構築』全労済協会、2011年、共編『協同組合を学ぶ』日本経済評論社、2012年、共編『協同組合　未来への選択』日本経済評論社、2014年、共著『協同組合は「未来の創造者」になれるか』家の光協会、2014年、共著『協同組合研究の成果と課題1980−2012』家の光協会、2014年。

境　新一（さかい・しんいち）　第Ⅰ部第4章、あとがき
　現在：成城大学経済学部/大学院経済学研究科教授。国際戦略経営研究学会・理事（歴任）。現代公益学会・副会長。境企画代表。1960年東京生まれ。1984年慶應義塾大学経済学部卒業、筑波大学大学院ならびに横浜国立大学大学院修了、博士（学術）。専門は経営学（経営管理論、芸術経営論）、法学（会社法）。（株）日本長期信用銀行・調査役等（1984〜1999）、東京家政学院大学/大学院助教授（1999〜2007）。主な著書に、『現代企業

論　第5版』(文眞堂、2015年)、『企業紐帯と業績の研究』(文眞堂、2009年)、『アグリ・ベンチャーズ』(編著・中央経済社、2013年)、『アート・プロデュースの未来』(編著・論創社、2015年)、『今日からあなたもプロデューサー』(レッスンの友社、2009年)ほか。

小山　良太（こやま・りょうた）　第Ⅱ部第1章
　現在：福島大学経済経営学類教授。1974年、東京都生まれ。1997年・北海道大学農学部卒、2002年・北海道大学大学院農学研究科博士課程修了。同年、博士（農学）学位取得。2005年より福島大学経済経営学類准教授。2014年より現職。うつくしまふくしま未来支援センター副センター長。日本学術会議連携会員。福島県地域漁業復興協議会委員。専門は農業経済学、地域政策論、協同組合学。主な著書、編著『福島に農林漁業をとり戻す』みすず書房、2015年、『農の再生と食の安全』新日本出版、2013年、編著『放射能汚染から食と農の再生を』家の光協会、2012年、共著『復興の息吹』農山漁村文化協会など。

千葉　あや（ちば・あや）　第Ⅱ部第1章
　現在：一般社団法人JC総研副主任研究員。1985年、福島県生まれ。2011年、福島大学人文社会学群卒業。2013年、同大学院人間発達文化研究科修了（地域文化）、桜の聖母短期大学助教、「JA研究表彰奨励（一般研究）」・「福島県地域課題研究」採択、「第6回モンブラン会議（社会的連帯経済国際会議）」にて招待講演。2014年、地産地消ふくしまネット特任研究員。

小林　元（こばやし・はじめ）　第Ⅱ部第2章
　現在：広島大学生物生産学部助教。2004年広島大学大学院生物圏科学研究科博士課程後期修了、博士（農学）、一般社団法人JC総研を経て現職。主な著書に『農山村再生の実践』農山漁村文化協会、2011年（共著）、『JAは誰のものか』家の光協会、2013年（共著）、『地域は消えない　コミュニティ再生の現場から』日本経済評論社、2014年（共著）ほか。

濱田　健司（はまだ・けんじ）　第Ⅱ部第3章
　現在：博士（農業経済学）。JA共済総合研究所主任研究員、農林水産省農林水産政策研究所客員研究員、「農」のある暮らしづくりアドバイザー。東京農業大学大学院修了。主要業績「農福連携の現状と今後へ向けて」『さぽーと』第61巻12号、2014.12、「スウェーデンにおける農を活用したグリーンケア」『共済総合研究』Vol.68、2014.3、「福祉農業のとりくみの広がりとその可能性」『農業と経済』第79巻10号、2013.11、「JAが高齢者生活・福祉支援に取り組む意義」『農業協同組合　経営実務』第68巻10号、2013.9ほか多数。

藤木　千草（ふじき・ちぐさ）　第Ⅱ部第4章
　現在：一般社団法人ワーカーズ・コレクティブぷろぼの工房代表。ワーカーズ・コレクティブ及び非営利・協同支援センター事務局。日本協同組合学会監事。鯉淵学園農業栄養専門学校及び明治大学農学部非常勤講師。日本女子大学文学部卒業。2004年～2014年ワーカーズ・コレクティブネットワークジャパン（WNJ）代表・事務局長。著書『コミュニティビジネス入門』（共著、学芸出版社、2009年）、『闘う社会的企業』（共著、勁草書房、2013年）、『小さな起業で楽しく生きる』（WNJ共著、ほんの木、2014年）。

志波　早苗（しば・さなえ）　第Ⅱ部第5章、参考資料
　現在：パルシステム生活協同組合連合会職員。日本協同組合学会副会長、現代公益学会理事、立教大学兼任講師。立教大学経済学部卒業。共著『コミュニティビジネス入門』（第5講）学芸出版社 2009 年、「韓日生協の草の根交流の軌跡と今後」韓国 iCOOP 季刊誌『生協評論』2015 年、他。貧困問題は日本協同組合学会第 32 回大会（2012 年）、生協総合研究所「知の市場」（2014 年度・2015 年度）、JC 総研公開研究会（2012 年）、社会的企業研究会（2015 年）等で報告。

桒田　但馬（くわだ・たじま）　第Ⅱ部第6章
　現在：岩手県立大学総合政策学部准教授。立命館大学大学院経済学研究科博士課程後期課程単位取得満期退学。博士（経済学・立命館大学）。専門は地方財政論、地域経済論、財政学。主著『過疎自治体財政の研究―「小さくても輝く」ための条件―』（自治体研究社、2006 年）、『社会保障と財政―今後の方向性―』（共著、有斐閣、2012 年）、『第一次分権改革後 10 年の検証』（共著、敬文堂、2012 年）、『震災復興と自治体―「人間の復興」へのみち―』（共著、自治体研究社、2013 年）など。

北沢　栄（きたざわ・さかえ）　第Ⅲ部第1章
　現在：フリージャーナリスト。慶應義塾大学経済学部卒。共同通信経済部記者・ニューヨーク特派員、東北公益文科大学大学院特任教授等を歴任。公益法人問題などで参議院厚生労働委員会、同決算委員会、同予算委員会、衆議院内閣委員会で意見陳述。2010 年 12 月「厚生労働省独立行政法人・公益法人等整理合理化委員会」座長として報告書を取りまとめた。主な著訳書に『公益法人　隠された官の聖域』（岩波新書）、『官僚社会主義　日本を食い物にする自己増殖システム』（朝日選書）、『亡国予算　闇に消えた「特別会計」』（実業之日本社）、近著に『小説・特定秘密保護法　追われる男』（産学社）、『リンカーンの三分間―ゲティズバーグ演説の謎』（ゲリー・ウィルズ著・訳、共同通信社）など。

上野　伸子（うえの・のぶこ）　第Ⅲ部第2章
　現在：千葉工業大学非常勤講師。東京大学大学院総合文化研究科学術研究員（投稿時）。東京大学大学院総合文化研究科広域科学専攻広域システム科学系博士課程修了、学術博士。財団法人未来工学研究所（現在、公益財団法人）のシンクタンク業務に 26 年間携わったのち、退職（主任研究員）。主な論文に、「食に関する論争のフレーミングと公衆の判断プロセスに関する研究」（博士学位論文、2012 年）、上野伸子＆藤垣裕子「科学論争におけるステークホルダーのフレーミング分析：魚食に関する米国の論文誌上の論争を事例として」『科学技術社会論研究』9 月号、2011 年、など。

公益叢書
第三輯
東日本大震災後の協同組合と公益の課題

2015年10月10日　第1版第1刷発行　　　　　　検印省略

編　者　　現　代　公　益　学　会
発行者　　前　野　　　隆
発行所　　東京都新宿区早稲田鶴巻町533
　　　　　株式会社　文　眞　堂
　　　　　電話 03（3202）8480
　　　　　FAX 03（3203）2638
　　　　　http://www.bunshin-do.co.jp
　　　　　郵便番号（162-0041）振替00120-2-96437

印刷・モリモト印刷　製本・イマキ製本所
© 2015
定価はカバー裏に表示してあります
ISBN978-4-8309-4879-4　C3036